特大型站房"重庆东站"高质量建造综合技术

Comprehensive Technology for
High-quality Super Station Construction:
Chongqingdong Railway Station

中铁十一局集团有限公司　重庆大学/　编
张晓林　华建民/　主编

重庆大学出版社

内容提要

本书深入探讨了重庆东站建设中的先进建造技术和创新管理方法,综合分析了该项目的工程设计、施工重难点、关键施工技术,以及精益建造的实施管理,重点介绍了群塔作业及防碰撞系统施工、大跨度预应力构件、钢结构提升、超长厚大混凝土结构、高大空间模板工程施工、大跨度异形雨棚和大跨度金属屋面施工等关键技术的应用,以及树状柱工程施工的创新方法。此外,书中还探讨了精益建造原则在项目管理、质量控制、安全管理及环境管理等方面的内容。本书通过对重庆东站工程案例的系统总结,旨在为类似大型建筑工程提供理论参考和实践指导。

本书可供铁路站房设计及建造领域的科研机构、企业、建设单位的技术人员、管理人员参考,同时也可作为高等院校相关专业师生的参考读物。

图书在版编目(CIP)数据

特大型站房"重庆东站"高质量建造综合技术 / 张晓林,华建民主编. -- 重庆 : 重庆大学出版社,2024. 8. -- ISBN 978-7-5689-4687-2

Ⅰ. U291. 1

中国国家版本馆 CIP 数据核字第 2024Y8S232 号

特大型站房"重庆东站"高质量建造综合技术
TEDAXING ZHANFANG "CHONGQING DONGZHAN"
GAOZHILIANG JIANZAO ZONGHE JISHU

张晓林 华建民 主编
策划编辑:林青山 夏 雪
责任编辑:杨育彪　版式设计:夏 雪
责任校对:邹 忌　责任印制:赵 晟

*

重庆大学出版社出版发行
出版人:陈晓阳
社址:重庆市沙坪坝区大学城西路 21 号
邮编:401331
电话:(023) 88617190　88617185 (中小学)
传真:(023) 88617186　88617166
网址:http://www.cqup.com.cn
邮箱:fxk@cqup.com.cn(营销中心)
全国新华书店经销
重庆正光印务股份有限公司印刷

*

开本:787mm×1092mm 1/16 印张:14 字数:308千
2024 年 8 月第 1 版　2024 年 8 月第 1 次印刷
ISBN 978-7-5689-4687-2 定价:88.00 元

编　委　会

前　言

随着我国高速铁路网络的快速扩展和城市化进程的加速，大型综合交通枢纽的建设已成为现代城市发展的重要标志。重庆东站作为"四主"客运系统的主要客站之一，不仅是重庆市的重要交通枢纽，更是西南地区高铁网络的核心节点。本书旨在系统总结重庆东站建设过程中的先进技术和管理经验，为类似大型建筑工程提供理论参考和实践指导。

本书以重庆东站为典型案例，深入剖析特大型站房建设中的关键技术和管理方法，展示如何在复杂地形、严格工期和高质量标准下实现工程的高效、安全、绿色建造。在编写过程中，我们坚持以实践为基础、以问题为导向，力求理论与实践紧密结合，通过详细的技术总结和案例分析，帮助读者掌握特大型站房建设的核心技术与难点。资料来源主要包括重庆东站的设计文件、施工方案、技术总结报告、现场施工记录及相关科研成果。编写团队由参与重庆东站建设的资深工程师、技术专家和高校学者组成，确保了内容的科学性和实用性。同时，通过多次专题研讨会和实地调研，进一步丰富了本书的实践价值。

本书共4章：第1章为绪论，概述工程背景、建设目标与挑战；第2章为工程概述，分析项目特点及重难点；第3章为关键施工技术，重点介绍群塔作业、大跨度预应力构件、钢结构提升、超长厚大混凝土结构、高大空间模板工程、大跨度异形雨棚、金属屋面及树状柱工程等核心技术；第4章为精益建造实施管理，探讨精益建造原则在项目管理、质量控制、安全及环境管理中的应用。

本书在编写过程中，得到了中国铁路成都局集团有限公司客站建设指挥部、中铁二院工程集团有限公司、同济大学建筑设计研究院（集团）有限公司、成都大西南铁路监理有限公司、中铁十一局集团有限公司等单位的大力支持，在此深表感谢。

由于作者水平有限，书中难免存在不足之处，恳请广大读者批评指正。

编　者

2024 年 7 月

目 录
CONTENTS

第 1 章

绪　论

1.1　工程概述与重要性

重庆东站站房及配套综合交通枢纽工程是"四主"客运系统的主要客站之一,引入渝湘高铁、渝万高铁、渝贵高铁、渝昆高铁、枢纽东环线、渝怀线等多条线路,是以高铁为核心,集轨道交通、公交、长途、出租、商业与办公为一体的综合性交通枢纽。该工程位于重庆市南岸区,项目东侧紧邻樵坪山,西侧为规划的科技孵化区。项目用地周围东侧为丘陵、西侧为低洼地带,地形呈东高西低、南高北低。

本标段工程建筑面积约 56 万 m^2。本标段范围:高铁车站四至十五站台范围内站房、高铁站台及承轨层,高铁站台风雨棚、落客平台、线下枢纽配套车场、既有线防护等。本标段工程内容:ST 轴(三站台)以东土建、装饰等;桥上机电,桥下 249 标高除长途、公交装饰机电,243/238 标高铁路停车场装饰机电等;室外附属;既有线防护等。

重庆东站按照三个车场横列式布置,自西向东布置渝湘场、渝万场、东环场,总规模为 15 台 29 线,其中渝湘场 5 台 9 线、渝万场 6 台 12 线、东环场 4 台 8 线,车场均采用高架形式,采用"桥建合一"的结构形式。站区范围内包含四条轨道交通线路,分别为 6 号线、27 号线、8 号线和 24 号线,其中 6 号线、27 号线沿南北向敷设,垂轨向下穿站房,8 号线、24 号线沿东西向敷设,位于西侧站房下。站房中心里程 DK22+520,东西方向进深 370 m,南北方向宽 230 m,建筑最高点标高为 46.850 m。中心里程 DK22+520。轨顶标高 259 m,站台面标高 260.25 m,车站聚集人数 15 000 人。站房主体结构采用钢筋混凝土框架结构体系,高架客服采用钢框架结构,站房屋盖结构采用正交空间钢桁架结构体系。站房工程结构主要包括地下层、出站层(-11.200 m)、站台层(0.000 m)、高架层(9.900 m)、旅客服务夹层(17.900 m),局部设有夹层,本标段站房总建筑面积 543 750 m^2,其余包括轨道交通站 36 082 m^2,能源站 8 024 m^2,雨棚建筑面积 42 900 m^2(位于站房南北两侧,为无站台柱钢混组合结构形式雨棚)。图 1.1—图 1.3 分别为重庆东站项目的鸟瞰图、主立面效果图及分层剖面图。

图 1.1　重庆东站项目鸟瞰图

图 1.2　重庆东站项目主立面效果图

图 1.3　重庆东站项目分层剖面图

工程名称:新建渝黔铁路重庆东站站房及配套综合交通枢纽工程;

建设单位:中国铁路成都局集团有限公司客站建设指挥部;

设计单位:中铁二院工程集团有限公司、同济大学建筑设计研究院(集团)有限公司;

监理单位:成都大西南铁路监理有限公司;

施工单位:中铁十一局集团有限公司;

开工日期:2022 年 5 月 16 日。

1.2　建设目标与挑战

1.2.1　工期目标

本工程开工日期 2022 年 5 月 16 日,计划竣工日期 2025 年 5 月 15 日,历时 1096 天。考虑本工程结构特点,本工程单层面积大、建筑层数少,且各层结构各有特点,为合理组织本工程施工,并确保各主要工期节点的要求,本工程分为若干个施工区域,进行平行施工,各施工区域各自组织流水施工,实现资源的集约利用,保证工期要求的绝对实现。根据施工区域的划分,各专业工程施工作业安排说明见表 1.1—表 1.6。

表 1.1　土方及基础工程施工进度计划

部位	开工时间	完工时间	工期(日历天)	施工过程
站台雨棚南侧区域(Y1-5 轴)、站台雨棚北侧区域(16-Y18 轴)	2022.6.1	2022.10.31	153	
高架站房	2022.6.1	2022.10.31	153	

表 1.2 结构施工进度计划

部位	开工时间	完工时间	工期(日历天)	施工过程
站台雨棚南侧区域（Y1-5 轴）、站台雨棚北侧区域（16-Y18 轴）	2022.7.16	2023.4.30	288	
高架站房地下结构	2022.8.3	2022.12.31	150	
高架站房地上结构	2022.10.2	2023.11.29	424	

表 1.3 二次结构及粗装修工程施工进度计划

部位	开工时间	完工时间	工期(日历天)	施工过程
站台雨棚南侧区域（Y1-5 轴）、站台雨棚北侧区域（16-Y18 轴）	2023.7.3	2024.1.18	200	
高架站房	2023.8.2	2024.1.18	170	

表 1.4 屋面工程施工进度计划

部位	开工时间	完工时间	工期(日历天)	施工过程
高架站房	2023.12.1	2024.4.30	152	

表 1.5 装饰装修工程施工进度计划

部位	开工时间	完工时间	工期（日历天）	施工过程
装饰装修工程施工	2023.10.31	2024.12.31	428	

表 1.6 机电设备施工进度计划

部位	开工时间	完工时间	工期（日历天）	施工过程
机电安装工程施工	2023.11.1	2024.12.15	411	

1.2.2 质量目标

工程质量符合国家、行业和总公司有关标准、规范及设计文件要求，单位工程一次验收合格率100%，工程质量合格。确保省优部优，满足客站建设项目创优规划要求，确保获得重庆市"巴渝杯优质工程奖"，争创"中国建筑工程鲁班奖""国家优质工程金奖"。

1.2.3 安全目标

杜绝生产安全特别重大和重大事故；遏制较大生产安全事故；减少一般生产安全事故；杜绝因建设引起的特别重大和重大交通事故；遏制因建设引起的较大交通事故；减少因建设引起的一般交通事故；杜绝铁路交通一般C类及以上事故；杜绝责任较大火灾、爆炸事故；实现安全生产达标。

1.2.4 文明施工目标

振动、噪声和电磁影响等控制在国家和地方政府的要求指标范围；尽可能减少施工期废水、废气、废渣排放，确保不污染大气、水等自然资源；对拆迁建筑垃圾、施工营地生活垃圾、工程弃土弃渣实行定点投放，及时外弃处理，确保不影响周围居民的正常生产生活。严格执行并落实"三同时""两不"原则（即环境保护与工程建设同时设计、同时施工、同时交付使用，不留后患、不留尾巴），与生态环境部联合协作，针对自然环境、生态环境特点，严格控制施工污染，合理处置废渣、废液、废气，减少空气粉尘及噪声污染，控制水土流失，保护生态环境，扎扎实实、一丝不苟严格按照国家、省区市及地方政府和环保部门颁布的一系列法规、规定及办法，切实抓好施工期间的环境与生态保护工作，确保实现"绿色施工示范工程"。

第 2 章
工程概述

2.1　工程概况

新建渝黔铁路重庆东站站房及配套综合交通枢纽工程位于重庆市主城区东部槽谷茶园新区东南侧,是以高铁为核心,集轨道交通、公交、长途运输、商业与办公为一体的综合性交通枢纽。工程总建筑面积约 1 222 800 m²,其中,重庆东站站房建筑面积 119 990 m²,总静态投资 167.287 亿元,站房主体东西向长约 439.18 m,南北方向长 260.8 m,最高点相对标高为 46.85 m,进站层标高为 9.9 m。站房主体结构采用钢筋混凝土框架结构体系,高架客服层采用钢框架结构,站房屋盖结构采用正交空间钢桁架结构体系。

本工程地下 5 层,地上 2 层,局部设夹层。基础采用桩基础+筏板基础+独立基础的形式。钢筋混凝土框架结构采用 ϕ60 mm×3.2 mm 盘扣架支撑体系,面板采用 15 mm 木胶板。外墙透明部分采用玻璃幕墙,非透明部分采用铝板幕墙和干挂石材幕墙。玻璃幕墙中空玻璃具有很好的保温特性,因此不再设保温层,铝板幕墙、干挂石材幕墙部分,粘贴岩棉与幕墙骨架、空心砖墙组成复合型保温外墙体系,保温能耗大大降低,填充墙材料采用强度 A5.0,干密度 B06 的蒸压加气混凝土砌块。旅客服务夹层楼板采用混凝土叠合楼板技术,与后浇混凝土层形成整体的叠合混凝土构件。该工程屋面钢结构均为工厂加工运输现场拼装的装配式钢结构,且该工程采用中央空调系统二管制,空调使用远程和就地两种控制方式,每台空调设备均采用能耗监控。

重庆东站多层立体交通关系图如图 2.1 所示。

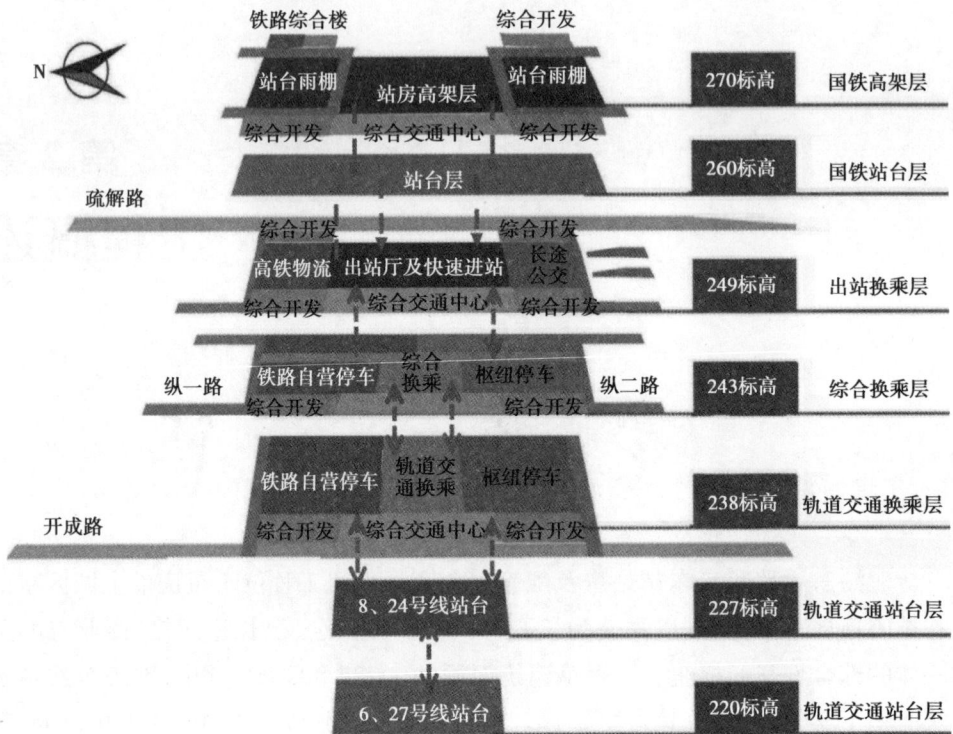

图 2.1 重庆东站多层立体交通关系图

2.2 工程特点

（1）涉及多家业主单位，建设及管理难度大

本工程为站城融合，集轨道交通、国铁、公交、长途运输、出租为一体的城市交通枢纽综合体，投资业主多。投资业主分别为重庆铁路投资集团有限公司、重庆城市综合交通枢纽（集团）有限公司、重庆市轨道交通（集团）有限公司、重庆市铁路（集团）有限公司、重庆交通运业有限责任公司，各工程投资界面相互交叉、各业主需求及要求不同，工程建设及管理难度大。

（2）施工交叉多，接口多，协调量大

站房下设轨道交通 6/27 号线（东西向）及 8/24 号线（南北向），6/27 号线路贯通站房。同步施工的有站房、枢纽与市政配套工程，相关工程接口众多，车站及周边地方综合开发一体化同步施工，界面复杂，施工干扰多，协调量大。

（3）危大工程类型多，安全风险管理要求高

本工程有高大模板、大型起重吊装、大跨度钢结构安装等危大工程，都需要组织相应专业的专家论证，在施工全过程中需要严格按照危大工程的管理要求进行全过程管理。

（4）关键工序质量控制点多

大体积混凝土施工；部分框架梁及结构板预应力施工；地下室底板、侧墙、承轨层、屋面、雨棚、天沟、防水施工；大跨度钢桁架施工；设备安装施工；室内外装饰施工等是本工程的质量控制关键工序。

2.3　工程重难点及分析

2.3.1　群塔作业及防碰撞系统施工

在本工程结构施工管理中，群塔作业及防碰撞系统的施工是显著的重难点。这不仅涉及高度复杂的空间协调和精确的计划安排，确保多台塔式起重机在狭窄空间中的高效作业不发生相互干扰，还要求实施先进的防碰撞技术，确保作业安全。此外，从技术角度来看，高精度防碰撞系统的安装和调试对施工队伍的技术水平和经验提出了极高要求，同时也对施工管理的严格性和科学性提出了挑战。因此，克服这些重难点是确保整个工程顺利进行的关键，需要通过综合管理策略、技术创新及严格的安全监控来实现。

2.3.2　大跨度预应力框架梁、箱梁施工

本工程承轨层大跨度框架梁内设置有黏结预应力筋，框架梁采用混凝土箱梁形式（支座处实心），承轨层框架主梁宽度 3 200 mm，高度 2 500 mm，单梁配置预应力筋达 12 束共 228 根；高架候车层、高架车道层和落客平台层采用矩形预应力混凝土实心梁，梁截面尺寸最大为 1 500 mm×2 600 mm，单梁配置预应力筋达 6 束共 96 根。本工程结构截面尺寸大，普通筋及预应力配筋量大，层次多，每个梁柱节点平均有 56 根柱主筋、114 根梁主筋、38 根抗扭钢筋、12 束 192 股预应力钢绞线，梁、柱均内穿十字钢骨纵横交叉，预应力筋穿插困难，节点处理复杂。预应力结构是本工程施工难点。

2.3.3　钢结构提升施工

本工程钢结构主要包括主站房和站台雨棚两大部分，其中主站房主要包括钢骨柱、屋盖支撑柱、夹层钢结构及屋盖钢桁架，站台雨棚为钢-混凝土组合结构。屋盖钢结构采用大跨空间管桁架结构体系，主要分为主桁架及次桁架，其中主桁架为倒三角形立体桁架，桁架宽度为 2.5 m。中央区域主桁架跨度为 72 m，投影尺寸为 321 m×295 m，桁架高度为 4.5 m；边跨桁架屋盖钢结构概况跨度为 48 m，桁架高度为 3 m。屋盖桁架形式主要为平面桁架。桁架杆件截面相对较小，构件种类繁多，安装精度要求高，作业环境复杂，屋盖覆盖面积大，夹层较多，安装过程中易产生结构位移、挠度、局部焊接应力大等问题。钢结构吊装、测量控制、焊接技术、安全施工等是本工程的重点。

2.3.4 超长厚大混凝土结构施工

本工程中部站房区结构单元最大尺寸为 216 m×176 m，属超长混凝土结构；地铁基础底板厚度为 1.8 m，独立基础尺寸：11.0 m×8.0 m×4.5 m，地梁截面尺寸：1.5 m×2.5 m、3 m×3.5 m，承轨柱截面尺寸：2.4 m×2.4 m，最大截面尺寸：2.4 m×4.2 m；承台厚度均为 1.5～4.5 m，属于典型厚大混凝土结构。超长及大体积混凝土如何施工，减少施工及使用过程中的收缩裂缝，是本工程结构施工管理的重难点。

2.3.5 高大空间模板工程施工

本工程高大空间多，跨度大、体量多，梁截面尺寸大，最大梁截面尺寸 3.2 m×2.5 m，承轨层轨行区域和轨道交通区域楼板厚度大，最大梁截面尺寸 3.2 m×2.5 m，承轨层至高架层板最大层高 12 m，柱网：20/24/28×（21.5～25.75）m（站房区），17×（21.5～25.75）m（雨棚区）。承轨层采用桥建合一的框架结构，钢筋混凝土柱+预应力混凝土框架梁+现浇混凝土板柱网：20/24/28×（21.5～25.75）m（站房区），17×（21.5～25.75）m（雨棚区），层高超过 8 m，轨道交通区域、承轨层轨行区域板厚大于 400 mm，集中线荷载 20 kN/m 及以上，施工总荷载（设计值）15 kN/m² 及以上。属于超过一定规模的危险性较大的分部分项工程，需要经专家论证后才能施工。对支撑体系要求高，支撑体系强度、刚度、稳定性是结构施工质量、安全保证的关键。

2.3.6 大跨度异形雨棚施工

在重庆东站项目中，大跨度异形雨棚的施工代表了一项技术上的显著挑战，其复杂性源自对施工质量的高标准要求、结构设计的独特性及施工技术的前所未有。雨棚结构的造型独特且构造复杂，特别是在柱头设计有落水管和三个菱形洞口，以及钢筋的密集布置，这些因素均大幅提升了施工难度。此外，为确保清水混凝土效果的实现，混凝土施工质量控制尤为关键，采用木模和定型钢模加固施工方法，以保证大跨度弧形梁和异形雨棚结构造型的精准实现。作为亚洲在建的最大交通枢纽工程，其雨棚建设规模庞大，采用了无站台柱的钢混组合结构形式，且首次尝试了拱形构造的雨棚梁和大体量弧形梁、异形柱头施工，缺乏先例经验可供参考。因此，大跨度异形雨棚施工的成功对确保项目质量标杆的设立、技术进步的推动及公司在建筑行业竞争力的提升具有重要意义，体现了在高质量要求、结构设计创新和施工技术挑战三方面的综合应对策略。

2.3.7 大跨度金属屋面施工

本工程金属屋面建筑体量大且有一定的坡度，站房和交通中心东西长约 538.4 m；南北长（含南北雨棚）约 298.3 m；屋面为四坡屋面，最长屋面板约 95 m，在站房和交通中心交接处。根据工程经验，采用索道高空运输方式运送屋面板，施工难度大。金属屋面板在现场加工,面板小于 30 m,可采用吊机运输,而本工程屋面板的长度约 95 m,且中部有玻璃采光顶,在屋面上倒运困难,需要采用灵活的方式进行面板加工。因此,材料采购、构件加工、选择哪种吊装方式、安全施工是本工程的重难点问题。

2.3.8　树状柱工程施工

在重庆东站及其综合交通枢纽项目的树形柱不锈钢包柱工程中,面临的重大技术和安全挑战主要包括不锈钢板的强度与柔性平衡、精确的施工定位、大量现场焊接造成的变形控制,以及颜色一致性和耐久性保障。此外,高空作业的安全保障措施也是施工中的一个关键考虑点。这些挑战要求采用创新的施工方法和技术,包括采用板筋式构造增强材料刚度,使用可调节连接件以适应施工误差,采用高精度全站仪进行测量定位,以及使用灵活的登高设备以提高安装效率和安全性。这些技术难点的解决,对确保工程的成功实施至关重要。

第 3 章
关键施工技术

3.1 群塔作业及防碰撞系统施工

3.1.1 项目群塔作业概况

1）塔吊信息

为满足施工现场主体结构施工阶段材料垂直运输和料场材料转运，施工现场拟安装 56 台塔吊，其中，31 台 7527 型、2 台 XGT7528 型、2 台 WA350 型、7 台 7025 型塔吊，1 台 6515 型塔吊（周转料场），10 台 6015 型塔吊，2 台 R165-10RA 型塔吊，1 台 QTZ80（5610）型塔吊。施工现场塔吊的信息资料见表 3.1。

表 3.1 重庆东站施工现场塔吊信息资料汇总

现场编号	塔吊型号	基础形式	最大起重量/t	臂长/m	初始安装高度/m	最终安装高度/m	臂端吊重/t
1#	WA7025-12E	矩形板式基础	12	70	43.5	43.5	2.5
2#	WA7527-16D	矩形板式基础	16	65	55.5	55.5	5.2
3#	WA7527-16D	矩形板式基础	16	60	43.5	43.5	4.5
4#	WA7527-16D	矩形板式基础	16	50	55.5	55.5	6.3
5#	WA7527-16D	矩形板式基础	16	50	40.5	82.5	6.3
6#	WA7527-16D	矩形板式基础	16	50	55.5	67.5	6.3
7#	WA7527-16D	桩基础	16	60	40.5	40.5	4.5
8#	WA7527-16D	矩形板式基础	16	65	55.5	55.5	3.9
9#	WA7527-16D	矩形板式基础	16	60	49.5	49.5	4.5

续表

现场编号	塔吊型号	基础形式	最大起重量/t	臂长/m	初始安装高度/m	最终安装高度/m	臂端吊重/t
10#	WA7025-12E	桩基础	12	60	43.5	43.5	3.7
11#	WA7025-12E	桩基础	12	70	40.5	40.5	3.1
12#	WA7527-16D	矩形板式基础	16	70	52.5	52.5	3.3
13#	WA7527-16D	矩形板式基础	16	60	58.5	58.5	4.5
14#	WA7527-16D	矩形板式基础	16	65	52.5	52.5	3.9
15#	WA7527-16D	矩形板式基础	16	65	49.5	76.5	3.9
16#	WA7527-16D	矩形板式基础	16	65	52.5	52.5	3.9
17#	WA7527-16D	矩形板式基础	16	75	43.5	43.5	2.7
18#	WA7025-12E	桩基础	12	60	34.5	34.5	3.7
19#	WA7025-12E	矩形板式基础	12	70	40.5	40.5	3.3
20#	WA7527-16D	矩形板式基础	12	75	46.5	46.5	3.9
21#	W7527-16D	桩基础	16	70	36	36	2.5
22#	W7527-16D	矩形板式基础	16	70	39	39	2.5
23#	W7527-16D	矩形板式基础	16	65	45	45	3.6
24#	W7527-16D	矩形板式基础	16	70	37.2	60	3.0
25#	W7527 16D	矩形板式基础	16	60	48	66	3.6
26#	W7527-16D	矩形板式基础	16	45	36	72	5.2
27#	W7527-16D	矩形板式基础	16	65	37.2	60	4.3
28#	XGT7528-16S	矩形板式基础	18	75	45	45	2.8
29#	XGT7528-16S	矩形板式基础	18	70	39	39	3.0
30#	W7527-16D	矩形板式基础	16	65	36	36	3.3
31#	WA7025-12E	矩形板式基础	12	70	60	54	2.5
32#	WA7025-12E	矩形板式基础	12	70	51	60	2.5
33#	WA7527-16	矩形板式基础	16	75	51	72	2.7

续表

现场编号	塔吊型号	基础形式	最大起重量/t	臂长/m	初始安装高度/m	最终安装高度/m	臂端吊重/t
34#	WA7527-16	矩形板式基础	16	70	57	72	3.0
35#	WA7527-16	矩形板式基础	16	70	42	81	3.0
36#	WA350-20HA	矩形板式基础	20	70	60	65	3.9
37#	WA7527-16D	矩形板式基础	16	75	51	54	2.7
38#	WA350-20HC	矩形板式基础	20	80	65.7	65.7	3.9
39#	WA7527-16KB	矩形板式基础	16	75	65.7	88.5	2.7
40#	WA7527-16KB	矩形板式基础	16	75	65.7	65.7	2.7
41#	WA7527-16D	矩形板式基础	16	75	60	60	2.7
42#	P6015A	矩形板式基础	8	60	30.68	30.68	1.5
43#	P6015A	矩形板式基础	8	60	36.68	36.68	1.5
44#	R165-10RA	矩形板式基础	10	65	45.9	82.3	1.5
45#	P6015A	桩基础	8	60	30.68	30.68	1.5
46#	P6015A	桩基础	8	60	36.68	36.68	1.5
47#	R165-10RA	桩基础	10	65	39.8	81.8	1.5
48#	P6015A	矩形板式基础	8	60	39.68	66.68	1.5
49#	P6015A	矩形板式基础	8	60	24.68	54.68	1.5
50#	P6015A	矩形板式基础	8	60	36.68	66.68	1.5
51#	P6015A	矩形板式基础	8	60	45.68	54.68	1.5
52#	P6015A	矩形板式基础	8	60	30.68	30.68	1.5
53#	P6015A	矩形板式基础	8	60	36.68	36.68	1.5
54#	WA6515-10F	矩形板式基础	10	65	34.5	34.5	1.5
55#	QTZ80(5610)	预应力混凝土基础	6	56	25	25	1
56#	WA7527-16D	矩形板式基础	16	50	34.5	34.5	6.3

2）群塔布置

（1）平面布置

群塔的平面布置需满足以下原则：

①平面布置既要最大限度地减少平面交叉，又要尽可能减少盲区的出现，以减少现场建筑材料的二次搬运；

②明确塔吊之间合理的高差控制以及塔位顶升顺序；

③塔吊尽可能保证 360°旋转，若因场地限制确实不能保证 360°旋转时，要避免过多的交叉，以充分发挥塔吊的效率；

④根据现场施工作业面的交接情况，合理安排塔吊的进场时间；

⑤根据上盖区域的面积大小，要求塔吊安装的型号、位置尽可能覆盖所有主体结构。

重庆东站施工现场具体的塔吊平面布置如图 3.1 和图 3.2 所示。

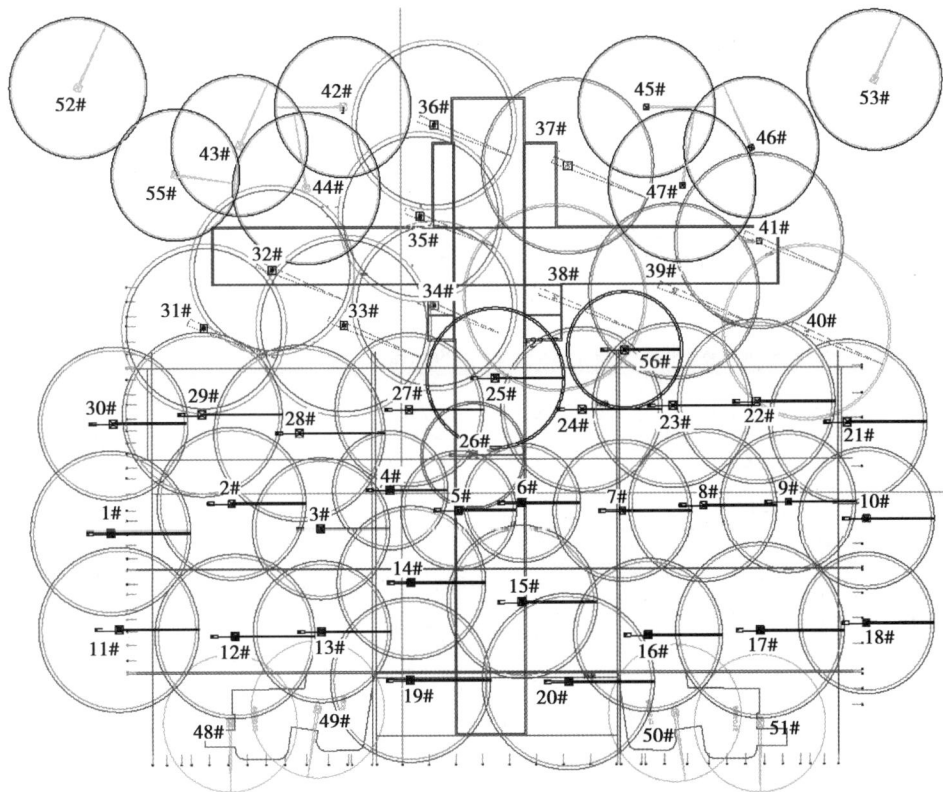

图 3.1　重庆东站站房区域施工现场塔吊平面布置图

（2）竖向布置

本工程塔吊数量多，大部分塔吊存在交叉现象。根据《塔式起重机安全规程》（GB 5144—2006），处于高位塔机的最低位置部件(吊钩升至最高点或平衡重的最低部位)与低位塔机中处于最高位置部件之间的垂直距离不应小于 2 m。本工程确定的施工现场塔吊型号及安装高度统计表见表3.2。

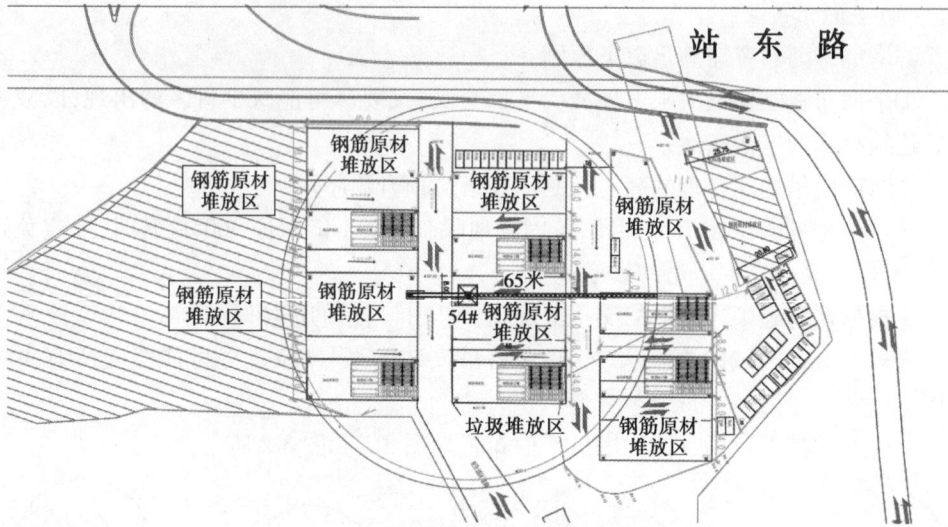

图3.2 重庆东站站房区域外施工现场塔吊平面布置图

表3.2 重庆东站施工现场塔吊型号及安装高度统计表

塔吊编号	塔吊型号	基础顶标高/m	初始安装高度/m	第一次塔吊顶升高度/m	最终安装高度/m
1#	WA7025-12E	255.900	299.400	—	299.400
2#	WA7527-16D	237.158	292.658	—	292.658
3#	WA7527-16D	233.158	276.658	—	276.658
4#	WA7527-16D	235.308	290.808	—	290.808
5#	WA7527-16D	216.192	271.692	280.692	298.692
6#	WA7527-16D	216.492	277.992	291.200	283.992
7#	WA7527-16D	235.808	273.308	—	273.308
8#	WA7527-16D	234.908	290.408	—	290.408
9#	WA7527-16D	234.908	284.408	—	284.408
10#	WA7025-12E	248.600	292.100	—	292.100
11#	WA7025-12E	255.800	293.300	—	293.300
12#	WA7527-16D	233.658	286.158	—	286.158
13#	WA7527-16D	233.658	292.158	—	292.158
14#	WA7527-16D	231.858	284.358	—	284.358

续表

塔吊编号	塔吊型号	基础顶标高/m	初始安装高度/m	第一次塔吊顶升高度/m	最终安装高度/m
15#	WA7527-16D	216.492	265.992	278.900	292.992
16#	WA7527-16D	232.608	285.108	—	285.108
17#	WA7527-16D	235.908	279.408	—	279.408
18#	WA7025-12E	248.600	286.100	—	286.100
19#	WA7025-12E	236.958	274.458	289.458	289.458
20#	WA7527-16D	235.808	294.308	—	294.308
21#	W7527-16D	246.000	282.000	—	282.208
22#	W7527-16D	232.600	271.600	—	274.259
23#	W7527-16D	234.400	279.400	—	282.114
24#	W7527-16KB	234.650	271.850	—	297.351
25#	W7527-16D	216.300	264.300	—	293.691 1
26#	W7527-16D	216.300	252.300	—	288.300
27#	W7527-16KB	234.650	271.850	—	297.852
28#	XGT7528-18S	236.950	281.950	—	284.228
29#	XGT7528-18S	235.400	274.400	—	276.713
30#	W7527-16D	246.000	282.000	—	282.000
31#	WA7025-12E	235.909	286.909	295.813	289.813
32#	WA7025-12E	226.300	271.300	276.992	285.992
33#	WA7527-16	237.060	297.060	288.01	309.01
34#	WA7527-16	219.040	273.040	276.252	291.252
35#	WA7527-16	220.840	262.840	263.191	302.191
36#	WA350-20HA	222.210	282.210	282.327	287.327
37#	WA7527-16D	222.408	273.408	273.408	276.408
38#	WA350-20HC	218.942	284.642	284.642	284.642
39#	WA7527-16KB	226.092	291.792	291.792	314.592
40#	WA7527-16KB	234.508	300.208	300.208	300.208

续表

塔吊编号	塔吊型号	基础顶标高/m	初始安装高度/m	第一次塔吊顶升高度/m	最终安装高度/m
41#	WA7527-16D	221.082	281.082	—	281.082
42#	P6015A	222.408	253.088	—	253.088
43#	P6015A	222.408	259.088	—	259.088
44#	R165-10RA	222.408	268.308	—	304.708
45#	P6015A	223.306	253.988	—	253.988
46#	P6015A	223.306	259.988	—	259.988
47#	R165-10RA	223.306	263.108	—	305.108
48#	P6015A	242.550	282.230	—	309.230
49#	P6015A	245.350	270.030	—	300.030
50#	P6015A	245.350	282.030	—	312.030
51#	P6015A	242.550	288.230	—	297.230
52#	P6015A	220.000	260.000	—	260.000
53#	P6015A	220.000	260.000	—	260.000
54#	WA6515-10F	247.000	281.500	—	281.500
55#	QTZ80(5610)	239.96	264.96		264.96
56#	WA7527-16D	237.409	269.41	269.41	269.410

本工程塔吊考虑用到 9.90 m 结构板(270 m 标高)及雨棚结构施工,地铁区域塔吊作业底到施工作业面具体高度约为 54 m,其余站房区域塔吊作业底到施工作业面具体高度约为 36 m。料场场平标高约 247 m。以 1 号到 10 号塔吊为例,其剖面图如图 3.3 所示。各塔吊与周围塔吊关系表见表 3.3。

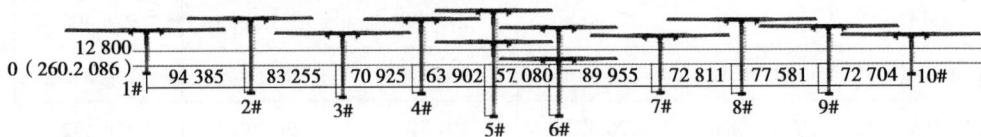

图 3.3 重庆东站 1 号—10 号塔吊剖面图

表 3.3　与周围塔吊关系表

塔吊编号	臂长/m	相互关系	水平距离/m	交叉距离/m	现场大臂安装高差/m
1#	70	2#	111	27	6.1
		11#	84	59	6.2
		29#	132	11	23.2
2#	65	1#	111	27	−6.1
		3#	83	45	16.0
		12#	115	23	6.5
		28#	86	57	9.6
		29#	82	56	17.1
3#	60	2#	83	45	−16.0
		4#	70	43	−14.1
		12#	121	12	−9.5
		13#	90	33	−15.6
		14#	94	34	−7.6
		28#	85	53	−6.4
4#	50	3#	70	43	14.1
		5#	63	40	19.2
		14#	83	35	6.5
		27#	72	26	−5.9
		28#	95	33	7.7
5#	50	4#	63	40	−19.2
		6#	57	46	−9.5
		14#	76	42	−3.7
		15#	98	20	2.8
		26#	50	49	5.48
		27#	98	20	−16.1

续表

塔吊编号	臂长/m	相互关系	水平距离/m	交叉距离/m	现场大臂安装高差/m
6#	50	5#	57	46	9.5
		7#	90	24	16.8
		15#	86	32	12.3
		25#	—	—	—
		24#	97	26	−6.1
		26#	60	38	14.98
7#	60	6#	90	24	−16.8
		8#	72	56	−16.5
		15#	120	9	−4.5
		16#	111	18	−11.8
		23#	102	31	−7.7
		24#	95	38	−22.9
8#	65	7#	72	56	16.5
		9#	77	51	5.4
		16#	123	10	4.7
		17#	120	23	10.4
		22#	103	35	16.6
		23#	91	47	8.8
9#	60	8#	77	51	−5.4
		10#	72	51	−9.4
		17#	115	24	5.0
		21#	88	45	3.3
		22#	92	41	11.2
10#	65	9#	72	51	9.4
		18#	91	32	8.2
		21#	86	47	12.7

3.1.2　技术挑战与解决方案

1）水平方向低位塔吊的起重臂与高位塔吊塔身之间防碰撞

对于此部位的防碰撞,塔吊在现场的定位是关键,通过严格控制塔吊之间的位置关系,可预防低位塔吊的起重臂端部碰撞高位塔吊塔身[1]。塔吊定位必须保证任意两塔间距离均大于较低的塔吊臂长 2 m 以上,方能确保不发生此部位碰撞。本方案高低塔吊之间水平方向的距离均在 2 m 以上,符合《塔式起重机安全规程》(GB 5144—2006)中的第 10.5 条"两台塔机之间的最小架设距离应保证处于低位塔机的起重臂端部与另一台塔机的塔身之间至少有 2 m 的距离"的规定。

2）垂直方向防碰撞措施

(1)低位塔吊的起重臂与高位塔吊起重钢丝绳之间防碰撞

因施工需要,塔吊会出现交叉作业区,当相交的两台塔吊在同一区域施工时,有可能发生低位塔吊的起重臂与高位塔吊的起重钢丝绳的碰撞事故。为杜绝此类事故发生,项目必须对每一台塔吊的工作区进行合理划分,尽量避免或减少出现塔吊交叉工作区。同时,项目部必须配备有操作证的、经验丰富的信号工,塔吊租赁公司要配备操作熟练、有责任心的塔司为现场服务,作业时,时刻关注本塔吊及相关的塔吊,确保低塔的起重臂不碰撞高塔的起升钢丝绳;另外,塔吊在每次使用后或在非工作状态下,必须将塔吊的吊钩升至顶端,同时将起重小车行走到起重臂根部。当现场风速达到10.8~13.8 m/s 时,塔吊必须停止作业。

(2)高位塔吊的起重臂下端与低位塔吊的起重臂上端防碰撞

相邻塔吊的作业面交叉处,低位塔吊的起重臂与高位塔吊的起重臂有可能发生碰撞。综合考虑各种塔吊的尺寸及各塔吊基础的高度,排定各塔吊安装高度,保证高位塔吊的大臂下限与低位塔吊的大臂上限之间的垂直距离不小于 2 m。本方案高低塔吊垂直距离均大于 2 m,符合《塔式起重机安全规程》(GB 5144—2006)中第 10.5 条的规定:"处于高位塔机的最低位置的部件(吊钩升全最高点或平衡重的最低部位)与低位塔机中处于最高位置部件之间的垂直距离不得小于 2 m。"

(3)起重臂及下垂钢丝绳同待建结构及脚手架等的防碰撞

塔吊应有足够的施工高度,充分考虑到吊钩高度、吊索长度、吊物高度及安全高度余量,确保吊装钢筋、模板、脚手架等物料进行水平运输期间,不与脚手架等较高实体发生碰撞。

3）与周边建筑物

①在实际施工中,还要密切关注现场以外的情况,塔吊初次顶升要超过塔吊幅度范围内的建筑物、树木等实体结构 2 m 以上。

②附近电力及通信设施应设置防护,注意避让,尤其是高压输电设备,必须按照相关规定保持在一定距离以上。

3.1.3 施工工艺技术

1)塔吊部署

①平面布置时应尽可能覆盖整个施工面,不产生或少产生盲点;相邻塔吊要有足够的安全距离;塔机回转时覆盖面尽可能少重叠或不重叠[2]。

②塔机垂直运输时应能穿越现场施工构件,确保不同几何尺寸的物件有足够的间歇距离提升到需要的作业平台。

③每台塔机应有合理的高度,在考虑到吊钩高度、吊索高度和吊物高度以及安全限位高度后,应有足够的垂直距离保证各种不同几何尺寸物体进行水平运输。

④塔机相互间的距离应错开,确保吊钩在最大高度回转时不相互碰撞。

⑤尽量避开施工范围内的所有设施(如相邻建筑和高压架空线等),在危险距离内应进行隔离防护[3]。

⑥确保塔机回转时与相邻建筑物、构造物及其他设施间的水平和垂直安全距离大于 2 m,工作中吊物的水平和垂直安全距离也必须大于 2 m。

⑦同步升高和下降,确保群塔相互间的垂直距离符合立体协调方案要求。

2)塔吊定位

①塔吊的覆盖面是指以塔吊的工作幅度为半径的圆形吊运覆盖面积;塔吊的供应面是指借助于水平运输手段(手推车)所能达到的供应范围。塔吊工作幅度半径通常为 15~60 m,水平运输距离一般不宜超过 50 m。塔吊定位应能保证建筑工程的全部作业面处于塔吊的覆盖面和供应面的范围之内。

②满足塔吊操作过程中周边环境条件对其的要求。

③塔吊作业半径内应尽量避开架空高压线和已有建筑物、构筑物,防止吊臂、吊绳、吊钩可能对其造成的碰撞[4];实在无法避开时,可考虑架空高压线埋地或搭设防护棚等处理方法。

④满足塔吊基础设置的要求。

⑤设置于基坑内的塔吊基础,应避免与站房城市通廊墙、柱、梁体系相碰,并设置于防水处理较方便的位置,按出站层后浇带施工方法进行基础拆除后的防水及结构补强处理。设置在基槽内的塔吊基础,应与结构底板保持一定距离,且应考虑基础与边坡合理的位置关系。塔吊基础布置应选择并修筑基础排水设施,并设置于有利于基础排水的平面位置。

⑥满足结构施工设备及设施的空间位置要求。

⑦建筑物外墙脚手架是在上部主体结构施工阶段开始搭设的,而此时塔吊一般早已投入使用。应在塔吊定位时注意避免塔身尤其是塔吊顶部爬升架平台不可与外墙脚手架相交错。特别应该注意的是:不少建筑物在局部存在外挑造型,塔吊定位应尽量避开该部位;除考虑外挑造型尺寸外,尚应注意外挑造型外侧脚手架所占用的位置。

⑧满足塔吊拆除的要求。

⑨塔吊在安装、拆除过程中,塔吊前臂必须与爬升架标准节引进装置口的朝向一致。塔吊在进场安装之时,塔吊爬升架口的朝向必须明确。待施工完毕开始塔吊拆除时,若塔吊前臂方向存在新建建筑物的主体,将导致塔身无法拆除。塔吊布置应尽量使塔吊能拆至地面。

3)高度控制

由于该工程为群塔作业施工,合理的群塔高差控制可以有效地保证群塔的安全运行。高差太小,有可能造成高位塔吊挂钩与低位塔吊吊臂碰撞;高差过大,由于群塔高差的连续排序,本工程塔吊高度位于塔吊自由高度内不需要进行附着。塔间竖向高差控制及塔位顶升顺序考虑到各住宅高度及塔间平面交叉等情况,塔吊与塔吊间竖向错开高度不小于 4 m。塔吊竖向布置见塔吊竖向布置图。塔吊高度确定后,与塔吊单位再次商议,明确是否有效可行,如有冲突,协商后再次进行调整。本工程塔吊按照最大高度 50 m,相互错开并且满足塔吊安全规范要求。

3.1.4　现场应用实例

本工程施工界面大,塔吊数量多,操作安全风险高,为了减少安全风险,提高吊装效率,项目采用塔吊防碰撞系统,如图 3.4 所示,每台塔吊上的主控制器对自身状态如起重高度、塔机转角、高度进行实时检测,同时通过无线传输模块使同一施工环境下相互关联的塔吊组成一个信息网络。每个塔吊的状态信息可通过信息网在各塔机之间进行传递,进行防碰撞计算,并根据结果进行报警或继电器输出截断,可控制塔群协同作业相互间不发生碰撞事故,大大降低安全风险,加快施工进度。

图 3.4　塔吊防碰撞系统

该系统由塔机辅助驾驶仪、小车摄像头、项目终端和工程无线网络构成。塔机辅助驾驶仪安装在塔机上,每架塔机一台。小车摄像头安装于塔机的变幅小车上,根据工程实际需要配置。项目终端安装在项目部,可以查看和管理工地的全部塔机。工程无线网络是支持上述设备传输数据、影像的网络基础设施。

1) 案例概述

(1) 塔机辅助驾驶

①塔机辅助驾驶仪是专门针对塔式起重机设计的安全辅助装置,如图3.5所示。它能辅助司机准确观察现场环境,依规程进行安全判断和辅助控制,帮助司机安全合规操作。它能对塔机作业影像、通信语音、塔机运行参数进行长期实时记录,安全事故发生后调阅这些数据可以协助确认安全责任,分析事故原因。

塔机辅助驾驶仪的安全辅助功能包括本塔的力矩控制、行程控制(幅度、高度和角度)和危险区控制,同时具有群塔防碰撞功能。在危险状态下,塔机辅助驾驶仪向塔机控制系统发出控制命令,实现自动减速与刹车。塔机辅助驾驶仪安装图如图3.6所示。

图 3.5 塔机辅助驾驶仪　　　　　图 3.6 塔机辅助驾驶仪安装图

区别于普通力矩限制装置采用的"到达控制"方法,塔机辅助驾驶仪实现了"接近控制"算法,即通过预测塔机到达控制点的时间输出控制信号,实现高速运行时提前控制、低速运行时延迟控制的目标。

塔机辅助驾驶仪内置通信部件,支持驾驶员与现场指挥(信号工)之间、项目部设备安全管理员与驾驶员之间的实时通信。通信过程会录音,调度语音保存在现场视频录音音轨上。

②小车摄像头用于查看现场情况,保障司机即使在隔山吊的情况下也可以掌握作业面的情况。驾驶员通过显示终端上的变焦按钮控制摄像头的变焦,拉近可获得更清晰的图像,其塔机辅助驾驶界面如图3.7所示。

副摄像头安装于塔机平衡臂上,用于监视卷扬设备的工作状态,便于驾驶员及时发现故障,防止安全事故的发生。两路视频均会被仪表记录。

③项目终端是整个项目设备管理的中枢,安装在项目部,是智慧工地系统的主要入口。通过项目终端,项目管理人员可以直观、多角度、全面地实时查看工地全部塔吊发来的实时运行数据。项目终端自动对这些数据进行安全稽核,发现违规操作、危险操作自动报警并记录在案。

项目终端内置通信部件,可兼容各种对讲机。项目管理人员可与塔机驾驶员、信号工和其他人员等进行语音对讲通话。项目终端可外接显示屏,独立显示小车影像,其项目终端外接显示屏如图 3.8 所示。

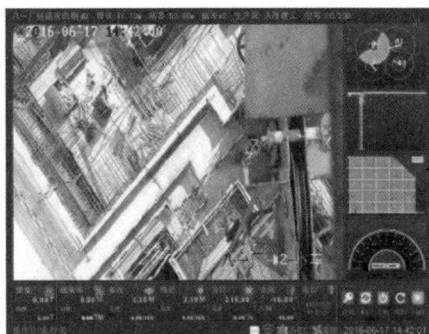

图 3.7　塔机辅助驾驶界面

图 3.8　项目终端外接显示屏

（2）工程无线专网

工程无线专网是在施工现场建立的无线局域网,根据工地实际情况进行合理部署,快速搭建,其效果图如图 3.9 所示。专网利用 5.8 GHz 频点,采用正交频分复用技术（OFDM）和点对多点、点对点的组网方式,网络传输速率可达百兆级,彻底解决了互联网在施工现场"最后一公里"的问题,可为智慧工地设备提供带宽高、质量可靠的网络基础设施。

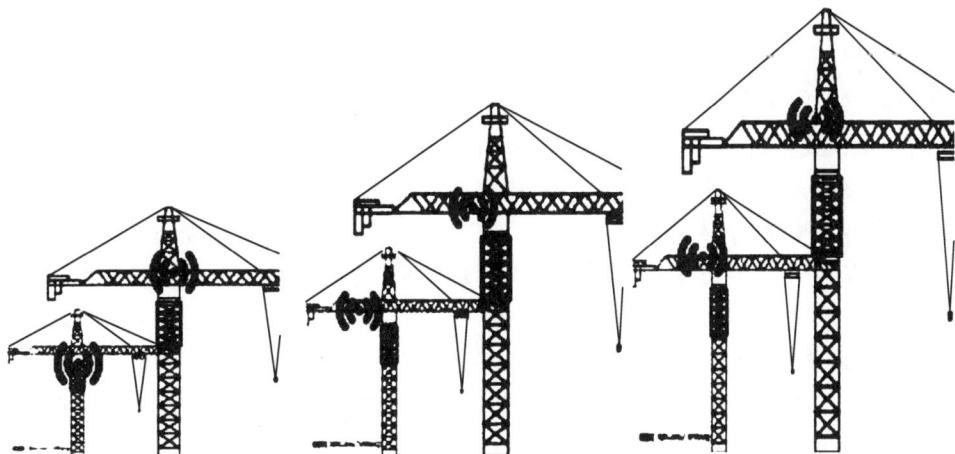

图 3.9　工程无线专网

（3）BIM 虚拟运行

为了更加形象直观地了解本工程塔吊运行过程中可能发生的安全隐患，本工程运用 BIM 技术对施工现场 8 台塔吊进行了虚拟运行，并且将虚拟运行中发现的安全隐患进行逐个消除，为今后塔吊实际运行提供了安全保障。

2）案例启示

在复杂的施工环境下，应有效地利用技术手段降低安全风险、提升施工效率。本工程从塔吊防碰撞系统的实施到 BIM 技术的应用，展示了一种全面、高效的安全管理策略。以下是从该案例中得到的几点启示。

①通过采用塔吊防碰撞系统、塔机辅助驾驶仪、小车摄像头等技术装置，本案例证明了技术创新在预防施工过程中的安全事故、提高作业效率方面的巨大潜力。同时，通过建立工程无线专网，实现塔吊之间的信息实时共享与传递，以及通过项目终端对施工现场的全面监控与管理，本案例展示了信息化管理在施工安全管理中的关键作用。

②采用"接近控制"算法的塔机辅助驾驶仪能够提前预测并控制塔吊的动作，这种预防为主、结合预测与控制的安全管理策略，有效地减少了安全事故的发生。同时，通过小车摄像头和项目终端的应用，实现了对施工现场的多角度监控和实时通信，保证了信息的透明流通，增强了现场管理的实时性和有效性。

③通过对塔吊运行进行 BIM 虚拟运行，预先识别并消除安全隐患，本案例展现了 BIM 技术在提升施工安全管理水平、预防施工安全事故方面的应用价值。

综上所述，本案例启示我们在现代建筑工程管理中，应积极探索和应用高新技术，通过信息化、智能化手段，实现施工安全管理的科学化、精细化，以有效降低安全风险，提升工程质量和施工效率。

3）推广价值

①通过引入塔吊防碰撞系统、塔机辅助驾驶仪等先进技术装备，本案例为建筑施工领域提供了一种全新的安全管理模式。这种模式依托于技术的创新，能够有效降低施工过程中的安全风险，提升安全管理的效率和效果。对于追求高安全标准的建筑项目而言，该模式具有强大的吸引力和推广价值。

②本案例通过实施工程无线专网和项目终端的应用，展示了智慧工地在实际操作中的应用场景和效果，为智慧工地的推广提供了成功的案例和经验。这不仅能激励更多建筑企业采用智慧技术提升施工管理水平，也为智慧城市的建设提供了有力支撑。

③通过 BIM 技术的应用，本案例不仅在安全管理方面取得了显著效果，还展示了 BIM 技术在工程管理、设计优化、成本控制等方面的潜在价值。这促进了 BIM 技术在建筑行业的更广泛应用，为提升建筑项目的整体质量和效率提供了新的路径。

3.2 大跨度预应力框架梁、箱梁施工

3.2.1 项目预应力结构概况

1）结构概况

重庆东站站房主体结构采用钢筋混凝土框架结构体系（大跨主梁采用预应力钢筋混凝土梁），高架客服层采用钢框架结构，站房屋盖结构采用正交空间钢桁架结构体系。主体结构安全等级一级，承轨层设计使用年限 100 年，站房、高架车道、站台雨棚设计使用年限 50 年。

本工程部分梁板采用预应力混凝土结构，预应力分布示意图如图 3.10 所示。预应力梁采用有黏结预应力筋，预应力板采用无黏结预应力筋。预应力筋均采用直径 15.2 mm 高强低松弛钢绞线，f_{ptk} = 1 860 MPa。

图 3.10　重庆东站预应力分布示意图

本工程结构典型柱网尺寸为 24 m×22 m，承轨层、高架候车层、高架车道层大跨度框架梁内设置有黏结预应力筋，中部站房承轨层框架梁采用混凝土箱梁形式（支座处实心），箱梁截面尺寸为 3 200 mm×2 500 mm，单梁配置预应力筋 4 束（共 60 根）～10 束（共 174 根）；其他部位采用矩形预应力混凝土实心梁，梁截面尺寸最大为 2 200 mm ×2 400 mm，单梁配置预应力筋 6 束（共 72 根）～12 束（共 204 根）。预应力筋分布信息汇总表见表 3.4。

表 3.4　预应力筋分布信息汇总表

区域	序号	应用部位	标高部位	预应力筋		
				预应力类型	规格直径/mm	强度级别/MPa
站房及相关工程	1	中部高架站房	出站层、承轨层、高架层梁	有黏结	15.2	1 860

续表

区域	序号	应用部位	标高部位	预应力筋		
				预应力类型	规格直径/mm	强度级别/MPa
站房及相关工程	2	中部高架站房	出站层、高架层板	无黏结	15.2	1 860
	3	南、北侧结构	枢纽层、承轨层、高架车道层梁	有黏结	15.2	1 860
	4	南、北侧结构	枢纽层、出站层、高架车道层板	无黏结	15.2	1 860
铁路枢纽配套及综合开发工程	5	交通换乘中心	中部二层结构梁	有黏结	15.2	1 860
	6	铁路枢纽配套公共区域及车场	枢纽夹层	有黏结	15.2	1 860

2）预应力结构特点

①承轨层双向配置预应力梁，预应力在梁柱核心区交叉，配置最多达24管，共816根预应力钢绞线。

②预应力混凝土梁与劲性混凝土柱交叉，且为多向交叉。

③本工程预应力梁分布范围广，预应力工程量巨大。

3.2.2　技术挑战与解决方案

1）工程重难点分析

本工程结构承轨层大跨度框架梁内设置有黏结预应力筋，框架梁采用混凝土箱梁形式（支座处实心），最大箱梁截面尺寸为3 200 mm×2 500 mm。单梁配置预应力筋达12束共228根；高架候车层、高架车道层和落客平台层采用矩形预应力混凝土实心梁，梁截面尺寸最大为1 500 mm×2 600 mm，单梁配置预应力筋达6束共96根。大截面梁柱复杂节点预应力施工图如图3.11所示。

①本工程建筑面积大，后浇带多，无黏结预应力筋准确定位和张拉顺序是本工程的技术难点。

②槽深问题，张拉锚具槽深允许差应保持在±0.05 mm，要使用锚穴角度检测仪严格检测进场端模板锚穴水平角及其竖直角。

③设备仪表问题，根据张拉力配备相应的千斤顶，依据相关规定购买适当的张拉油表。

④承轨层双向配置预应力梁，预应力在梁柱核心区交叉，配置最多达44管，共

836 根预应力钢绞线。

⑤预应力混凝土梁与劲性混凝土柱交叉,且为多向交叉。

⑥本工程超长结构板中采用规格直径 15.2 mm 无黏结预应力钢绞线,以控制板的温度裂缝。

⑦本工程预应力梁分布范围广,层数多,预应力工程量巨大。

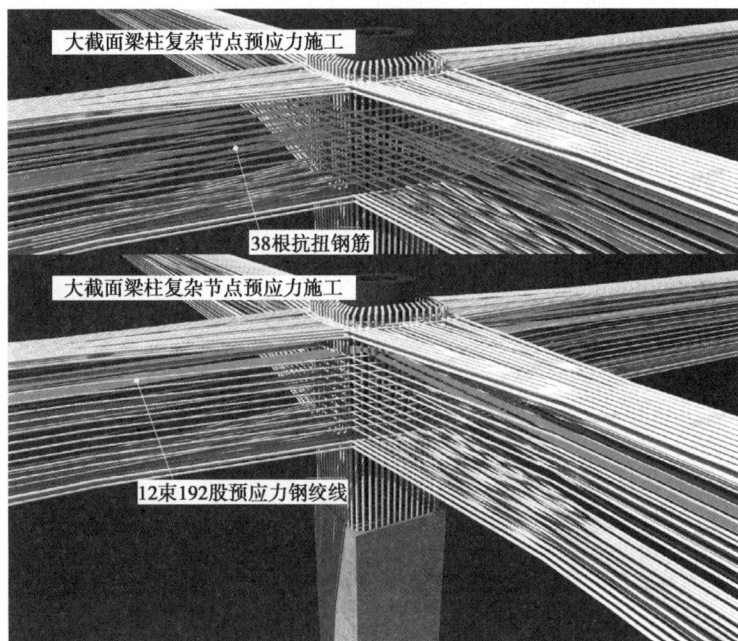

图 3.11　大截面梁柱复杂节点预应力施工

2)解决方案

①施工前建立比例为 1∶1 的预应力穿梁柱节点模型,进行预应力孔道碰撞分析,建立有效预应力穿插方案;非预应力筋与预应力孔道冲突时,应优先保证预应力孔道的位置。

②在保证预应力波纹管间距与混凝土保护层厚度的前提下,尽量将预应力孔道布置在梁体下侧结构中。

③预应力孔道穿行或绕行区域梁体箍筋应在预应力孔道布置,并完成固定后绑扎。

④大截面预应力梁预应力施工采用梁体两侧同时进行预应力孔道安装,互不干扰,提高施工效率。

⑤预应力施工区域不应有其他工种出现,预应力工作面一次成型,且无材料堆压。

⑥特殊截面应提前预留可供一人进入操作的通道孔。

3.2.3　施工工艺技术

本工程预应力混凝土梁采用后张法施工,其后张法预应力混凝土梁施工工艺流程如图 3.12 所示。

```
                    ┌──────────────┐
                    │  梁模板施工   │
                    └──────────────┘
                           │
                    ┌──────────────┐
                    │ 梁骨架钢筋绑扎 │
                    └──────────────┘
                           │
  ┌──────────┐      ┌──────────────┐
  │ 预应力筋制作 │     │ 在梁箍筋上定位失高 │
  └──────────┘      └──────────────┘
       │                   │
  ┌──────────┐  ┌──────────────────┐  ┌──────────────┐
  │ 预应力筋穿束 │ │ 张拉端、固定端预埋件安装 │ │ 调整预应力筋位置 │
  └──────────┘  └──────────────────┘  └──────────────┘
                           │
                 ┌──────────────────┐
                 │ 绑扎梁拉钩筋、合侧模、浇筑 │
                 └──────────────────┘
  ┌──────────────────┐   │        ┌──────────┐
  │ 混凝土强度达到100% │   │        │ 张拉槽清理 │
  └──────────────────┘   │        └──────────┘
  ┌──────────────┐  ┌──────────┐  ┌──────────┐
  │ 张拉设备标定   │→ │ 预应力张拉 │ ←│ 工作锚具安装 │
  └──────────────┘  └──────────┘  └──────────┘
  ┌──────────────┐       │
  │ 理论伸长值计算审核 │   │
  └──────────────┘       │
                  ┌──────────────┐
                  │ 切割多余预应力筋 │
                  └──────────────┘
  ┌──────────┐         │
  │ 防腐处理   │→     ┌──────────┐
  └──────────┘       │ 清理张拉槽 │
                     └──────────┘
                           │
                     ┌──────────┐
                     │ 灌浆、封锚 │
                     └──────────┘
```

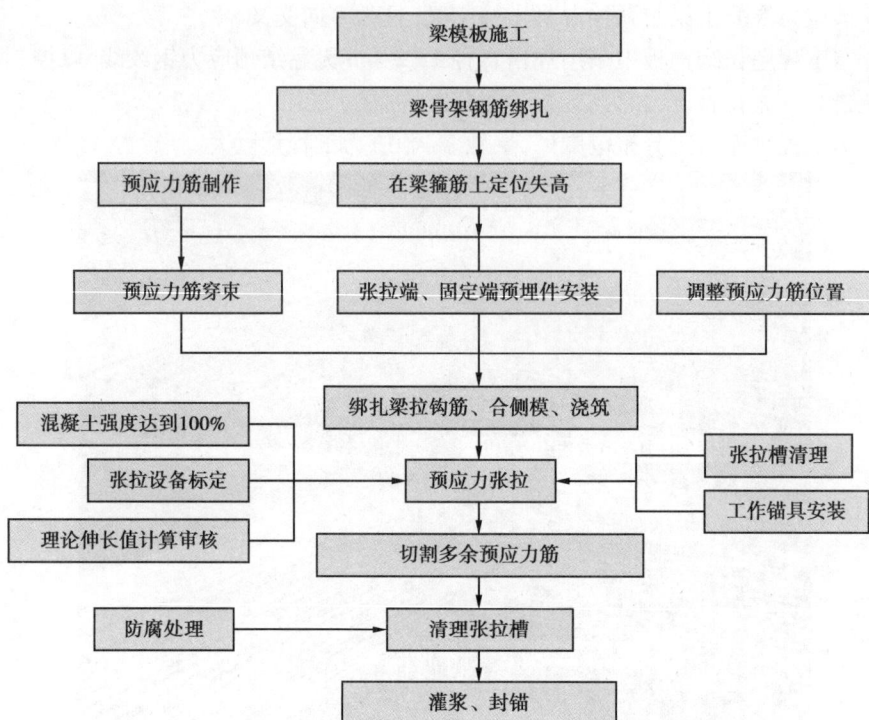

图 3.12　后张法预应力混凝土梁施工工艺流程

1）预应力筋的生产及运输

（1）第一种：无黏结预应力筋

①无黏结预应力筋应由专业化加工厂生产，涂料层的涂敷和护套的制作应连续一次完成，涂料层应完全填充预应力筋与护套之间的环形空间。无粘结预应力筋的涂包质量应符合《无粘结预应力钢绞线》（JG/T 161—2016）的规定。

②预应力筋的包装、运输、保管应符合下列要求：

a.在不同规格、品种的预应力筋上，均应有易于区别的编号；

b.装卸吊装及搬运时，不得摔砸踩踏，严禁其他坚硬吊具与预应力筋的外包层直接接触[5]；

c.成盘预应力筋应按规格、品种顺直地分开堆放在通风干燥处，露天堆放时，应采取可通风式覆盖措施，严禁太阳直接暴晒。

③预应力筋下料长度计算。

预应力筋下料长度，应综合考虑其曲线增加长度、锚固端保护层厚度、张拉设备操作预留等因素，应根据不同的张拉方法和锚固形式预留张拉长度。

本工程预应力筋下料长度：

$$L = L_a + L_b + L_c$$

式中　L_a——预应力筋的投影长度,m;

　　　L_b——预应力筋的曲线增加长度,板中每跨取一倍的板厚,梁中每跨取一倍的梁高,m;

　　　L_c——张拉长度,超过 20 m 取 1.8 m,不超过 20 m 取 1.0 m。

④预应力筋下料方法。

本工程承轨层、高架层梁中采用规格直径 15.2 mm 的有黏结预应力筋,地面层、高架层板中采用规格直径 15.2 mm 的无黏结预应力筋。预应力筋下料宜使用切割机,禁用电弧切割。

⑤预应力筋堆放。

预应力筋的堆放需遵循以下原则:

a.预应力筋应按规格、品种成盘或顺直地分开堆放在通风干燥处,露天堆放时,应采取可通风式覆盖措施,严禁太阳直接暴晒;

b.预应力筋堆放区分为原材料存料区和成品堆放区,两个区域与下料区关系如图 3.13所示;

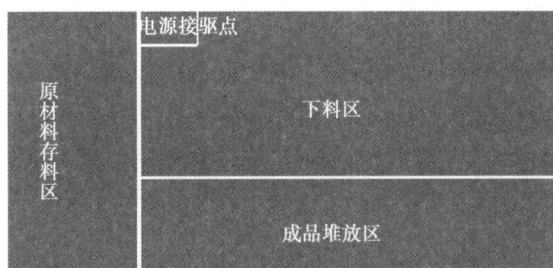

图 3.13　预应力筋堆放图

c.预应力筋堆放区应注意成品保护,禁止踩踏,严禁坚硬吊具与预应力筋产生直接接触。

(2)第二种:有黏结预应力筋

①有黏结预应力所用的钢绞线应以热轧盘条为原料,经冷拔后捻制而成。捻制后,钢绞线应进行连续的稳定化处理。钢绞线内不应有折断、横裂和相互交叉的钢丝,其各项力学性能应符合《预应力混凝土用钢绞线》(GB/T 5224—2023)的要求。

②)每盘卷钢绞线应捆扎结实,捆扎不少于 6 道,为了防止钢绞线锈蚀,可加防潮纸、麻布等材料包装。每一钢绞线盘卷应拴挂标牌,其上注明供方名称、产品名称、标记、出厂编号、规格、强度级别、批号、执行标准编号、质量及件数等。

③预应力钢绞线运输时采用成盘运输,应轻装轻卸,严禁摔掷及用锋利物品损坏钢绞线及配件。

④预应力筋应在预应力梁普通钢筋基本铺设完毕前进场。

⑤有黏结预应力筋下料长度计算

预应力筋下料长度:

$$L = L_a + L_b + L_c$$

式中　L_a——预应力筋的投影长度,m;

L_b——预应力筋的曲线增加长度,板中每跨取一倍的板厚,梁中每跨取一倍的梁高,m;

L_c——张拉长度,超过 20 m 取 1.8 m,不超过 20 m 取 1.0 m。

⑥有黏结预应力筋下料方法。

预应力筋按照施工图上结构尺寸和数量,考虑预应力筋的曲线长度、张拉设备及不同形式的组装要求,每根预应力筋的每个张拉端预留足够张拉长度进行下料。预应力筋下料应用砂轮切割机切割,严禁使用电焊和气焊。对一端锚固、一端张拉的预应力筋要逐根进行组装,然后将各种类型的预应力筋按照不同规格进行编号堆放。

⑦有黏结预应力筋堆放。

预应力筋运到施工现场后,应按不同规格分类成捆、成盘、挂牌,整齐堆放在干燥平整的地方。露天堆放时,需覆盖雨布,下面应加设垫木,防止锚具和钢丝锈蚀。严禁碰撞踩压堆放成品,避免损坏塑料套管及锚具。

2)预应力筋的施工工艺流程

(1)第一种:无黏结预应力筋

预应力结构施工是整个工程结构施工的一部分,整个预应力结构施工过程随主体施工情况安排进行,其施工流程如图 3.14 所示。

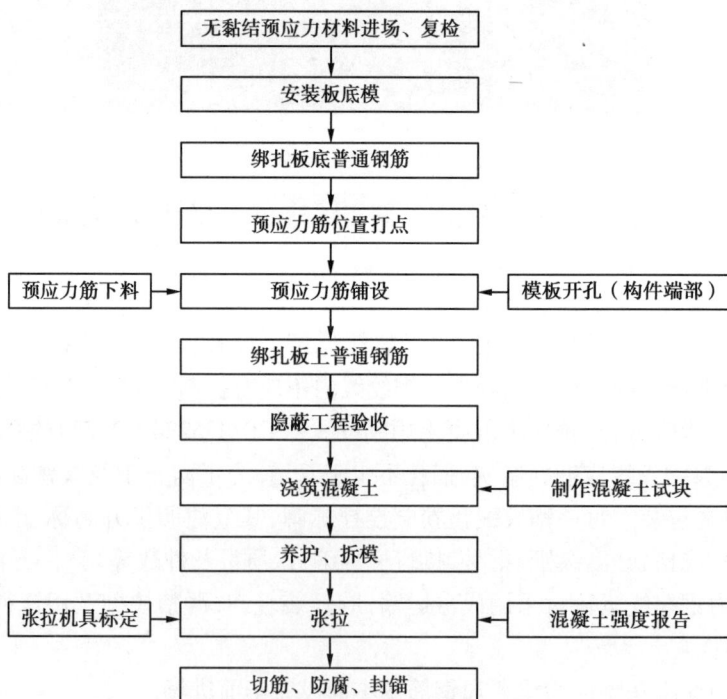

图 3.14　无黏结预应力板筋施工流程

①预应力筋固定。

a.预应力筋在固定端与张拉端处需用扎丝将其固定在普通钢筋上。

b.预应力梁跨中部分,每个定位筋为一个固定点,用扎丝将预应力筋与定位筋进行固定。绑扎完板钢筋后,开始铺设有黏结预应力钢绞线,预应力筋布置为800/1 000 mm一道,电焊架立筋,架立筋采用φ14的钢筋,每1 m设置一道。

c.穿设预应力筋时应平行顺直,要求其水平偏摆不得大于50 mm,竖向偏差不大于15 mm,以减少张拉时的摩擦损失并保证张拉后有效应力达到设计要求。

注:板预应力筋在板中走自然曲线(不像梁一样需走特定曲线),在跨中区域每间隔1~1.5 m用扎丝将预应力筋绑扎于底筋上,防止在浇筑混凝土或其他因素下预应力筋会发生偏移。

②板厚过渡。

如图3.15所示为板厚过渡示意图,预应力筋在板中厚度不一致时自然平滑过渡,曲率不应过大。板内铺设无黏结预应力筋时,应保证每根筋走向顺直,减少平面外弯曲,要求预应力筋保持顺直避免扭绞,至端部再散开。

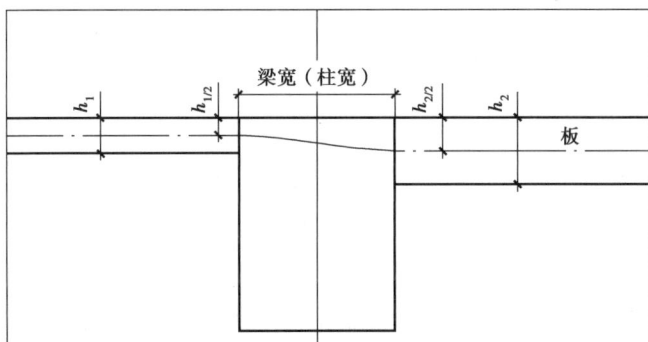

图3.15　板厚过渡示意图

③特殊部位处理方法。

a.过后浇带。预应力筋在后浇带处应断开,断开后采用搭接做法,其示意图如图3.16所示。

b.过洞口(包括塔吊洞口,施工临时预留洞口,电梯洞口等)。预应力筋铺设路线上,如遇到宽度小于1 m的洞口,直接从旁绕行穿过,距洞口宜大于150 mm。如遇到宽度大于1 m的洞口,预应力筋断开,如图3.17所示。

c.施工预留通道。预应力筋在铺设中如遇到施工预留通道,则进行甩筋,不可断筋。待施工预留通道封闭后,将甩筋翻起再进行铺设。

d.隐蔽工程验收记录。在浇筑混凝土前,技术人员应认真检查验收预应力筋、承压板、螺旋筋的安装情况,填写"隐蔽工程验收记录"。

④预应力筋安装要点。

a.预应力筋铺放之前,应及时检查其品种、规格尺寸和数量,逐根检查并确认其端部组装配件可靠无误后,方可在工程中使用。对护套轻微破损处,采用外包防水聚乙烯胶带进行修补,每圈胶带搭接宽度不应小于胶带宽度的 1/2,缠绕层数不应少于 2 层,缠绕长度应超过破损长度 30 mm,严重破损的应予以报废(每米破损点不大于 5 处)。

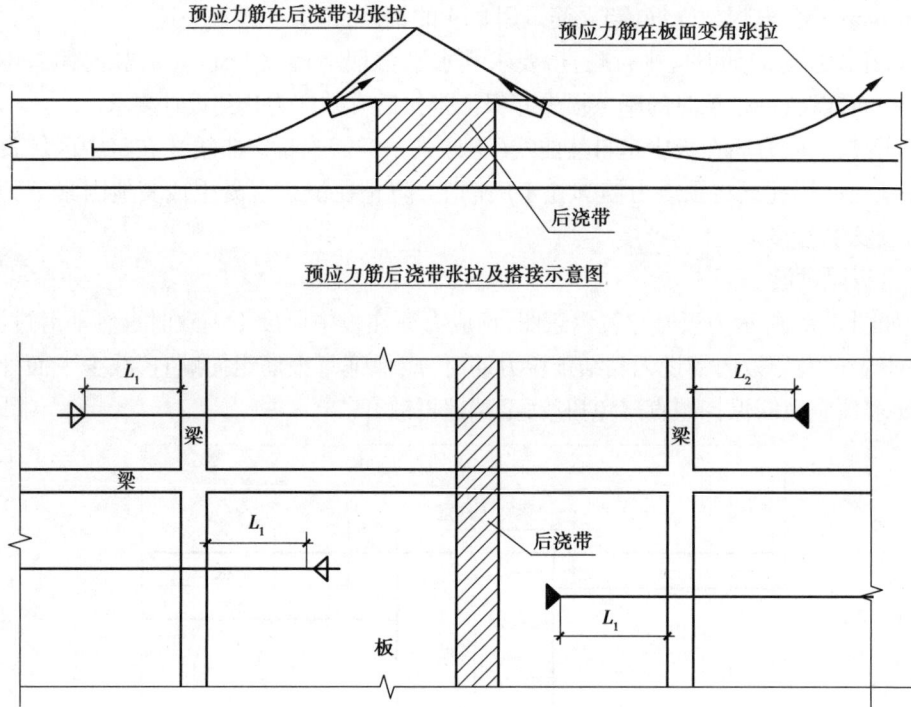

预应力筋后浇带张拉及搭接示意图

图 3.16 板中预应力筋过后浇带搭接示意图

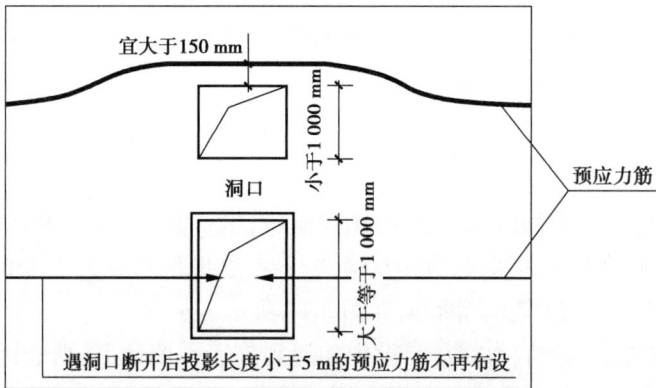

图 3.17 板中预应力筋躲洞示意图

b.张拉端端部模板按施工图中规定的预应力筋的位置编号和钻孔。

c.预应力筋板顶撅起张拉端的承压板采用绑丝绑扎或通过焊接有效固定在板上部钢筋上,且保持张拉作用线与承压板面相垂直,本工程采用海绵条作为张拉端预留孔洞的填充物,方便剔凿后施工。

d.预应力筋的位置宜保持顺直。

e.铺放双向配置的预应力筋时,对每个纵横筋交叉点相应的两个标高进行比较,对各交叉点标高较低的无黏结预应力筋应先进行铺放,标高较高的次之,避免两个方向的无黏结预应力筋相互穿插铺放。

f.敷设的各种管线不应将预应力筋的竖向位置抬高或压低。

g.当采取多根集团束配置预应力筋时,各根筋应保持平行走向;束之间的水平净间距不宜小于 50 mm,束至构件边缘的净间距不宜小于 40 mm。

⑤夹片锚具系统张拉端和固定端的安装,应符合下列规定:

a.张拉端锚具系统的安装:预应力筋的外露长度应根据张拉机具所需的长度确定,预应力曲线筋或折线筋末端的切线应与承压板相垂直;单根预应力筋要求的最小弯曲半径不宜小于 4.0 m。在安装带有穴模或其他预先埋入混凝土中的张拉端锚具时,各部件之间应贴紧。

b.固定端锚具系统的安装:将组装好的固定端锚具按设计要求的位置绑扎牢固,内埋式固定端垫板不宜重叠,锚具与垫板应贴紧。

c.张拉端和固定端均应按设计要求配置螺旋筋或钢筋网片,螺旋筋或钢筋网片应紧靠承压板或连体锚板,并保证与预应力筋对中和固定可靠。

⑥需其他工种配合事项。

a.钢筋铺完并固定好底筋后,预应力工种开始铺设预应力筋,在预应力筋未铺设之前不能扣盖铁(否则预应力筋将无法布设)。

b.预应力筋在铺设过程如与普通筋"打架",普通筋应给预应力筋让路,优先保障预应力筋的铺设。

c.板预应力筋铺设并固定好后,其他工种(钢筋工、模板工等)不可以再改变预应力筋的位置。

d.吊塔工需配合及时起吊预应力材料。

⑦混凝土浇筑。

浇筑混凝土时,除按有关规范的规定执行外,尚应遵守下列规定:

a.预应力筋铺放、安装完毕后,当确认合格后方可浇筑混凝土。

b.混凝土浇筑时,严禁踏压撞碰预应力筋、支撑架以及端部预埋部件。

c.张拉端、固定端混凝土必须振捣密实。

e.混凝土浇筑过程中,预应力工种要旁站,有问题随时调整。

(2)第二种:有黏结预应力梁

①铺放前的准备工作。

a.铺设非预应力筋:先将非预应力筋骨架铺设好,为节省模板用量,楼板模板及支撑建议采用快拆体系。

b.准备端模:根据本工程的实际情况和设计要求,在合模前将预埋喇叭管固定在端模上。所以要事先准备好端模,其尺寸要准确。

c.准备定位筋:应根据设计图纸的间距不大于 1.2 m,绑扎定位筋(倒 U 形筋)以及水平拉钩,定位筋采用直径为 10 mm 的螺纹钢筋。

d.波纹管下料:波纹管采用镀锌双波纹管。下料时,管与管之间的接头长度不小于 30 cm,两端分别拧入接头内,用胶带将接口密封好。连接接头的管径应比管道直径大一号尺寸,并在波纹管高点预留出排气孔,该孔在多跨时也可作灌浆孔用。管件接头及出气管处应用密封胶带封严,以防止漏浆。波纹管连接大样示意图如图 3.18 所示。

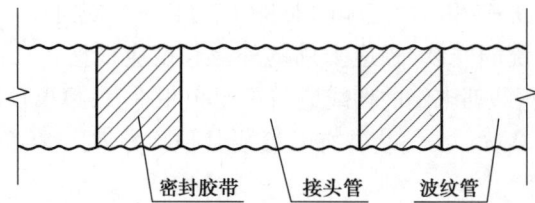

图 3.18 波纹管连接大样

②铺设波纹管。

a.安装架立筋:将架立筋与箍筋焊牢或绑扎牢固。架立筋顶面位置应根据图纸所示的预应力筋中线,距板底的矢高减去波纹管半径来确定。为保证预应力钢筋的矢高准确、曲线顺滑,预应力梁施工时,应按照施工图中预应力筋矢高的要求及标注的定位筋位置,将定位筋绑扎牢固。

b.安装张拉端锚垫板(喇叭口):按设计图纸和本施工方案中附图所示位置将喇叭口安装在端模或非预应力筋骨架上。

c.穿波纹管:按图纸位置穿波纹管。用 2~3 人沿大梁的两侧排开,从一端开始穿入波纹管,待管全部穿入后,两端要插入已定位的喇叭口中,并用胶带将波纹管与喇叭口的连接处缠绕密封,避免漏浆。

d.铺设波纹管的原则:

• 铺放时应严格按设计图纸和本施工方案要求定位,保证尺寸和直线形状;

• 喇叭管定位要准确;

• 波纹管横向位置一定要沿中心线或对称于中心线,不准打 S 弯;

• 密封所有连接部位,如喇叭管与波纹管处、张拉端预留安装群锚的部位及排气孔端头,在各种接头处要用胶带密封,不得漏浆;

• 铺放中和铺放后及浇筑混凝土过程中,严禁碰扁和损坏波纹管,严禁在波纹管上用电气焊;

• 遇到配有钢骨的框架柱,波纹管应在保持节点处矢高不变的条件下从钢骨两侧均匀绕过,严禁断开波纹管上随便打孔,如无法绕过,需与设计人员联系解决;

• 如有预应力梁被预留塔吊洞口临时断开,可将其设为两端张拉,仅铺设洞口两侧的波纹管,待塔吊拆除后,用一根波纹管将洞口两侧波纹管接上,再穿入预应力筋。

③穿预应力筋。

采用分束多次穿入的方法,钢绞线要定长下料。钢绞线应用砂轮锯切割,不得用电气焊切割。在穿束前,应用专业工具清孔。穿预应力筋由锚固端向张拉端穿,避免扭曲。若现场锚固端无穿筋位置,则波纹管与预应力筋先组装好,与非预应力筋同步进行。钢绞线穿入孔道后,不得使用电气焊,以避免造成预应力筋的强度降低。

若为一端张拉预应力筋,应先放置承压板,穿筋时先将每一根钢绞线从承压板相应孔中穿过。

④节点安装。

a.要求预应力筋伸出喇叭口长度(预留张拉长度)应满足张拉要求。

b.喇叭口与波纹管,排气孔与波纹管接口处应用胶带密封牢固,避免漏浆。

c.张拉端及锚固端处波纹管端部应用填充物封堵牢固,防止浇注混凝土时水泥浆灌入波纹管。

d.预应力筋必须与喇叭口外表面垂直,其在承压板后应有不小于 30 cm 的直线段。

e.在预应力筋的张拉端后按要求绑扎钢筋网片,每个锚固端装上一个小螺旋筋,螺旋筋要紧贴承压板。

f.有黏结梁群锚固定拉端要求:

●内埋式挤压锚与固定铁板顶紧不松动,波纹管端部应在浇注混凝土前打发泡封堵密实,并设置出浆孔,用胶带缠绕严实;

●固定端锚固长度考虑到预应力多、锚板大、施工可行等因素采用的是分散式的锚固;锚板至约束环距离 C 为 1~2 m。

⑤特殊部位处理方法。

承轨层有黏结预应力梁柱节点穿筋示意图如图 3.19 所示,穿筋方案应遵守以下原则:

a.为了保障结构的美观及降低结构自重,加腋的尺寸应尽可能小。

b.有黏结预应力筋在穿筋过程中应避开劲性混凝土柱。

⑥预应力筋安装要点。

a.有黏结预应力筋在铺设安装之前应进行外观检查,其展开后应平顺,不得有弯折,表面不应有裂纹、小刺、机械损伤、氧化铁皮和油污等。

b.有黏结预应力筋用锚具、夹具和连接器使用前应进行外观检查,其表面应无污物、锈蚀、机械损伤和裂纹。

c.有黏结预应力混凝土用波纹管在使用前应进行检查,其内外表面应清洁,无锈蚀,不应有油污、空洞和不规则的褶皱,咬口不应有开裂或脱口。

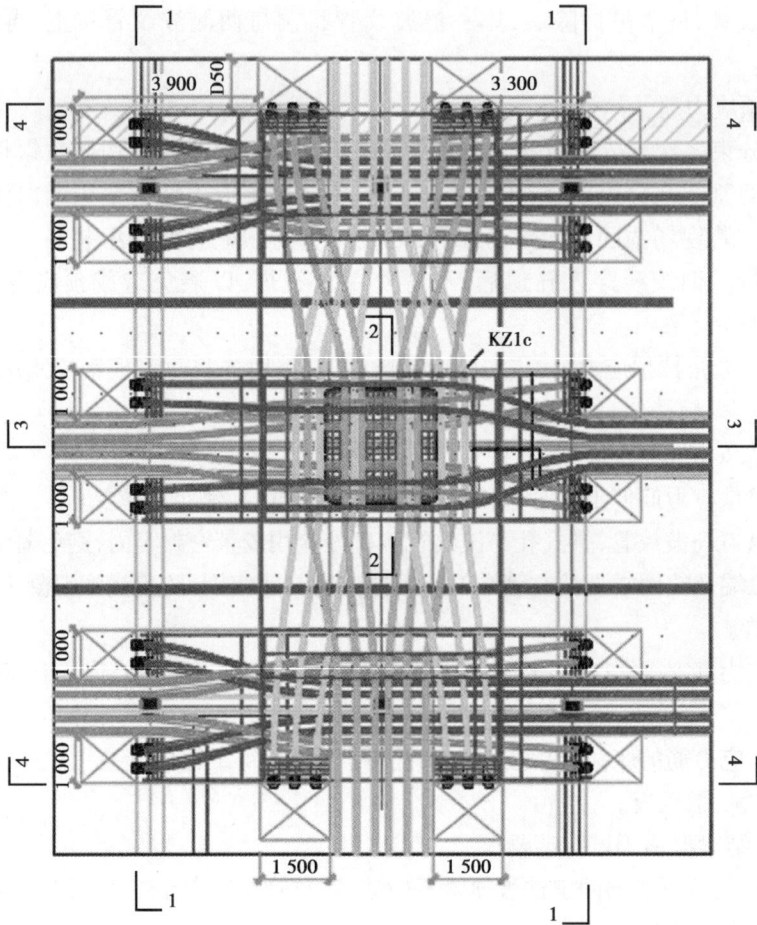

图 3.19　承轨层有黏结预应力梁柱节点穿筋示意图

d.预应力筋安装时,应检查其品种、级别、规格及数量是否满足设计要求。

e.施工过程中应避免电火花损伤预应力筋,受损伤的预应力筋应予以更换。

f.有黏结预应力筋挤压锚具制作时压力表油压力应符合操作说明书的规定,挤压后预应力筋外端应露出挤压套筒 1~5 mm。

⑦有黏结预应力筋预留孔道的规格、数量、位置及形状除应符合设计要求外,尚应符合下列规定:

a.预留孔道的定位应牢固,浇筑混凝土时不应出现移位和变形。

b.孔道应平顺,端部的预埋锚垫板应垂直于孔道中心。

c.在曲线孔道的曲线波峰部位应设置排气兼沁水管,必要时可在最低点设置排水孔。

d.灌浆孔及沁水管的外径应能保证浆液畅通。

⑧预应力筋束形控制点的竖向位置偏差应符合表 3.5 的规定。

表 3.5　预应力筋束形控制点的竖向位置允许偏差

截面高（厚）度/mm	$H \leqslant 300$	$300 < H \leqslant 1\ 500$	$H > 1\ 500$
允许偏差/mm	±5	±10	±15

⑨加腋类型及尺寸见表 3.6。

表 3.6　加腋类型及尺寸

加腋类型	加腋宽/mm	加腋高度/mm	加腋长度/mm	平面图	备注
中部站房 249 层	1 000	1 000	见平面图	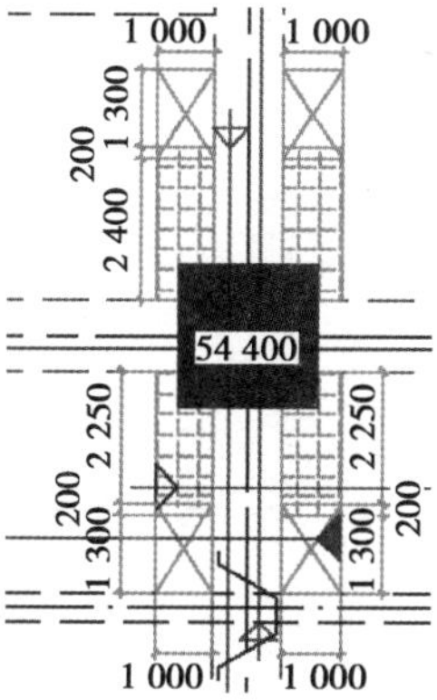	尺寸不一致的见平面图
南北侧站房 258 层	900	1 000	见平面图	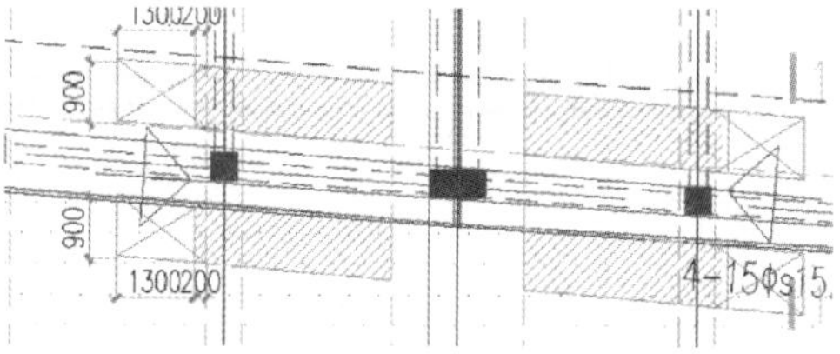	顺轨方向次梁
南北侧站房 258 层	900	1 200	见平面图	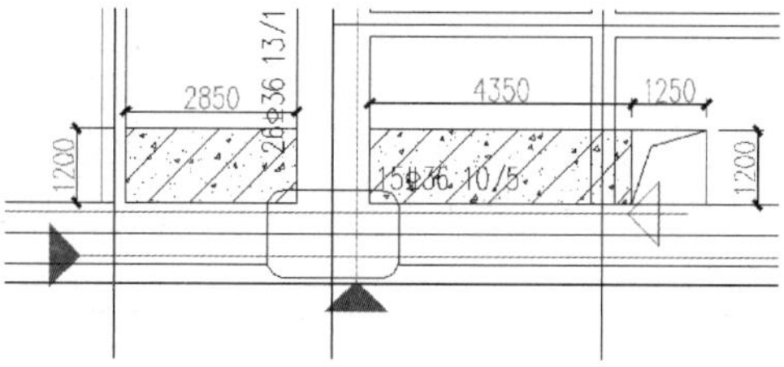	顺轨方向主梁
南北侧站房 258 层	900	1 200	见平面图	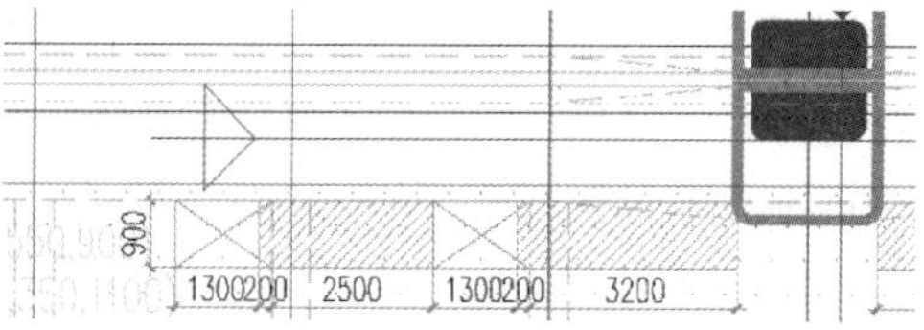	顺轨方向边梁

续表

加腋类型	加腋宽/mm	加腋高度/mm	加腋长度/mm	平面图	备注
南北侧站房258层	1 500	1 600	见平面图		垂轨方向主梁
南北侧站房258层	2 000	1 600	见平面图		垂轨方向边梁

⑩需其他工种配合事宜。

a.预应力梁普通钢筋箍筋绑扎完毕形成钢筋笼后,预应力工种开始铺设预应力筋,在预应力筋未铺设之前不得合两侧模板。

b.考虑预应力筋长度与作业半径,预应力施工作业区域不应有材料堆压,不应有人员穿插作业。

c.梁预应力筋铺设并固定好后,其他工种(钢筋工、模板工等)不可以再改变预应力筋的位置与线型。

d.其他工种不得在预应力波纹管区域进行电焊或动火作业。

3)预应力筋的张拉和封端保护

(1)第一种:无黏结预应力筋

①张拉前的准备工作。

a.预应力张拉设备需在具有资质的实验室进行标定,标定后方可进行张拉。标定有效期为半年。

b.张拉前需对张拉槽进行清理、剔槽,安装张拉端锚具。

c.张拉前应计算预应力筋的计算伸长值。

d.张拉控制力。预应力筋的张拉控制,以控制张拉力为主,同时用张拉伸长值作为校核依据。

本工程板预应力张拉控制力取为 0.70 倍钢绞线强度标准值:

板:1 860×0.70＝1 302 MPa

15.2 mm 无黏结板预应力张拉控制应力取为 0.70 倍钢绞线强度标准值,即

$$1\ 302 \times 140 = 182.28\ \text{kN}$$

e.理论伸长值。预应力钢绞线张拉理论伸长值计算公式:

$$\Delta l_{\text{p}} = \frac{F_{\text{pm}} l_{\text{p}}}{A_{\text{p}} E_{\text{p}}}$$

式中　F_{pm}——预应力筋的平均张拉力,N,其值为

$$F_{\text{pm}} = F_{\text{p}}(1 + \text{e}^{-\kappa x - \mu \theta})/2$$

其中　F_{pm}——预应力筋平均张拉力,N;

F_{p}——预应力筋张拉端的张拉控制应力,N;

x——从张拉端至计算截面的曲线长度,可近似取该曲线在纵轴上的投影长度,m;

θ——从张拉端至计算截面曲线部分切线的夹角之和,(°);

κ——护套壁每米局部偏差对摩擦的影响系数,取 0.006;

μ——预应力筋与护套壁之间的摩擦系数,取 0.09。

l_{p}——预应力筋的长度,mm;

A_{p}——预应力筋的截面面积,等于 140 mm^2;

E_{p}——预应力筋的弹性模量,等于 195×10^{3}N/mm^2。

f.伸长值的实测和校核。

实际伸长值 ΔL 应等于:

$$\Delta L = L_2 - L_1 + a$$

式中 L_2——张拉之后的实测外露长度值,mm;

L_1——张拉之前的实测外露长度值,mm;

a——锚具回缩及预应力筋内缩值,mm。

g.在同条件养护混凝土试块强度报告达到设计要求以后,开始预应力筋的张拉。本工程要求板混凝土强度达到75%设计强度后才能张拉。

②张拉工艺。

张拉前需具备的条件:

a.相关钢绞线、锚具等试验报告已完成,并已报送监理;

b.等张拉预应力筋理论张拉伸长值已计算完毕;

c.相关度量实际伸长值的工具已准备好;

d.混凝土强度达到设计强度。

③张拉施工的质量管理。

a.预拉加压和回油过程,要均匀加(减)速,在高压前后更应平稳操作。

b.预应力张拉应选择对称张拉。

c.预应力张拉时需通知监理旁站监督。

d.张拉时,通过张拉伸长值的校核,可以综合反映张拉力是否足够,护套摩擦损失是否偏大,以及预应力筋是否有异常[6]。张拉时要求实测伸长值与理论计算伸长值的偏差应在±6%内,超出时应立即停止张拉,查明原因并采取相应的措施之后再继续作业。

e.打印张拉记录表,记录现场每根预应力筋的张拉伸长值,张拉完毕检查各个结果是否正常,最后作为技术资料归档。

④预应力张拉过程中的安全控制与注意事项。

a.参加张拉人员戴好劳动防护用品,正确佩戴安全帽、安全带和防护眼镜;

b.操作人员站立位置安全,有回旋余地,高处作业时张挂安全网,设置平台防护栏;

c.张拉时,构件两端不得站人,操作人员站在侧面,两端设置防护栏和安全警示牌,张拉油泵放置于千斤顶两侧,禁止非张拉人员进入张拉区;

d.千斤顶操作人员要注意保持千斤顶水平状态,待受力后方可松开;

e.加压时,高压油泵操作人员注意与千斤顶操作人员保持联系,避免失误;

f.张拉千斤顶后不得站人,不得在有压力的情况下旋转张拉工具的油管接头;

g.悬空张拉时,必须搭设牢固的挂篮脚手架,以保证张拉人员操作安全;

h.张拉时如遇临时停电,要立即拉闸断电,以防突然来电发生危险;

i.操作千斤顶油泵的人员与测量伸长值人员不得擅自离岗,若离岗必须切断电源,松开油门;

j.张拉时,严禁工作压力超过额定压力;

k.油泵运转时,若有不正常现象,应立即停止张拉。

⑤封端保护。

具体封堵方法及步骤:

a.预应力张拉作业结束后,将多余预应力钢绞线进行切割,锚具进行防腐处理后,经监理单位验收后按此方案施工。

b.悬空张拉端须在封堵混凝土的部位搭设好脚手架。

c.预应力钢绞线张拉后,锚固处外露部分预应力钢绞线方可切割,采用手提式砂轮锯切割。剩余的外露钢绞线长度不小于 30 mm,严禁采用电弧切断。

d.预应力锚具涂抹防腐油脂后加封锚盖进行保护。

e.封堵部位处理:锚具封堵前,应将嵌在端部的杂物扣出,清除预应力筋上的混凝土残浆、油污等杂物,同时剔除槽内松散的混凝土及浮砂,且用水冲洗干净并充分湿润,残留在混凝土表面的积水应予清除。

f.采用与结构强度等级相同的细石混凝土将张拉端穴槽进行填充封堵。封堵材料中不得使用任何掺加氯化物的外加剂,且填充密实。待混凝土初凝时,等表面收干后终凝前必须用木抹子或铁抹子搓压表面 2~3 遍,以防止混凝土表面出现裂缝。

g.张拉端预留槽应填充密实,且封堵时超出原结构混凝土面的混凝土用磨光机打磨平整。

h.封堵完后工作面料尽场清。

技术标准:

a.后张法预应力筋锚固后,锚具外预应力筋的外露长度不应小于其直径的 1.5 倍,且不应小于 30 mm。

b.锚具的封闭保护措施应符合设计要求。当设计无要求时,外露锚具和预应力筋的混凝土保护层厚度不应小于:一类环境时 20 mm,二 a、二 b 类环境时 50 mm,三 a、三 b 类环境时 80 mm。

⑥施工要点说明。

a.如果由于洞口、管线过密,边墙张拉端不便设置,局部预应力筋间距及张拉位置可作合理的调整。

b.外伸张拉端的端模应尽量使用木模,并在预应力筋位置开槽或打眼,如果采用钢模板,应在钢模板加工时预留出预应力张拉端出筋孔。

c.如遇有在预应力筋走向上有钢骨或钢筋的情况,预应力筋布置在不影响结构设计使用功能的情况下,可根据具体情况与相关方配合调整。

d.预应力筋在不影响结构设计使用功能的情况下,可根据具体情况适度调整,就近固定于普通钢筋上。

（2）第二种：有黏结预应力筋

①张拉前的准备工作。

a.预应力张拉设备的标定：预应力张拉设备需到有资质的实验室进行标定，标定后方可进行张拉。标定有效期为半年。

b.张拉前应计算预应力筋的计算伸长值。计算方法与 6.3.1 章无黏结预应力筋的计算伸长值相同，但是取值略有不同。有黏结预应力筋的钢绞线直径为 15.2 mm，张拉控制应力为 $0.75f_{ptk}$，张拉控制力为 195.3 kN，预应力摩擦损失系数 $\kappa = 0.001\ 5$，$\mu = 0.25$。

15.2 mm 有黏结预应力钢绞线张拉控制力为：

$$1\ 395 \times 140 = 195.3\ kN。$$

c.待混凝土达到设计要求的强度后方可进行预应力筋张拉，具体张拉时间按土建施工进度要求进行。张拉时的混凝土强度应有书面试压强度报告单。

②张拉工艺。

操作要点：

a.安装锚具，尽量使锚具紧贴喇叭口或承压板表面，再将夹片装上。

b.穿筋：将预应力筋从千斤顶的前端穿入，直至千斤顶的顶压器顶住锚具为止，调整千斤顶位置，使千斤顶轴心与喇叭口表面垂直，且顶压器与锚具表面尽量充分接触。

c.安装工具锚时，应使工具锚与千斤顶后部贴紧，并锁紧夹片。

d.张拉：油泵启动供油正常后，开始加压，当压力达到 2.5 MPa 时，停止加压，再次调整千斤顶的位置。

e.继续加压，达到要求的张拉力的 10%时，持荷 1 min，记录初始缸长，应准确到毫米。

f.继续加压，直至达到要求的张拉力的 100%时，持荷 1 min，记录最终缸长。

g.计算张拉伸长值，$\Delta L = $（最终缸长 L_2-初始缸长 L_1）/0.9。

h.张拉时，要控制给油速度，给油时间不应低于 0.5 min。

i.测量记录应准确到毫米。预应力筋群锚张拉测量记录：分别记录 10%要求张拉力、100%要求张拉力所对应的千斤顶缸长，计算出对应于该加载段预应力筋的伸长，按线性关系回归出前 10%设计张拉力对应的预应力筋的伸长，将其与测得的缸长之差相加，所得之和即为实际伸长值。

③张拉施工的质量管理。

a.采用张拉时张拉力按油压表的数值进行，用伸长值进行校核，即张拉质量采用应力应变双控方法。

b.认真检查张拉端清理情况，不能夹带杂物张拉。

c.锚具要检验合格,使用前逐个进行检查,严禁使用锈蚀锚具。

d.张拉严格按照操作规程进行,控制给油速度,给油时间不应低于0.5 min。

e.千斤顶安装位置应与预应力筋在同一轴线上,并与喇叭口表面保持垂直。

f.张拉中钢丝发生断裂,应报告工程师,由工程师视具体情况决定处理。

g.实测伸长值与计算伸长值相差超过+6%或−6%时,应停止张拉,报告工程师进行分析处理。

h.预应力张拉过程中的安全控制与注意事项。

• 参加张拉人员戴好劳动防护用品,正确佩戴安全帽、安全带和防护眼镜;

• 操作人员站立位置安全,有回旋余地,高处作业时张挂安全网,设置平台防护栏;

• 张拉时,构件两端不得站人,操作人员站在侧面,两端设置防护栏和安全警示牌,张拉油泵放置于千斤顶两侧,禁止非张拉人员进入张拉区;

• 千斤顶操作人员要注意保持千斤顶水平状态,待受力后方可松开;

• 加压时,高压油泵操作人员注意与千斤顶操作人员保持联系,避免失误;

• 张拉千斤顶后不得站人,不得在有压力的情况下旋转张拉工具的油管接头;

• 悬空张拉时,必须搭设牢固的挂篮脚手架,以保证张拉人员操作安全;

• 张拉时如遇临时停电,要立即拉闸断电,以防突然来电发生危险;

• 操作千斤顶油泵的人员与测量伸长值人员不得擅自离岗,若离岗必须切断电源,松开油门;

• 张拉时,严禁工作压力超过额定压力;

• 油泵运转时,若有不正常现象,应立即停止张拉。

④预应力梁孔道灌浆。

a.灌浆采用标号为42.5的普通硅酸盐水泥,水灰比不超过0.45,该灌浆料内不含氯离子等对钢筋有腐蚀作用的化学物质。

b.张拉完成后应静停12 h进行观察,如未发现问题,则在72 h内进行孔道灌浆以防预应力筋锈蚀或松弛。

c.每个孔道灌浆的时间不得大于30 min,灌浆过程中随时检查灌浆管是否堵塞。

d.灌浆工作应缓慢均匀地进行,不得中断,并应排气通顺。

e.浆体应搅拌均匀,并应从灌浆孔内一次灌满整个孔道,不能中途停灌。

f.到排气孔冒出浓浆时,即可堵塞此处的排气孔,继续加压2 min,再封闭灌浆孔。

g.每一工作班应留取不少于三组15 cm×15 cm×15 cm的立方体试件,标准养护28 d,检验其抗压强度作为水泥浆质量的评定依据,要求抗压强度不低于设计要求强度。

h.应填写灌浆记录。

⑤灌浆要求。

a.预应力筋张拉结束并经检查合格后应尽早灌浆,以减缓预应力筋锈蚀或松弛。

b.曲线孔道由侧向灌浆时和竖向孔道灌浆时,应由最低点的压浆孔灌入水泥浆,由最高点的排气孔排水及溢出浓浆。

c.灌浆应缓慢、均匀地进行,并应排气通顺。

d.灰浆泵压力宜保持在 0.5～0.7 MPa,待孔道上全部排气孔、出浆孔溢出浓浆后,扎紧出浆管或堵塞排气孔及出浆孔并继续稳压灌浆 1～2 min,方可关闭灌浆枪头阀门及连接管。

e.卸拔连接管时,应注意安全,防止有水泥浆反溢喷伤人员。

f.同一孔道灌浆作业应一次完成,中途不得中断,灰浆泵内不得缺浆。

g.在灌浆暂停时,输浆管喷嘴与灌浆孔不得脱开,以免空气进入孔道影响灌浆质量。

h.遇机械故障不能迅速修复时,则应安装水管冲掉灌入孔道内的水泥浆,并疏通灌浆孔、预留孔,待机械修复后二次重新灌浆。

i.水泥浆在搅拌机中的温度不宜过高,当夏季气温高于 35 ℃时,灌浆操作应放在夜间或清晨气温较低时进行。

⑥质量控制。

a.灌浆用水泥浆的配合比应按照设计要求,制浆时不得随意加水,灌浆中应记录,水泥用量。

b.灌浆时,每一个验收批次应留取 7.07 cm³ 标准水泥浆试块一组(6 块),试块标准养护 28 d 的抗压强度不得低于 30 MPa。

c.孔道灌浆后在水泥浆初凝后,终凝前应从出浆孔、泌水孔等处用探棒探查孔道密实情况。如有局部不密实之处,可采用人工静力补浆密实。

d.灌浆完成后,应认真填写灌浆记录,并派专人现场检查有无漏灌构件,做到资料完整,不留隐患。

⑦封端保护。

预应力筋张拉完毕及孔道灌浆完成后,用机械方法,将多余外露预应力筋切断,且保留在夹片外的外露预应力筋长度不应小于 3 cm,将张拉端及其周围清理干净,最后由土建施工单位用与同等标号的补偿收缩细石混凝土浇筑填实并振捣密实。

具体封堵方法及步骤:

a.预应力张拉作业结束后,将多余预应力钢绞线进行切割,锚具进行防腐处理后,经监理单位验收后按此方案施工。

b.悬空张拉端须在封堵混凝土的部位搭设好脚手架。

c.预应力钢绞线张拉后,锚固处外露部分预应力钢绞线方可切割,采用手提式砂轮锯切割。剩余的外露钢绞线长度不小于 30 mm,严禁采用电弧切断。

d.封堵部位处理:锚具封堵前,应将嵌在端部的杂物扣出,清除预应力筋上的混凝土残浆、油污等杂物,同时剔除槽内松散的混凝土及浮砂,且用水冲洗干净并充分湿润,残留在混凝土表面的积水应予清除。

e.采用与结构强度等级相同的细石混凝土将张拉端穴槽进行填充封堵。封堵材料中不得使用任何掺加氯化物的外加剂,且填充密实。待混凝土初凝时,等表面收干后终凝前必须用木抹子或铁抹子搓压表面 2~3 遍,以防止混凝土表面出现裂缝。

f.张拉端预留槽应填充密实,且封堵时超出原结构混凝土面的混凝土用磨光机打磨平整。

g.封堵完后工作面料尽场清。

技术标准:

a.后张法预应力筋锚固后,锚具外预应力筋的外露长度不应小于其直径的 1.5 倍,且不应小于 30 mm。

b.锚具的封闭保护措施应符合设计要求。当设计无要求时,外露锚具和预应力筋的混凝土保护层厚度不应小于:一类环境时 20 mm,二 a、二 b 类环境时 50 mm,三 a、三 b 类环境时 80 mm。

4)预应力施工控制要点

(1)波纹管安装

①金属波纹管壁厚不应小于 0.3 mm,其性能应符合《预应力混凝土用金属波纹管》(JG/T 225—2020)的有关规定。

②定位筋按照施工图中预应力筋矢高的要求设置定位筋,定位筋绑扎牢固。一般不大于 1.2 m 设一定位筋来保证曲线形状。

③波纹管定位牢固,接头密封,管壁完好,接头管长度取波纹管管径的 3 倍,且不宜小于 200 mm。

(2)预应力布置

①预应力筋的布筋数量、所在位置及间距。

②锚固段埋置位置、高度;螺旋筋的位置、数量及其固定。

③张拉端预留张拉尺寸、高度。

(3)排水孔、泌水管控制要点

①预应力孔道应根据工程特点设置排水孔、泌水孔及灌浆孔[7]。当曲线孔道波峰和波谷的高差大于 300 mm 时,应在孔道波峰设置排气孔,排气孔间距不宜大于 30 m;当排气孔兼作泌水孔时,其外接管伸出构件顶面高度不宜小于 300 mm。

②锚垫板上带有灌浆孔,需在波纹管的最高点增设排气孔兼泌水孔,必要时排气孔可以兼作灌浆孔,灌浆孔、排气孔留设具体示意图如图 3.20 所示。

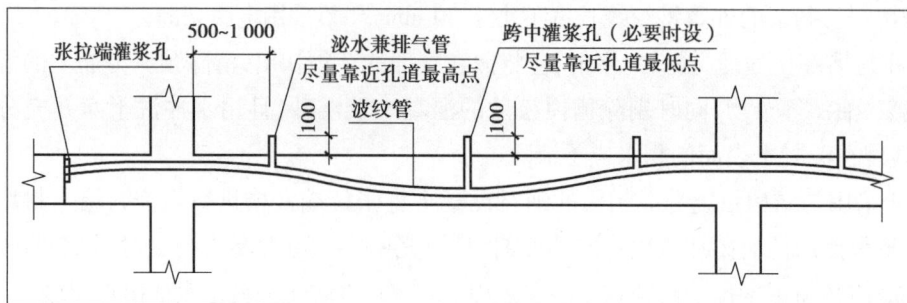

图 3.20　灌浆孔、排气孔留设示意图

（4）预应力张拉控制要点

①张拉前梁底模板支撑系统不得拆除。当混凝土强度达到设计强度的 85%，且不小于 10 d 龄期之后，方可进行张拉。预应力筋张拉控制应力为 $0.75f_{ptk} = 1395$ MPa。

②预应力张拉应采用应力控制，伸长值校核的方法进行。在进行张拉前应计算出预应力筋理论伸长值，实测伸长值与计算值的偏差应控制在±6% 之内。

③预应力筋张拉时，应从零拉力加载至张拉控制力的 10%，再以均匀速率加载至张拉控制力 100%。施工时应当考虑进行适当的超张拉。

（5）孔道灌浆控制要点

①有黏结预应力梁张拉完成后应静停 12 h 进行观察，如未发现问题，则在 48 h 内进行孔道灌浆，以防预应力筋锈蚀或松弛。

②灌浆施工宜先灌注下层孔道，后灌注上层孔道。

③灌浆应连续进行，直至排气管排出的浆体稠度与注浆孔处相同且无气泡后，再顺浆体流动方向依次封闭排气孔[8]。全部出浆口封闭后，应继续加压 0.5~0.7 MPa，稳压 1~2 min 后封闭灌浆孔。

3.2.4　现场应用实例

1）案例概述

重庆东站项目部分梁板采用预应力混凝土结构，预应力梁采用有黏结预应力筋，预应力板采用无黏结预应力筋。预应力钢筋采用直径 15.2 mm 高强低松弛钢绞线。承轨层、高架候车层、高架车道和落客平台等板内设置无黏结预应力筋，梁内设置有黏结预应力筋。本工程预应力施工重难点为：承轨层双向配置预应力梁，预应力在梁柱核心区交叉，配置最多达 24 管，共 816 根预应力钢绞线。预应力混凝土梁与劲性混凝土柱交叉，且为多向交叉，施工困难。项目技术团队在保证质量的前提下，为了提高主体施工进度和降本增效，积极与设计单位、监理单位沟通，将预应力筋进行优化，即原设计预应力为单跨张拉锚头多，钢绞线浪费多，加腋数量多，施工周期长，对预应力深化后改为两跨张拉并同时对板预应力钢绞线间距进行优化,节约了钢绞线 540 t,节约施工成本 690 万元,从技术层面为项目创造了效益。其效果图如图 3.21—图 3.23所示。

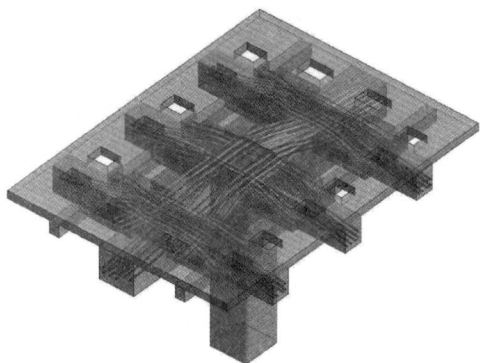

图 3.21　预应力管道线形模拟图　　　　　图 3.22　高架层钢骨梁预应力节点示意图

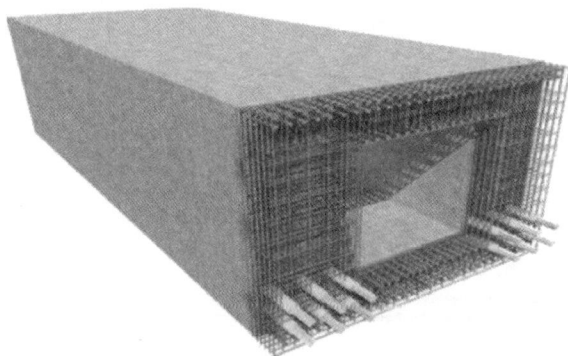

图 3.23　承轨层箱梁预应力节点示意图

2)案例启示

本工程预应力梁分布范围广、层数多、节点复杂,严重影响主体施工进度和质量,而项目缺少相应的专业技术和施工经验,需提前引进专业分包队伍对预应力筋连续多跨施工的可行性,柱筋排布对上、下层结构梁内预应力筋是否有影响,吊筋、马凳筋等布置与波纹管是否相冲突等问题进行超前谋划。本工程应着重从以下方面考虑节点处的优化:边梁考虑走窄加腋设置两个预留孔出张拉端,或是宽加腋一次性出张拉端;考虑降板处张拉端、固定端布置,风井处可设置外凸式张拉端;箱梁考虑是否走箱梁内部进行张拉;斜交梁交接处柱筋更加密集,选择切割柱筋还是增加加腋;设置加腋处存在结构空洞,如何处理,可以选择调换张拉端与固定端;如何减少加腋,并针对加腋宽度、高度、配筋进行优化,加腋底部不低于次梁底部;张拉洞口与马凳筋冲突等问题。在满足结构设计安全的情况下,不仅可以降本增效,还能将复杂的梁柱节点简化,从而提高混凝土施工质量,达到成本、质量、进度三控制的效果。

3）推广价值

①通过对预应力筋的优化处理,如减少预应力筋的使用数量和采用双跨张拉方式代替单跨张拉,不仅能够有效降低工程成本,提高施工效率,还能在保障项目资源节约和效益提升方面发挥重要作用。此外,针对梁柱节点等结构复杂部位的合理设计和优化,如在边梁处采用走窄加腋设置预留孔出张拉端或宽加腋一次性出张拉端,在风井处设计外凸式张拉端,可以在确保结构安全的基础上,简化施工流程,降低施工难度,进而提高工程质量。总的来说,通过对预应力筋的有效优化及对结构复杂部位的精细设计,可以显著提升施工效率与工程质量,同时降低成本,对类似工程的实施具有广泛的适用性和重要的参考价值。

②在工程管理中,需要综合考虑成本、质量、进度三个方面的因素。通过预应力优化和节点设计的合理调整,不仅可以降低成本,还可以提高质量和进度。这种综合考虑的管理理念对其他工程项目同样适用,具有普遍指导意义。

因此,该案例的经验和启示具有广泛的推广价值,可以为类似的预应力混凝土结构项目提供指导和参考,帮助项目团队更好地实现成本控制、质量保障和工期管理的平衡。

3.3 钢结构提升施工

3.3.1 项目钢结构概况

1）钢结构概况

屋盖采用空间管桁架结构体系,主要由屋盖桁架结构+屋盖梁+屋面支撑结构组成,钢屋盖南北长约 297 m,东西长约 538 m,在 S/T 轴和 H/J 轴位置设置两道结构缝,屋盖桁架轴测图如图 3.24 所示。屋盖主桁架采用三角桁架,最大跨度 72 m,下弦支承,部分主桁架通过销轴与下部树形柱连接,剩余主桁架与下部直钢柱刚接连接。次桁架、柱顶桁架及天窗桁架则采用平面管桁架结构与主桁架连接。屋盖杆件采用 Q355B 级钢无缝钢管,屋盖架体主结构设有檩托、檩条结构。屋盖桁架构件截面范围为（φ180 mm×6 mm）～（φ600 mm×35 mm）,采用 Q390B 及 Q355B。

2）钢结构布置

主桁架为倒三角桁架,双上弦投影间距 2.5 m,桁架立面根据屋面建筑造型而变化,平折不一,桁架自身高度 2 850～4 500 mm,局部桁架端头扩大端高度 6 448 mm,桁架底标高为+34.5 m。桁架弦杆截面规格（φ299 mm×10 mm）～（φ600 mm×35 mm）,腹杆截面规格（φ180 mm×6 mm）～（φ351 mm×20 mm）,材质 Q355B,部分柱支撑部位杆件材质 Q390B。天窗桁架周边的主桁架为圆弧形倒三角桁架。主桁架平面布置图及平立面图如图 3.25—图 3.27 所示。

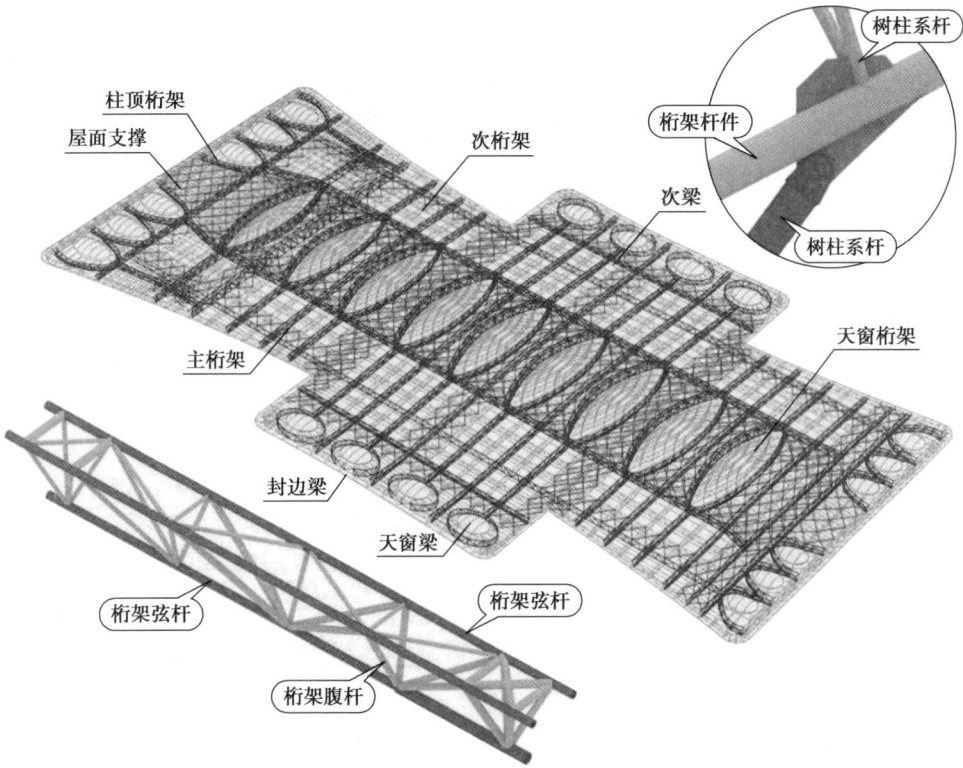

图 3.24　屋盖桁架轴测图

柱顶桁架
屋面支撑
次桁架
次梁
主桁架
天窗桁架
封边梁
天窗梁
桁架弦杆
桁架弦杆
桁架腹杆
树柱系杆
桁架杆件
树柱系杆

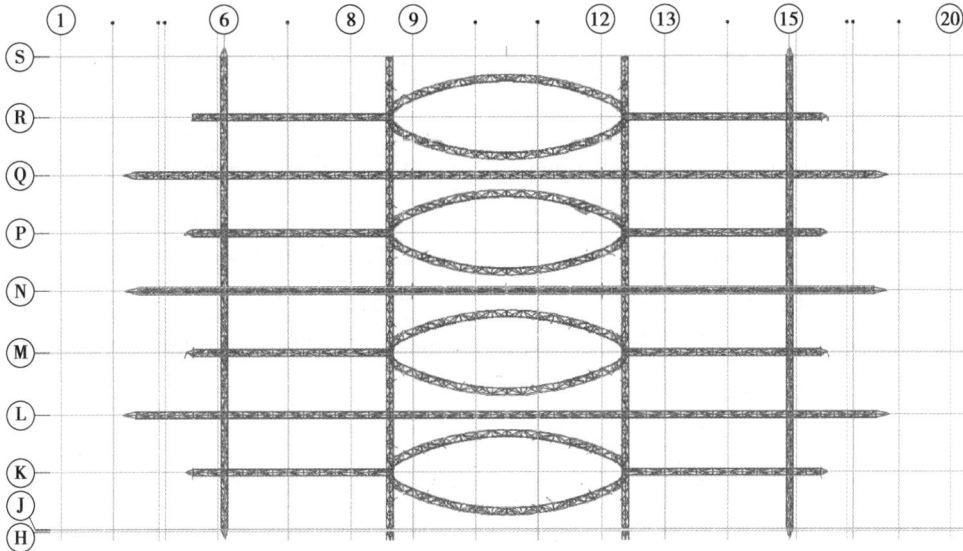

图 3.25　主桁架平面布置图一

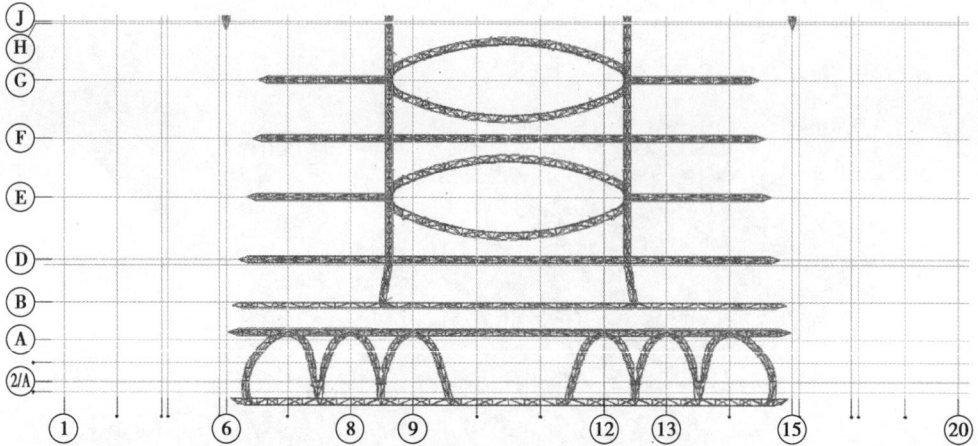

图 3.26 主桁架平面布置图二

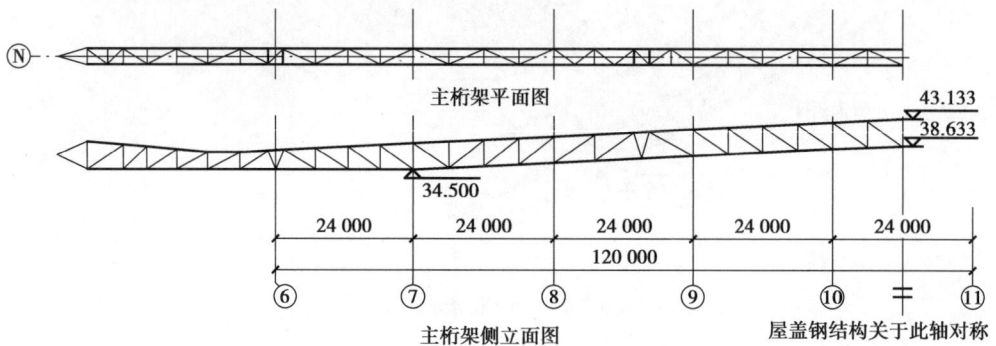

图 3.27 典型主桁架平立面图

次桁架为平面桁架,桁架高度同两端主桁架高度,次桁架与主桁架采用相贯线焊接连接。桁架弦杆截面规格($\phi299$ mm×8 mm)~($\phi351$ mm×20 mm),腹杆截面规格($\phi180$ mm×6 mm)~($\phi299$ mm×10 mm),材质 Q355B。次桁架平面布置图如图 3.28所示。

如图 3.29—图 3.30 所示,在中央梭形天窗内部布置天窗桁架,天窗桁架贴合天窗花纹布置,天窗桁架为交叉变高度弧形平面桁架,最小高度 2.5 m,弦杆规格($\phi299$ mm×6 mm)~12,腹杆规格($\phi140$ mm×6 mm)~($\phi299$ mm×8 mm),天窗桁架与周边弧形主桁架相贯线连接。

屋盖桁架上弦沿垂轨向布置屋面次梁,次梁间距为 4~7 m,截面规格为($\phi245$ mm×6 mm)~($\phi351$ mm×16 mm),与桁架上弦相贯线焊接。在屋盖周边、中央天窗之间及屋面结构缝两侧的桁架上下弦面布置交叉支撑,支撑截面尺寸为($\phi299$ mm×6 mm)~($\phi351$ mm×10 mm)。

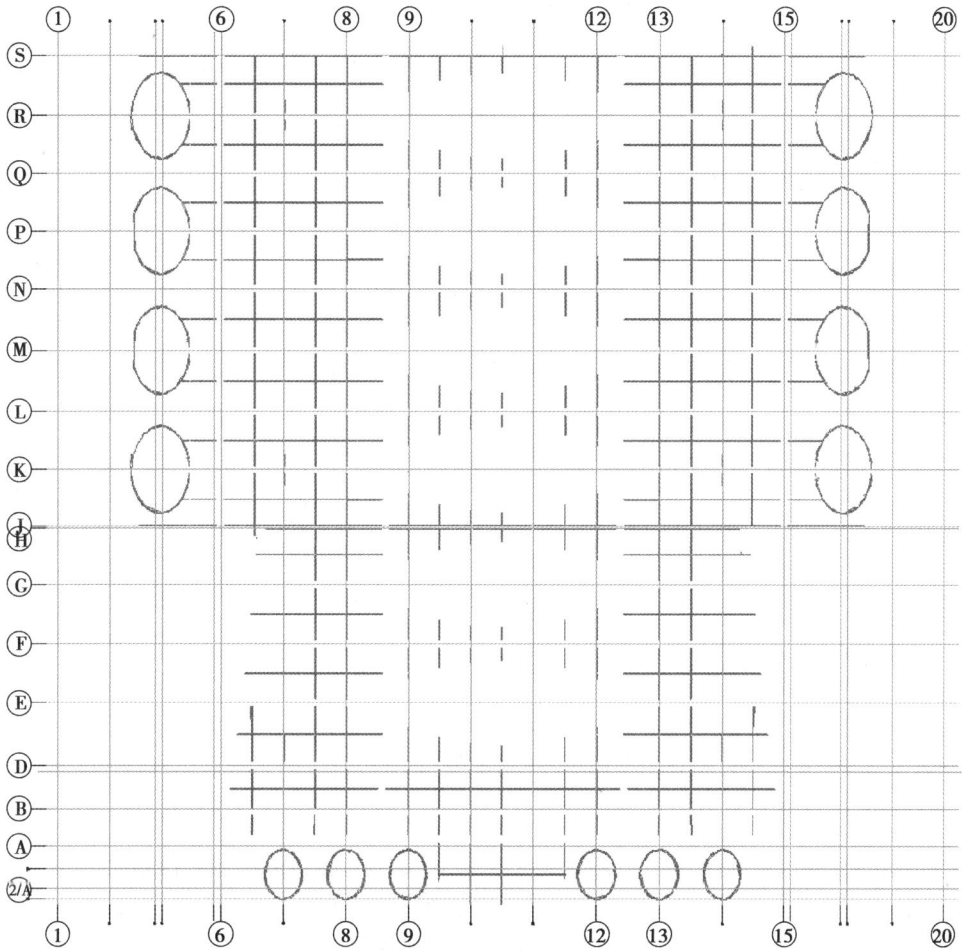

图 3.28 次桁架平面布置图

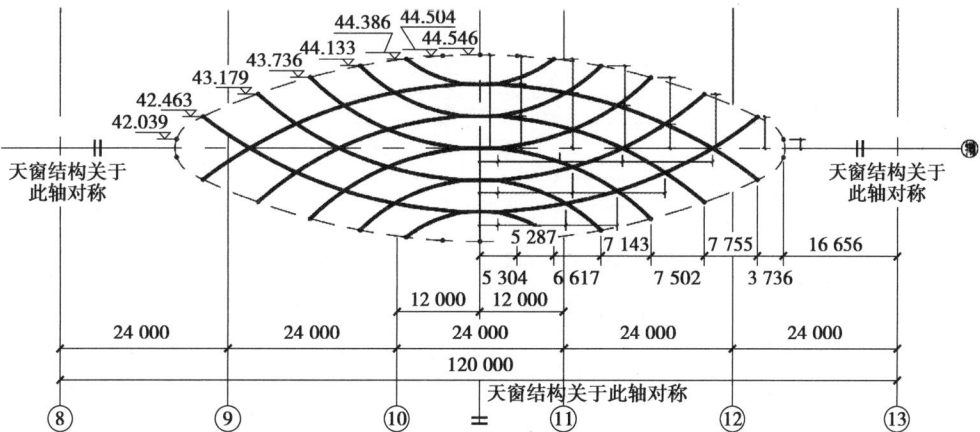

图 3.29 天窗桁架结构平面图

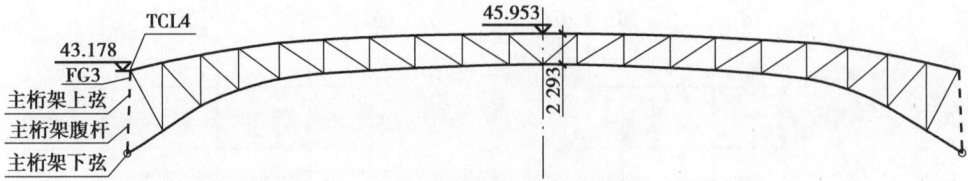

图 3.30 典型天窗桁架单榀展开立面图

3) 施工现场总平面布置

新建重庆东站东侧为站东路,南北两侧雨棚区外侧均规划设置施工便道,道路满足构件运输要求。屋盖施工阶段施工平面布置如图 3.31 所示,根据施工方案选择,屋盖采取主站房提升加东站房吊装的施工思路,在东西雨棚区外侧的轨行区及地面设置屋盖桁架材料堆场及次桁架地面拼装区,运输车辆及次桁架拼装用的汽车吊在材料堆场及地面拼装区进行施工作业,位于地面及承轨层楼面范围内的施工堆载应满足设计图纸说明要求的不大于 20 kN/m² 。雨棚区共设置三座栈桥,连通高架候车层与地面承轨层。施工现场外设置屋盖构件中转堆场,采用平板车倒运至施工现场。

3.3.2 技术挑战与解决方案

本工程屋盖为大跨度空间桁架结构,通过直钢柱和树型柱支撑,桁架高度 2 850 ~ 4 500 m,桁架杆件截面范围为(ϕ180 mm×6 mm) ~ (ϕ600×35 mm)。该钢结构屋盖的体量巨大,其提升作业成为本项目的一个重大技术难题。本项目通过对屋盖结构及土建楼板结构分析,中央站房屋盖采取分区提升的施工方案,分区划分位置为屋盖结构缝位置,东站房屋盖采取分段吊装的施工方案,施工分区划分如图 3.32 所示。

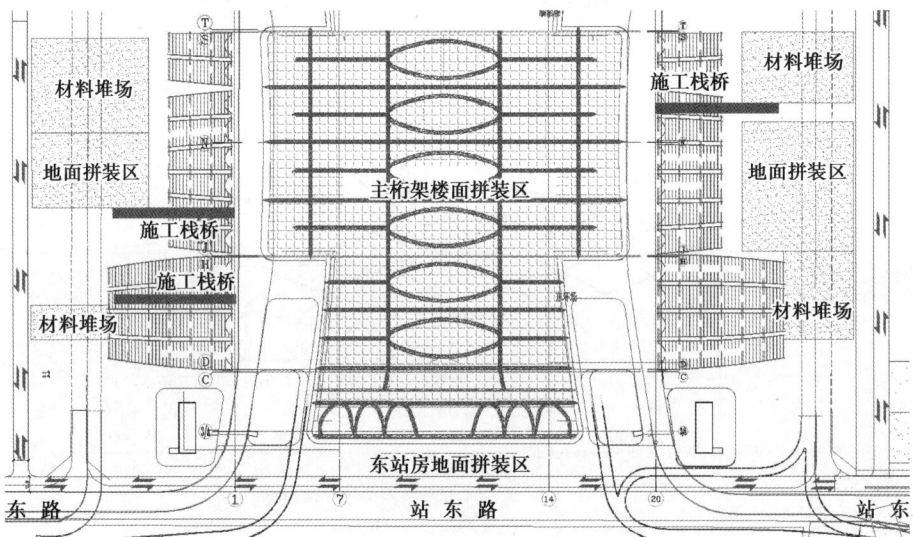

图 3.31 屋盖施工阶段施工平面布置图

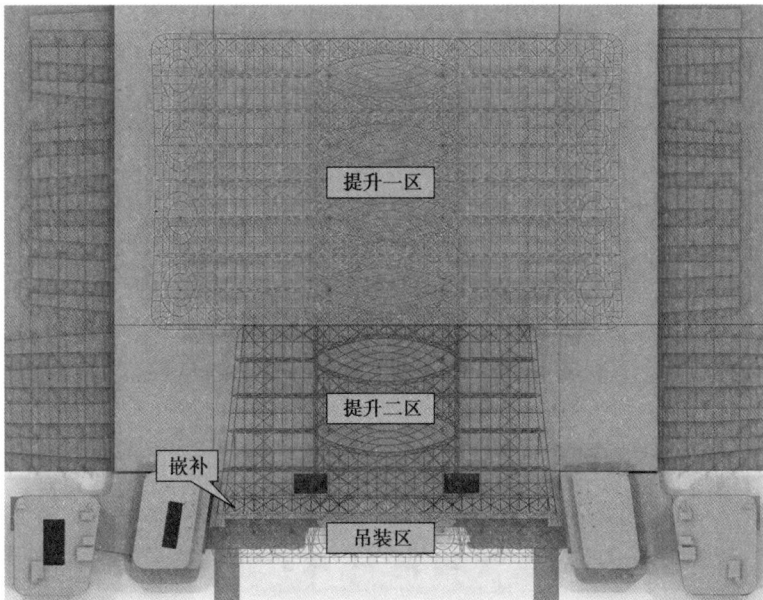

图 3.32 屋盖提升分区划分

屋盖桁架提升主要采用提升支架进行提升施工,根据提升受力计算和具体布置结果,提升架结构共 2 种类型。类型 1:柱顶提升架;钢管柱顶部加一根工装管,工装管顶焊接提升梁,并设置 2 台提升油缸,对应下吊点与屋盖主桁架下弦杆连接。类型 2:格构支撑提升架;由三根($\phi351$ mm×16 mm)~($\phi800$ mm×10 mm)钢管及顶部联系桁架组成格构式提升架,提升架底部设置转换梁或埋件将提升荷载传递给楼板框架梁,支架顶部设置提升钢梁及提升油缸,对应下吊点与屋盖主桁架弦杆连接。通过受力计算,各提升分区提升架布置如图 3.33 所示。图中方框标记位置为提升架类型 1(柱顶提升架),三角形标记位置为提升架类型 2(格构式提升架)。

各提升分区提升架布置列表见表 3.7 所示。

表 3.7 各提升分区提升架布置列表

提升分区	柱顶提升架	格构式提升架	合计
提升一区	20	18	38
提升二区	16	4	20

本工程直钢柱柱顶标高同桁架上弦标高,因此,结构柱顶提升架采用同截面的钢柱上延伸 0.5 m,在柱顶设置提升横梁和提升油缸,下锚点设置在桁架下弦,如图 3.34、图 3.35 所示。提升钢柱截面尺寸为 $\phi900$ mm×12 mm、□800 mm×500 mm×12 mm,提升横梁为双拼 H 形钢梁,根据提升荷载的大小主要有两种规格,双拼 $H588$ mm×

300 mm×12 mm×20 mm、双拼 *H*500 mm×200 mm×10 mm×16 mm，顶部提升钢梁设置两个提升油缸。

图 3.33　提升架平面布置图

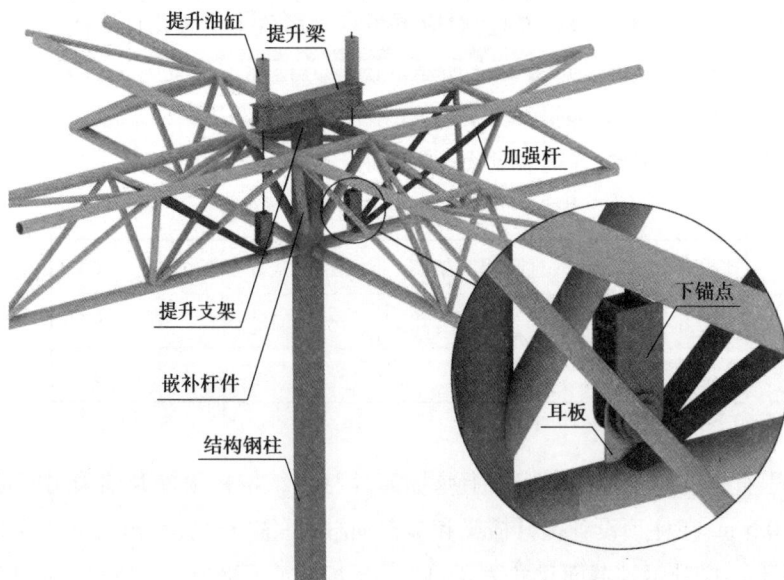

图 3.34　直钢柱柱顶提升架结构轴侧图

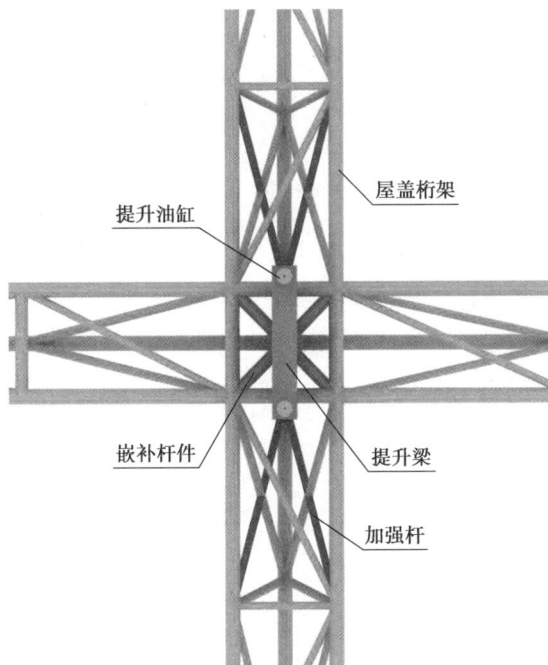

图 3.35　直钢柱柱顶提升架结构平面图

高架层楼面上的格构柱提升架高度 29~34 m,由三根立柱及顶部桁架、底部转换梁组成,立柱截面为(φ351 mm×16 mm)~(φ800 mm×10 mm)钢管,立柱对接采用法兰连接或对接焊接的方式连接,立柱位于楼板的底部,在其底部设置转换梁,底部转换梁的作用为将提升荷载通过转换梁传递给楼板框架梁,在框架梁上设置埋件,转换梁与埋件焊接固定,转换梁截面为双 H588 mm×300 mm×12 mm×20 mm;立柱中部设置连系钢管增强提升架自身刚度。顶板桁架斜撑与立柱采用相贯线焊接连接方式,中间连系桁架弦杆与立柱采取在弦杆上设插板与立柱焊接的连接方式。对于天窗桁架部位的提升架,顶部提升梁上设置三个提升油缸,焊接 9 根提升下锚斜撑钢管,分别提升天窗桁架三个点;边跨桁架提升架,顶部提升梁设置一个提升油缸,提升桁架下弦节点。

根据屋盖桁架布置特点,格构提升架共有两种形式,如图 3.36—图 3.39 所示,分别对应天窗桁架部位格构提升架、边跨桁架部位格构提升架。

提升下锚点大部分设置在桁架下弦。提升下弦节点采用插板式节点、相贯节点形式,如上提升架结构图中节点大样,并在对应上下弦主杆内部设置加劲环板提高局部刚度,提升完成后割除插板及相贯钢管并打磨平整。

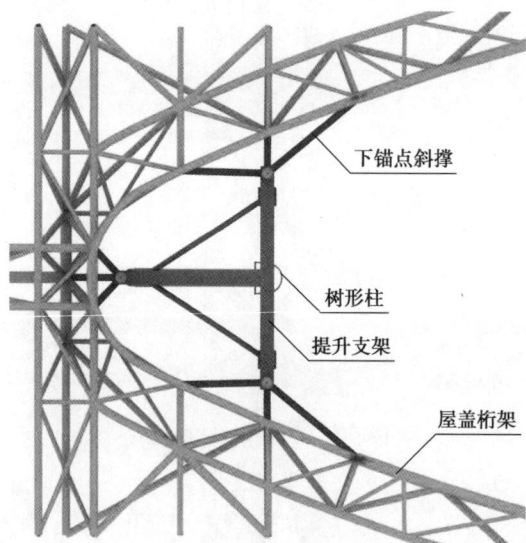

图 3.36 天窗桁架部位提升架平面图

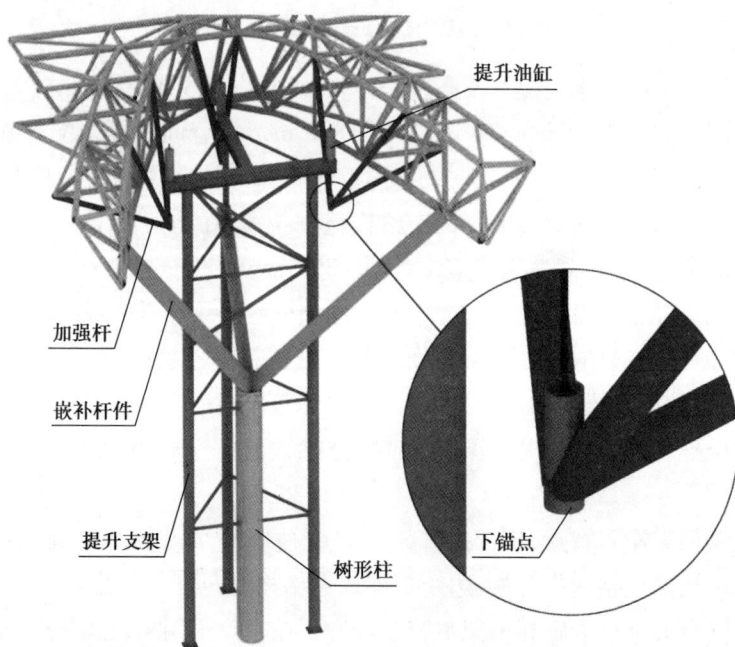

图 3.37 天窗桁架部位提升架轴测图

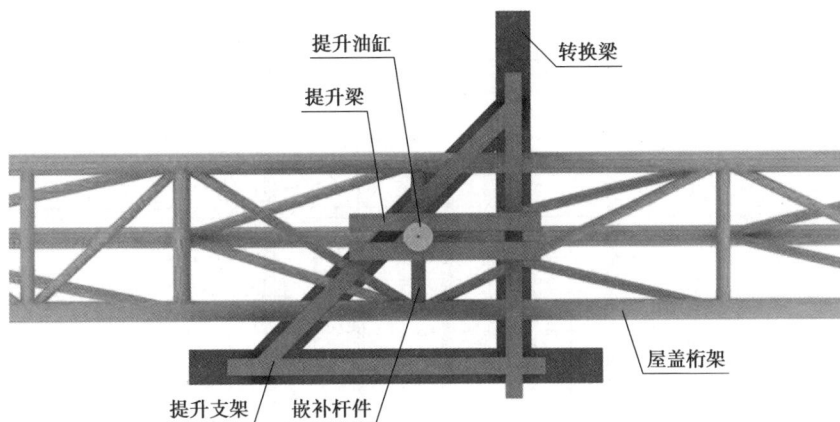

图 3.38　边跨提升架结构平面图

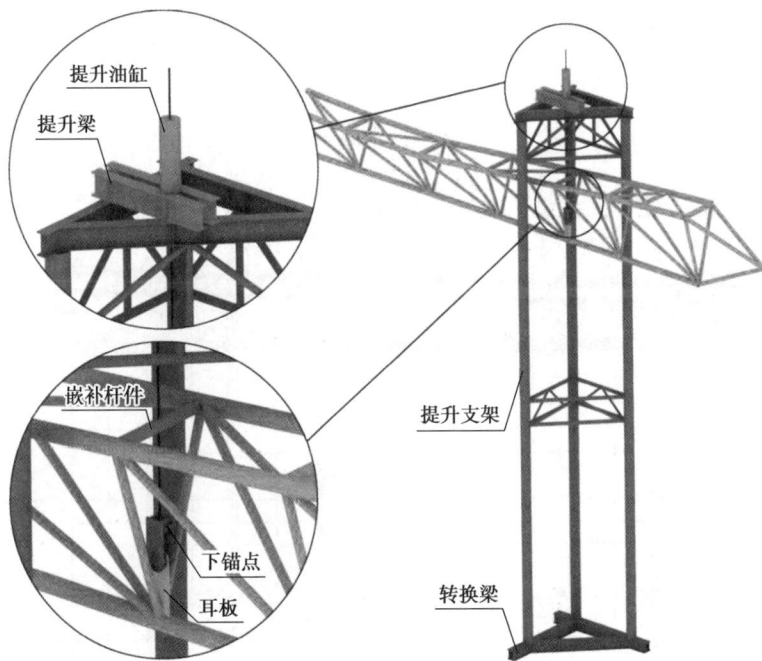

图 3.39　边跨提升架结构轴测图

　　根据提升施工模拟计算,各提升点根据提升力的大小不同配置相适应的提升油缸及钢绞线,各提升分区提升点编号及油缸配备如图 3.40、图 3.41 所示,见表 3.8、表3.9。

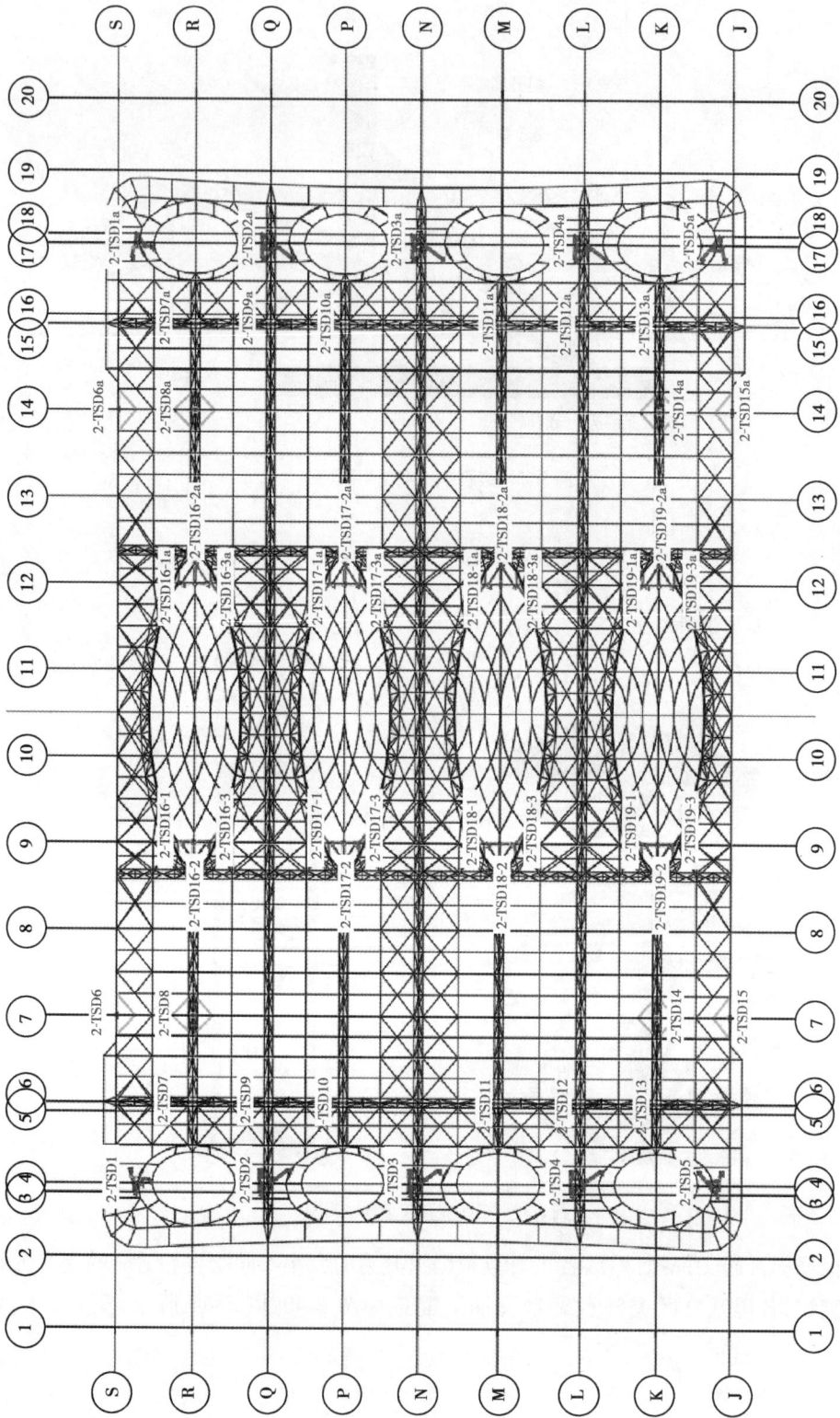

图3.40 提升一区提升点编号布置图

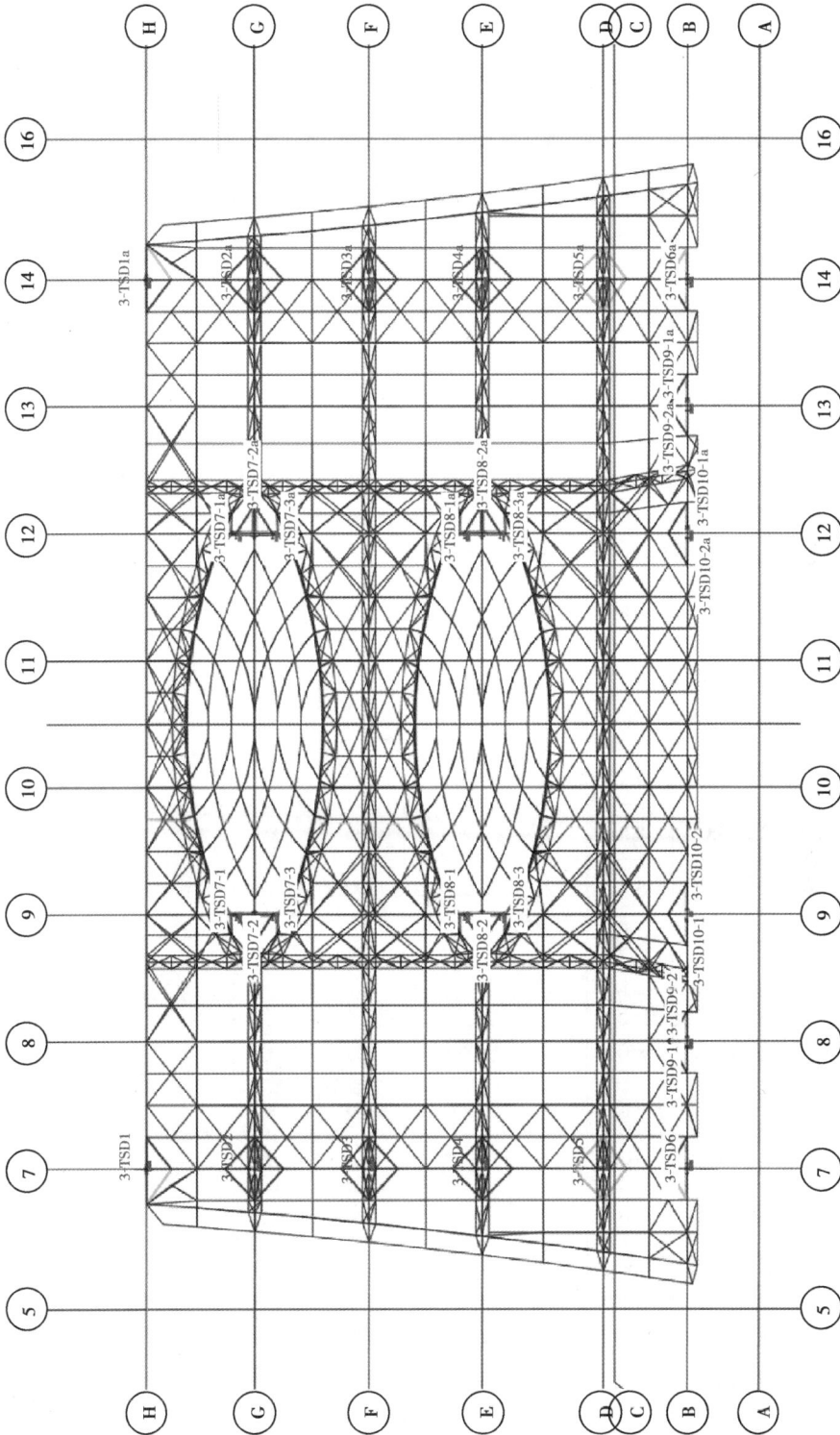

图3.41 提升二区提升点编号布置图

表 3.8　提升一区提升油缸及钢绞线配备表

提升点编号	提升点反力/kN	油缸数量	单台油缸提升力/kN	油缸型号/t	油缸储备系数	钢绞线数量	钢绞线安全系数	钢绞线长度/m
2-TSD1/2-TSD1a	637	1	637	100	1.57	9	3.67	36
2-TSD2/2-TSD2a	708	1	708	200	2.82	11	4.04	36
2-TSD3/2-TSD3a	829	1	829	200	2.41	13	4.08	36
2-TSD4/2-TSD4a	802	1	802	200	2.49	12	3.89	36
2-TSD5/2-TSD5a	586	1	586	100	1.71	9	3.99	36
2-TSD6/2-TSD6a	430	2	215	100	4.65	4	4.84	34
2-TSD7/2-TSD7a	506	2	253	100	3.95	4	4.11	34
2-TSD8/2-TSD8a	620	2	310	100	3.23	4	3.35	34
2-TSD9/2-TSD9a	544	2	272	100	3.68	4	3.82	34
2-TSD10/2-TSD10a	1 098	2	549	100	1.82	8	3.79	34
2-TSD11/2-TSD11a	1 090	2	545	100	1.83	8	3.82	34
2-TSD12/2-TSD12a	532	2	266	100	3.76	4	3.91	34
2-TSD13/2-TSD13a	526	2	263	100	3.80	4	3.95	34
2-TSD14/2-TSD14a	588	2	294	100	3.40	4	3.54	34
2-TSD15/2-TSD15a	416	2	208	100	4.81	4	5.00	34
2-TSD16-1/2-TSD16-1a	1 274	1	1 274	200	1.57	17	3.47	34
2-TSD16-2/2-TSD16-2a	857	1	857	200	2.33	11	3.34	34
2-TSD16-3/2-TSD16-3a	936	1	936	200	2.14	13	3.61	34
2-TSD17-1/2-TSD17-1a	958	1	958	200	2.09	13	3.53	34
2-TSD17-2/2-TSD17-2a	1 039	1	1 039	200	1.92	14	3.50	34
2-TSD17-3/2-TSD17-3a	1 029	1	1 029	200	1.94	14	3.54	34
2-TSD18-1/2-TSD18-1a	997	1	997	200	2.01	14	3.65	34
2-TSD18-2/2-TSD18-2a	1 029	1	1029	200	1.94	14	3.54	34
2-TSD18-3/2-TSD18-3a	991	1	991	200	2.02	14	3.67	34

续表

提升点编号	提升点反力/kN	油缸数量	单台油缸提升力/kN	油缸型号/t	油缸储备系数	钢绞线数量	钢绞线安全系数	钢绞线长度/m
2-TSD19-1/2-TSD19-1a	925	1	925	200	2.16	13	3.65	34
2-TSD19-2/2-TSD19-2a	862	1	862	200	2.32	12	3.62	34
2-TSD19-3/2-TSD19-3a	1 320	1	1 320	200	1.52	18	3.55	34

表 3.9　提升二区提升油缸及钢绞线配备表

提升点编号	提升点反力/kN	油缸数量	单台油缸提升力/kN	油缸型号/t	油缸储备系数	钢绞线数量	钢绞线安全系数	钢绞线长度/m
3-TSD1/3-TSD1a	240	2	120	100	8.33	3	6.50	34
3-TSD2/3-TSD2a	494	2	247	100	4.05	4	4.21	34
3-TSD3/3-TSD3a	486	2	243	100	4.12	4	4.28	34
3-TSD4/3-TSD4a	558	2	279	100	3.58	4	3.73	34
3-TSD5/3-TSD5a	694	2	347	100	2.88	5	3.75	34
3-TSD6/3-TSD6a	244	2	122	100	8.20	3	6.39	34
3-TSD7-1/3-TSD7-1a	1 145	1	1 145	200	1.75	15	3.41	34
3-TSD7-2/3-TSD7-2a	848	1	848	200	2.36	12	3.68	34
3-TSD7-3/3-TSD7-3a	1 008	1	1 008	200	1.98	13	3.35	34
3-TSD8-1/3-TSD8-1a	928	1	928	200	2.16	12	3.36	34
3-TSD8-2/3-TSD8-2a	804	1	804	200	2.49	11	3.56	34
3-TSD8-3/3-TSD8-3a	1 065	1	1 065	200	1.88	14	3.42	34
3-TSD9-1/3-TSD9-1a	118	1	118	100	8.47	3	6.61	34
3-TSD9-2/3-TSD9-2a	172	1	172	100	5.81	3	4.53	34
3-TSD10-1/3-TSD10-1a	358	1	358	100	2.79	5	3.63	34
3-TSD10-2/3-TSD10-2a	557	1	557	100	1.80	8	3.73	34

3.3.3 施工工艺技术

1）提升工艺

计算机控制液压同步提升技术是一项采用柔性钢绞线承重、提升油缸集群、计算机控制、液压同步提升新原理,结合现代化施工工艺,将成千上万吨的构件在地面拼装后,整体提升到预定位置安装就位,实现大吨位、大跨度、大面积的超大型构件超高空整体同步提升安装施工技术,具体的提升工艺流程如图3.42所示。

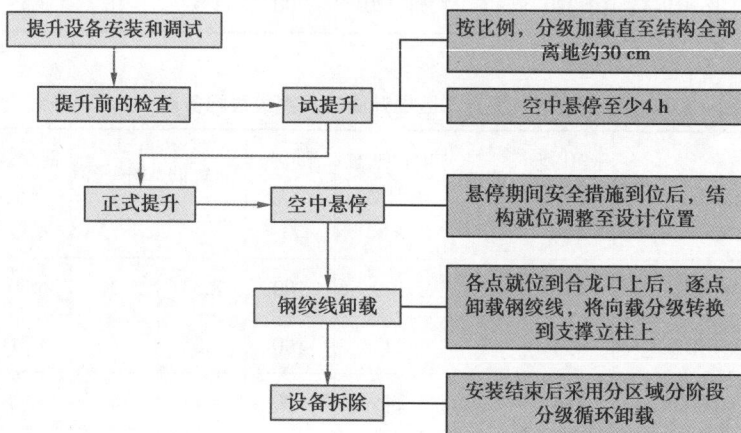

图3.42 提升工艺流程

计算机控制液压同步提升技术的核心设备采用计算机控制,可以全自动完成同步升降、实现力和位移控制、操作闭锁、过程显示和故障报警等多种功能,是集机、电、液、传感器、计算机和控制技术于一体的现代化先进施工设备。

计算机控制液压同步提升技术具有以下特点:

①通过提升设备扩展组合,提升重量、跨度、面积不受限制。

②采用柔性索具承重,只要有合理的承重吊点,提升高度与提升幅度不受限制。

③提升油缸锚具具有逆向运动自锁性,使提升过程十分安全,并且构件可在提升过程中的任意位置长期可靠锁定。

④提升系统具有毫米级的微调功能,能实现空中垂直精确定位。

⑤设备体积小、自重轻、承载能力大,特别适宜于在狭小空间或室内进行大吨位构件提升。

⑥设备自动化程度高,操作方便灵活,安全性好,可靠性高,适应面广,通用性强。

⑦计算机控制液压同步提升技术的特点和工程实践表明,它是一项极具应用前景的新技术。

2）提升系统组成

计算机控制液压同步提升系统由钢绞线及提升油缸集群(承重部件)、液压泵站(驱动部件)、传感检测及计算机控制(控制部件)和远程监视系统等几个部分组成。

（1）承重部件

钢绞线及提升油缸是系统的承重部件，用来承受提升构件的质量。用户可以根据提升质量（提升载荷）的大小来配置提升油缸的数量，每个提升吊点中油缸可以并联使用。

钢绞线采用高强度低松弛预应力钢绞线，公称直径为 15.24 mm，抗拉强度为 1 860 N/mm²，破断拉力为 260.7 kN，伸长率在 1% 时的最小载荷为 221.5 kN，每米质量为 1.1 kg。钢绞线符合国际标准 ASTM A416—87a，其抗拉强度、几何尺寸和表面质量都得到严格保证。采用先进的设计方法（数字技术与有限元分析技术）和严格的质量控制措施，来确保提升油缸的绝对安全。

提升油缸为穿芯式结构，生产过程严格按照 ISO 9000 质量标准进行质量控制。每台提升油缸均在厂内进行严格的试验，试验主要包括功能性试验和耐久性试验。

提升油缸的特点：

①密封件采用德国技术，有效保证提升油缸的密封性能，从而提高提升油缸的工作可靠性。

②采用获得国家专利的新型锚具结构，锚具的工作可靠性更高。

③采取模块化设计，一旦使用过程中出现故障，能够随时更换，确保工程的顺利进行。

④在提升油缸中安装压力速度控制阀，确保带载下降时油缸平稳安全。

本工程选用的提升油缸的规格为 100 t 和 200 t 级别的，钢绞线截面为 15.5 mm²。提升油缸下部为提升横梁，在提升横梁上焊接三角限位板，限制固定提升油缸。提升横梁与下部的提升支架焊接固定。其提升横梁及油缸固定形式如图 3.43、图 3.44 所示。

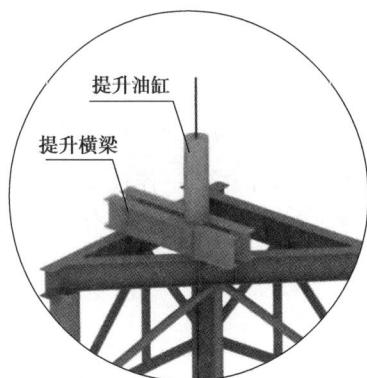

图 3.43　提升油缸与提升横梁连接示意图

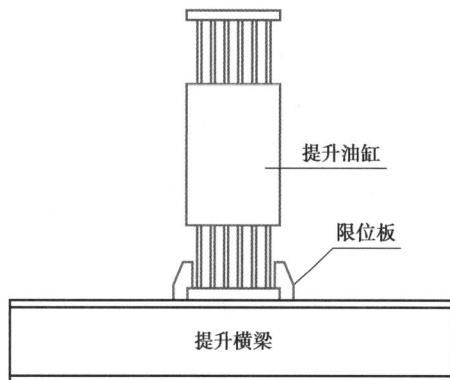

图 3.44　油缸限位板

（2）驱动部件

液压泵站是提升系统的动力驱动部分，它的性能及可靠性对整个提升系统稳定可靠工作影响最大[9]。在液压系统中，采用比例同步技术，这样可以有效地提高整个系统的同步调节性能。本工程选用 TX-80-P 型液压泵站,每 6 个相邻提升点配置 1 台液压泵站。

（3）提升设备的入场验收

当提升油缸、液压泵站入场前,需进行调试、保养,各功能件能正常工作,油压传感器、锚具及油缸智能传感器、比例阀通信线、电磁阀通信线等能及时准确传达油压、行程等数据,油管速接不漏油,确保施工过程安全可靠,并提交相关的校正记录、维保记录。

（4）同步提升控制原理及动作过程

①同步提升控制原理。

主控计算机除了控制所有提升油缸的统一动作外,还必须保证各个提升吊点的位置同步。在提升体系中,设定主令提升吊点,其他提升吊点均以主令吊点的位置作为参考来进行调节,因而,都是跟随提升吊点。

主令提升吊点决定整个提升系统的提升速度,操作人员可以根据泵站的流量分配和其他因素来设定提升速度。根据现有的提升系统设计,最大提升速度不大于 10 m/h。主令提升速度的设定是通过比例液压系统中的比例阀来实现的。

在提升系统中,每个提升吊点下面均布置一台距离传感器,这样,在提升过程中这些距离传感器可以随时测量当前的构件高度,并通过现场实时网络传送给主控计算机。每个跟随提升吊点与主令提升吊点的跟随情况可以用距离传感器测量的高度差反映出来。主控计算机可以根据跟随提升吊点当前的高度差,依照一定的控制算法,来决定相应比例阀的控制量大小,从而实现每一跟随提升吊点与主令提升吊点的位置同步。

为了提高构件的安全性,在每个提升吊点都布置了油压传感器,主控计算机可以通过现场实时网络监测每个提升吊点的载荷变化情况。如果提升吊点的载荷有异常的突变,则计算机会自动停机,并报警示意。

②提升动作过程。

提升油缸数量确定之后,每台提升油缸上安装一套位置传感器,传感器可以反映主油缸的位置情况、上下锚具的松紧情况。通过现场实时网络,主控计算机可以获取所有提升油缸的当前状态。根据提升油缸的当前状态,主控计算机综合用户的控制要求（例如,手动、顺控、自动）可以决定提升油缸的下一步动作。

（5）计算机控制系统的布置

①传感器的布置。

压力传感器:在每个提升吊点的一组油缸中,选择一个油缸安装压力传感器;压力传感器安装在油缸的大腔侧,由于同一提升吊点的所有油缸的进油口并联压力相同,所以一个油缸的压力就代表同一提升吊点的压力。

锚具及油缸智能传感器:在每个油缸的上下锚具油缸上各安装 1 只锚具传感器,在主缸上安装 1 只油缸位置传感器。

将各种传感器同各自的通信模块连接。

②现场实时网络控制系统的连接。

地面布置1台计算机控制柜,从计算机控制柜引出比例阀通信线、电磁阀通信线、油缸信号通信线、工作电源线。

通过比例阀通信线、电磁阀通信线将所有泵站联网。

通过油缸信号通信线将所有油缸信号通信模块联网。

通过电源线将所有的模块与电源线连接。

当完成传感器的安装和现场实时网络控制系统的连接后,计算机控制系统的布置就完成。

(6)钢结构分块整体提升施工工艺

根据整体提升工程要求,结合液压同步整体提升技术的特点,为确保钢结构按照设计要求顺利提升成功,特制订本实施方案,凡参与本提升工程的人员应共同遵守。

①前期准备。

场地划分要求:在施工准备期间,要求分三块场地进行设备准备等工作。现场场地的要求应服从安排。施工现场尺寸如下:

场地1:尺寸50 m×15 m,用于设备存储和钢绞线切割准备。

场地2、场地3:尺寸10 m×2 m,用于设备临时中转。

②施工工艺交底。

组织相关提升施工人员熟悉提升现场施工工艺,同时了解施工过程中的安全防护。

③钢绞线切割。

钢绞线切割操作要求:整捆钢绞线解散前要放在铁框内或用脚手架搭设方框,用于约束钢绞线;操作人员必须戴手套操作;钢绞线从内圈拉出,拉钢绞线头部的人员不允许松手;切割钢绞线要先确认好长度,同时固定住后再切割钢绞线;切割好后,放在指定位置按规定打磨。

安全防护:钢绞线切割要设定安全区域,无关人员不许入内;操作人员必须戴手套操作;打磨钢绞线人员应在安全位置打磨。

钢绞线切割后的保护:钢绞线应存放在干净区域,避免在泥地放置;防止钢绞线过电损伤;在钢绞线附近焊接时,需要就近布置焊接地线,防止钢绞线过电损伤;防止焊接地线漏电对钢绞线的损伤;防止电焊对钢绞线的损伤;防止气割对钢绞线的损伤;钢绞线要用彩条布盖住。

④动力电源布置。

a.根据吊点泵站布置,每6个提升点中间布置一台泵站,每个泵站功率为20 kW,需要一个380 V三相四线配电箱;

b.钢绞线切割场地需要380 V三相四线配电箱;

c.主控室需要220 V电源插座;

d.为保证提升顺利进行,提升用动力电源在提升过程中要有专人看护。

⑤提升设备的安装。

a.钢绞线的安装:根据各点的提升高度,考虑提升结构的状况,切割相应长度的钢绞线。钢绞线左、右旋各一半,要求钢绞线两头倒角、不松股,将其间隔平放地面,理顺。将钢绞线穿在油缸中,上下锚一致,不能交错或缠绕,每个油缸中的钢绞线左右旋相间。钢绞线露出油缸上端 50 cm。压紧油缸的上下锚。将钢绞线的下端根据油缸的锚孔位置捆扎作好标记。用汽车吊将穿好钢绞线的油缸安装在提升平台上。按照钢绞线下端的标记,安装钢绞线地锚,确保从油缸下端到地锚之间的钢绞线不交叉、不扭转、不缠绕。安装地锚时各锚孔中的三片锚片应能均匀夹紧钢绞线;其高差不得大于 0.5 mm,周向间隙误差小于 0.3 mm。地锚压板与锚片之间应有软材料垫片,以补偿锚片压紧力的不均匀变形。

b.梳导板和安全锚就位:为了保证钢绞线在油缸中的位置正确,在安装钢绞线之前,每台油缸应使用一块梳导板;安装安全锚的目的是油缸出现故障需要更换时使用,另外它也可以起安全保护作用;梳导板和安全锚在安装时,应保证与油缸轴线一致、孔对齐。

c.提升油缸的安装:根据提升油缸的布置,安装提升油缸;提升油缸在吊装过程中,注意安全;安装好地锚支架;安装提升油缸;在安装提升油缸和地锚支架时,准确定位,要求提升油缸安装点与下部地锚支架投影误差小于 5 mm;提升油缸在安装到位后,每台提升油缸使用 4 只"7"形卡板固定。

d.液压泵站的安装:根据布置,在提升平台上安装液压泵站;连接液压油管;检查液压油,并准备备用油;钢绞线与地锚的安装;根据设计长度,切割钢绞线;根据钢绞线安装规程穿油缸钢绞线;钢绞线根据梳导板穿入提升地锚;用 2 t 手动葫芦预紧钢绞线,然后提升油缸用 1 MPa 压力带紧钢绞线,同时将地锚做入地锚支架沉孔。

e.计算机控制系统的安装:安装锚具传感器;安装提升油缸行程传感器;安装油压传感器;安装长行程传感器;连接通信电缆和通信电源线。

(7)提升设备安全防护设施及钢绞线疏导架搭设

①提升设备安全防护设施及钢绞线疏导架搭设提升安全防护设施要求。

提升安全防护设施用于提升准备过程中提升工作人员安装提升设备和提升设备调试的安全通道,或提升过程中提升工作人员巡视通道,通道按国家标准搭设。

②钢绞线疏导架要求。

疏导架最大承载要大于各提升吊点钢绞线总重的 2 倍。

(8)提升系统的调试

①液压泵站的调试。

泵站电源送上(注意不要启动泵站),将泵站控制面板手动/自动开关置于手动状态,分别拨动动作开关观察显示灯是否亮,电磁阀是否有动作响声。

②提升油缸的调试。

a.上述动作正常后,将所有动作置于停止状态,并检查油缸上下锚具都处在紧锚状态。

b.启动锚具泵,将锚具压力调到 4 MPa,给下锚紧动作,检查下锚是否紧,若下锚为紧,给上锚松动作,检查上锚是否打开。

c.上锚打开后,启动主泵,给伸缸动作,伸缸过程中给截止动作,观察油缸是否停止,油缸会停止表明动作正常。

d.给缩缸动作,缩缸过程中给截止动作,观察油缸是否停止,油缸会停止表明动作正常。

e.油缸来回动作几次后,将油缸缩到底,上锚紧,调节油缸传感器行程显示为 2。

f.油缸检查正确后停止泵站。

③计算机控制系统的调试。

a.打开主控柜将电源送上,检查油缸通信线、电磁阀通信线、通信电源线连接。

b.按 F2 将画面切到监控状态,观察油缸信号是否到位,将开关置于手动状态,分别发出动作信号,用对讲机询问泵站控制面板上是否收到信号。

c.一切正常后,启动泵站,然后给下锚紧,上锚松,伸缸动作或缩缸动作,油缸空缸来回动几次。

d.观察油缸行程信号、动作信号是否正常。

e.紧停系统检查,主控柜和泵站都有一个紧停开关,若按下整个泵站动作都会停止,检查在空缸动作时进行。

④调试过程中的注意事项。

操作人员仔细阅读以上要求,根据提升系统调试流程。

切记在任何情况下油缸锚具都必须在紧锚状态,提升过程中,下锚松动作永远不允许,只有在需要下放时才打开下锚。

(9)提升前的检查

①提升设备的检查。

提升油缸检查:油缸上锚、下锚和锚片应完好无损,复位良好;油缸安装正确;钢绞线安装正确。

液压泵站检查:泵站与油缸之间的油管连接必须正确、可靠;油箱液面,应达到规定高度;每个吊点至少要备用 1 桶液压油,加油必须经过滤油机;提升前检查溢流阀;根据各点的负载,调定主溢流阀;锚具溢流阀调至 4~5 MPa;提升过程中视实际荷载,可作适当调整;利用截止阀闭锁,检查泵站功能,出现任何异常现象立即纠正;泵站要有防雨措施;压力表安装正确。

计算机控制系统检查:各路电源,其接线、容量和安全性都应符合规定;控制装置接线、安装必须正确无误;应保证数据通信线路正确无误;各传感器系统,保证信号正确传输;记录传感器原始读值备查。

②提升结构的检查。

提升支撑结构的检查：提升塔架、提升平台、提升地锚、钢绞线疏导架。

提升结构的检查：主体结构质量、外形均符合设计要求；主体结构上确已去除与提升工程无关的一切荷载；提升将要经过的空间无任何障碍物、悬挂物；主体结构与其他结构的连接是否已全部去除。

③应急措施与预案的检查。

检查提升设备的备件等是否到位；检查防雨、防风等应急措施是否到位。

④检查总结与商定试提升日期。

检查总结：对上述项目进行检查并记录，对上述检查情况进行总结。

商定试提升日期：成立"提升工程现场指挥组"，现场指挥组根据工程进度、天气条件、工地准备情况，与各方商定提升日期。

提升时的天气要求：2~3 d 内不下雨，风力不大于 5 级，在条件允许的情况下，在微风天气提升。

（10）试提升

为了观察和考核整个提升施工系统的工作状态，在正式提升之前，按下列程序进行试提升和试下放。

①试提升前的准备与检查。

确定试提升时间后，在试提升前，按照第（9）项对提升设备、提升结构和各种应急措施等进行检查。

②试提升加载。

解除主体结构与支架等结构之间的连接；按比例，进行 20%、40%、60%、70%、80%、90%、95%、100%分级加载直至结构全部离地[10]；每次加载，须按下列程序进行，并作好记录：

a.操作：按要求进行分级加载，使油缸受力达到规定值；

b.观察：各个观察点应及时反映观察情况；

c.测量：各个测量点应认真做好测量工作，及时反映测量情况；

d.校核：数据汇交现场施工设计组，比较实测数据与理论数据的差异；

e.分析：若有数据偏差，有关各方应认真分析；

f.决策：认可当前工作状态，并决策下一步操作。

试提升加载过程中提升支撑结构与提升结构的检查：检查结构的焊缝是否正常；检查提升平台和地锚支架等是否正常；检查结构的变形是否在允许的范围内[11]。

试提升加载过程中提升设备的检查：检查各传感器工作是否正常；检查提升油缸、液压泵站和计算机控制柜工作是否正常。

③试提升。

试提升前的调整：在全部结构离地后，各点的位置与负载记录；比较各点的实际载荷和理论计算载荷，并根据实际载荷对各点载荷参数进行调整；长行程传感器的读数与设置;计算机控制程序中的参数设定。

试提升:计算机进入"自动"操作程序,进行钢结构的整体提升;在试提升过程中,对各点的位置与负载等参数进行监控,观察系统的同步控制状况;根据同步情况,对控制参数进行必要的修改与调整;试提升高度约 30 cm。

空中停滞:提升离地后,空中停滞一定时间(4 h 以上);悬停期间,要定时组织人员对结构进行观察;有关各方也要密切合作,为下一步作出科学的决策提供依据。

试提升总结:试提升完成后,需对试提升进行总结:提升设备工作状况,总结提升设备工作是否正常;提升过程中的同步控制状况,总结提升控制策略是否正确,各种参数设定是否恰当;组织配合状况,总结提升指挥系统是否顺畅、操作与实施人员是否工作配合是否熟练;提升结构的受力、变形等是否满足设计要求;在试提升过程中,对于出现的问题,要及时整改。

确定正式提升日期:在试提升和试下放试验完成,并且在试提升和试下放过程中出现的问题得以整改并试验后,进行正式提升。在提升时注意天气等环境因素的影响。

外界环境与天气的考虑:提升时天气要求 2~3 d 内不下雨,风力不大于 5 级,在条件允许的情况下,在微风天气提升。

(11)正式提升

①正式提升前设备的检查。

提升油缸检查:油缸上锚、下锚和锚片应完好无损,复位良好;油缸安装正确;钢绞线安装正确。

液压泵站检查:泵站与油缸之间的油管连接必须正确、可靠;油箱液面,应达到规定高度;至少要备用 1 桶液压油,加油必须经过滤油机。

提升前检查溢流阀:根据各点的负载,调定主溢流阀;锚具溢流阀调至 4~5 MPa;提升过程中视实际荷载,可作适当调整;利用截止阀闭锁,检查泵站功能,出现任何异常现象立即纠正;泵站要有防雨措施;压力表安装正确。

计算机控制系统检查:各路电源,其接线、容量和安全性都应符合规定;控制装置接线、安装必须正确无误。

应保证数据通信线路正确无误。

保证各传感器系统信号正确传输。

记录传感器原始读值备查。

②正式提升前结构的检查。

提升支撑结构的检查:检查提升塔架;检查提升平台;检查提升地锚;检查钢绞线疏导架。

提升结构的检查:主体结构质量、外形均符合设计要求;主体结构上确已去除与提升工程无关的一切荷载;提升将要经过的空间无任何障碍物、悬挂物;主体结构与其他结构的连接是否已全部去除。

③正式提升前天气等环境的检查。

注意天气预报,提升日前后无五级以上大风;各种预案与应急措施的检查;检查提升设备的备件等是否到位;检查防雨、防风等应急措施是否到位。

④提升过程监控措施的检查。

应力应变监控措施检查;检查监控设施工作是否正常;准备工作是否充分;与提升和指挥的沟通渠道是否通畅。

其他监控设备的检查:全站仪等测量设备的准备。

⑤正式提升。

a.提升前的准备:各种备件、通信工具是否完备。

b.提升设备的检查:检查传感器信号是否到位;检查控制信号是否到位;检查提升油缸、液压泵站和控制系统是否正常;检查锚具压力和主泵溢流阀压力设定。

c.正式提升:经过试提升,观察后若无问题,便进行正式提升;正式提升过程中,记录各点压力和高度;正式提升,须按下列程序进行,并作好记录。

d.操作:按要求进行加载和提升。

e.观察:各个观察点应及时反映测量情况。

f.测量:各个测量点应认真做好测量工作,及时反映测量数据。

g.校核:数据汇交现场施工设计组,比较实测数据与理论数据的差异。

h.分析:若有数据偏差,有关各方应认真分析。

i.决策:认可当前工作状态,并决策下一步操作。

提升注意事项:应考虑突发灾害天气的应急措施;提升关系到主体结构的安全,各方要密切配合;每道程序应签字确认。

提升过程的监控:监控各点的负载;监控结构的空中位置姿态;监控提升通道是否顺畅[12]。

提升到位后结构的锁定及相关安全准备工作的落实。

就位锁定。

将负载全部转换到下锚,提升油缸进入安全行程。

(12)结构空中悬停

①结构空中悬停期间各种安全措施的落实。

结构的安全:用手动葫芦拉住钢结构,固定在支撑立柱上。

提升立柱的安全:防撞,做好安全区域警戒;防风,考虑缆风布置。

悬停期间钢绞线、提升设备的保护:防止钢绞线过电损伤;在钢绞线附近焊接时,需要就近布置焊接地线,防止钢绞线过电损伤;防止焊接地线漏电对钢绞线的损伤;防止电焊对钢绞线的损伤;防止气割对钢绞线的损伤。提升设备注意防雨、防水、防火、防盗。

悬停期间的监测:提升平台的监测;监测提升平台的焊缝、变形等是否出现异常;监测钢绞线是否受到损伤,地锚支架的焊缝等是否异常。

②结构就位调整。

在结构整体提升到合龙口上准备就位时,需要配合施工单位,对各点进行调整,直至结构提升到设计位置,根据合龙焊接情况初步卸载各点提升力。

在结构就位调整时,注意各点的负载控制,确保提升平台和结构的安全。

水平位置调整措施:首先是拼装过程中,检查所有提升点提升钢绞线的垂直度,使提升油缸与下锚点位于同一投影点;其次是控制提升分块的拼装误差;最后当提升到位后水平如还有偏差,在结构柱顶设置手拉葫芦,根据偏差情况进行水平调节,如偏差较大则在高架层楼面设置多组卷扬机进行水平位置的调节。

竖向标高调整措施:提升到位后,锁定提升油缸,根据实测标高偏差,对临近提升点提升油缸单独加载或卸荷,使结构标高偏差满足规范要求。

竖向标高及水平位置均调整到位后,立即安装提升单元与结构钢柱之间的嵌补杆件进行固定。

③钢绞线卸载。

在各点就位到合龙口上后,逐点卸载钢绞线,将负载分级转换到支撑立柱上。

(13)提升设备拆除

设备拆除过程中的注意事项:注意吊装安全;注意钢结构的捆扎,防止滑出;拆卸控制系统;拆卸液压系统;拆卸提升地锚;拆卸提升油缸;拆卸钢绞线。

3.3.4 现场应用实例

1)案例概述

重庆东站项目屋盖采用空间管桁架结构体系,主要由屋盖桁架结构+屋盖梁+屋面支撑结构组成,提升一区钢屋盖南北长约 297 m,东西长约 180 m,屋盖主桁架采用三角桁架,最大跨度 72 m,质量约 4 400 t,下弦支承,部分主桁架通过销轴与下部树形柱连接,剩余主桁架与下部直钢柱刚接连接。次桁架、柱顶桁架及天窗桁架则采用平面管桁架结构与主桁架连接。钢桁架的主要拼装、焊接、油漆工作在地面进行,根据提升施工模拟计算,设置 38 个提升架、各提升点根据提升力的大小不同配置相适应的提升油缸及钢绞线(共配置 74 台提升油缸,16 台泵站)。钢桁架地面拼接完成后分阶段整体提升至设计标高。提升点及油泵布置图如图 3.45 所示。

计算机控制液压同步提升技术是一项采用柔性钢绞线承重、提升油缸集群、计算机控制、液压同步提升新原理,结合现代化施工工艺,将成千上万吨的构件在地面拼装后,整体提升到预定位置安装就位,实现大吨位、大跨度、大面积的超大型构件超高空整体同步提升安装施工技术。

计算机控制液压同步提升技术的核心设备采用计算机控制,可以全自动完成同步升降、实现力和位移控制、操作闭锁、过程显示和故障报警等多种功能,是集机、电、液、传感器、计算机和控制技术于一体的现代化先进施工设备。

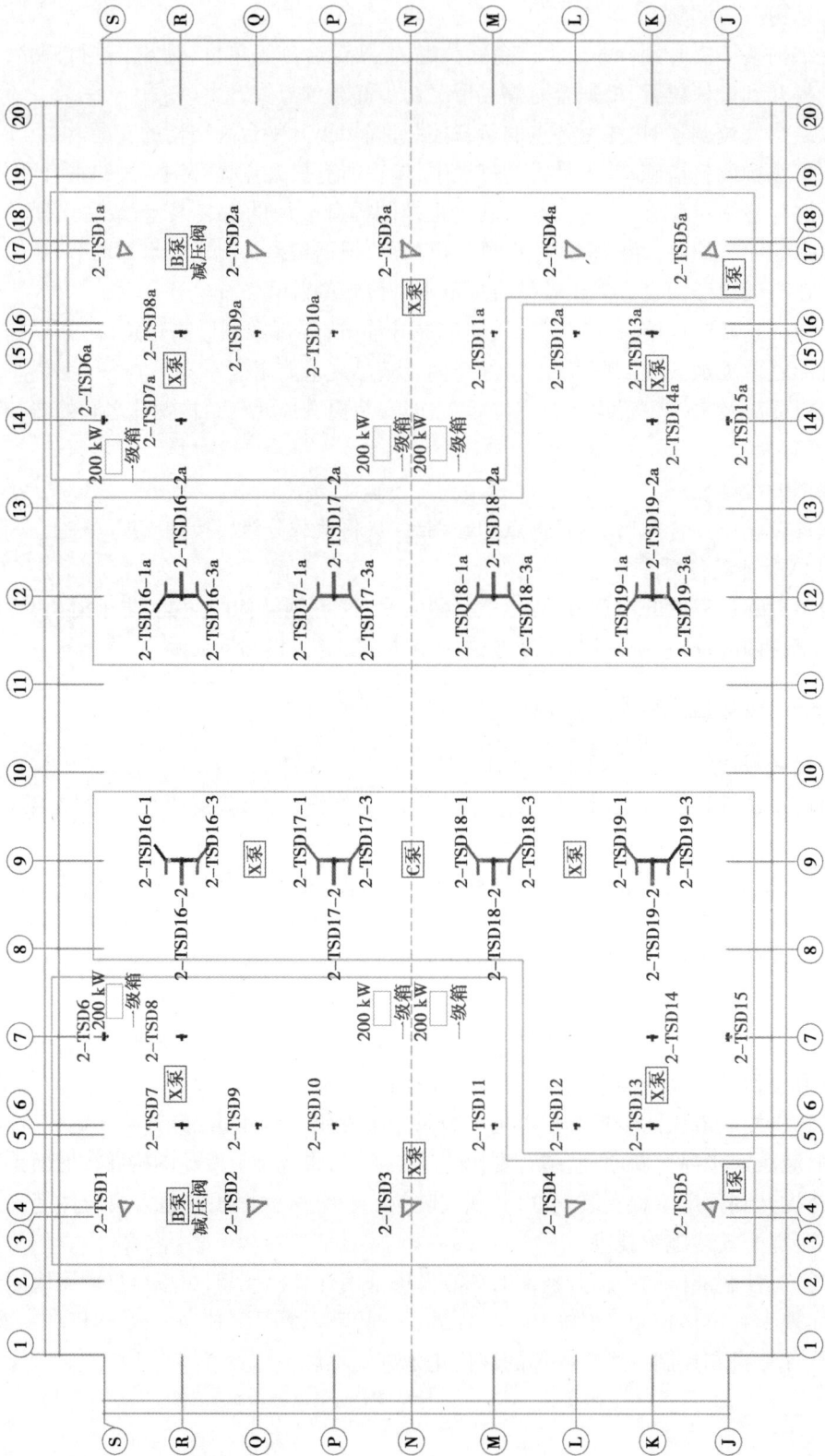

图3.45 提升点及油泵布置图

通过整体提升施工工艺,重庆东站项目在短短 2 个月时间内将 5.4 万/m²,4 400 t 钢桁架在地面拼装焊接完成,相比高空散拼节省工期 30 d,仅用 3 d 时间完成提升高度 23.775 m,节省机械费用约 85 万元,大大缩短了工期,减少了高空作业量,大大降低了安全风险。

2) 案例启示

在钢桁架施工中,地面主要进行拼装、焊接和油漆等工序,利用汽车吊进行散件吊装,以提高施工效率并确保质量。整体提升钢桁架可有效降低高空作业需求和安全风险,同时缩短整体提升时间,有利于保障施工工期。此工艺特点包括设备体积小、承载力大,适用于狭小空间或大吨位提升需求,液压提升系统具有精确调节功能,柔性索具承重特性使得提升高度与幅度不受限制,提升油缸锚具具有逆向运动自锁性。在安全生产和成本节约方面,这些工艺优化措施彰显了安全生产意识的重要性,同时带来了显著的成本节约效益,提醒我们在工程管理中应注重工艺优化,以提高效率、质量,并降低总体成本。

3) 推广价值

可用于站房候车厅、机场、体育馆等大跨度、大吨位的钢桁架及钢网架施工,特别适宜在狭小空间或室内大吨位的钢结构施工。本案例展示了采用计算机控制液压同步提升技术的施工方法,该技术结合了柔性钢绞线承重、液压同步提升、计算机控制等先进原理,实现了大型构件的地面拼装和整体提升安装,有效减少了高空作业时间和施工风险,且实现了工程成本的节约。工程施工中,应积极借鉴和采用新技术,推动施工工艺的革新和提升。

3.4 超长厚大混凝土结构施工

3.4.1 项目混凝土工程概况

1) 混凝土工程概况

根据设计图纸,本工程标高 258 m 承轨层原有 28 条后浇带,标高 270 m 高架层和高架车道结构原有 20 条后浇带。主要部位混凝土强度等级明细见表 3.10。

表 3.10 主要部位混凝土强度等级明细表

序号	应用部位	构件名称	混凝土强度等级
1	东侧站房	高架层梁板	C40
		框架柱	C50

续表

序号	应用部位	构件名称	混凝土强度等级
2	中部高架站房	承轨层梁板	C45P6
		高架层梁板	C40
		框架柱	C50
3	高架车道	梁板	C40P6
		框架柱	C50
4	南、北侧结构	承轨层梁板	C45P6
		框架柱	C50

后浇带位置详见图3.46所示,在两侧混凝土结构施工完毕两个月后再封闭后浇带,后浇带宜采用快易收口网模板,后浇带混凝土强度等级应比两侧构件混凝土高一级,均应采用掺膨胀剂的补偿收缩混凝土。

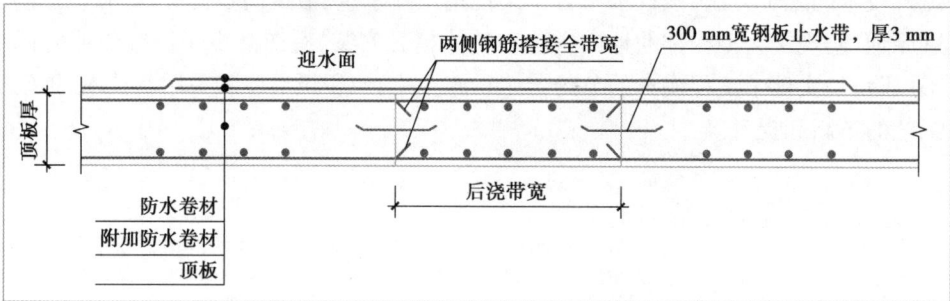

（a）承轨层楼板伸缩后浇带

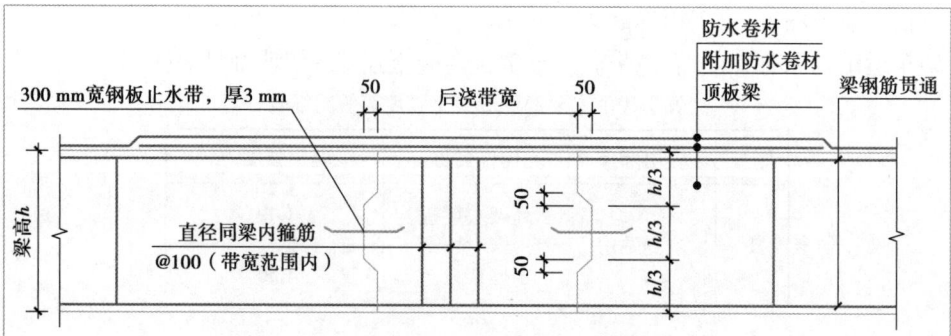

（b）承轨层楼板梁伸缩后浇带

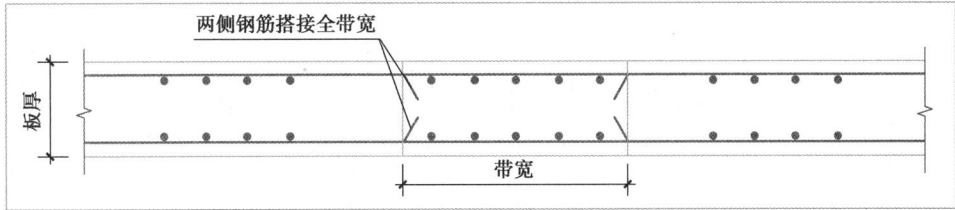

（c）高架层楼板伸缩后浇带

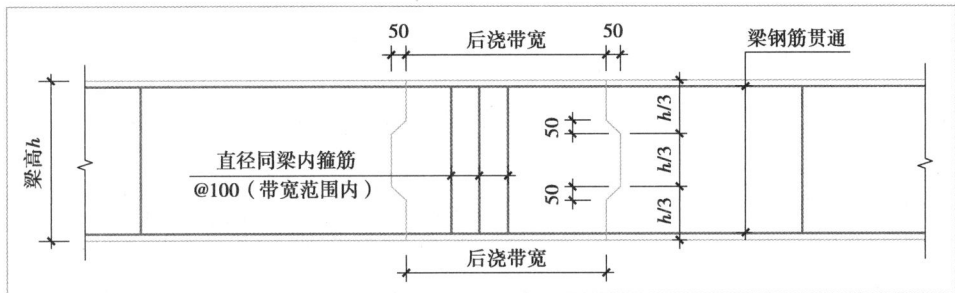

（d）高架层楼板梁伸缩后浇带

图 3.46　后浇带的设置

2）混凝土工程施工部位

根据现场施工安排情况,标高 258 m 承轨层、标高 270 m 高架层和高架车道结构超长混凝土采用跳仓法进行施工,对混凝土自约束裂缝控制进行计算,同时考虑原结构设计考虑超长结构的温度作用和混凝土收缩徐变作用,在计算分析中根据混凝土的配合比,保证 7 d 后的混凝土收缩徐变量满足设计计算假定。各层结构分布见表3.11。根据计算结果,混凝土最大自约束应力小于混凝土抗拉强度,满足混凝土防裂要求,混凝土的残余收缩徐变量小于 160 e,同时加强混凝土洒水养护,减小温度应力,因此建议采用跳仓法施工,取消后浇带。

表 3.11　各层结构分布表

序号	子单位	楼层	区域	单位	相对标高
1	站房	站房区域承轨层	3~18 轴/（3/A）~ST 轴	m	
2		南侧承轨层	Y1~5 轴/（3/A）~ST 轴	m	−2.20（258.0068）
3		北侧承轨层	15~Y18 轴/（3/A）~ST 轴	m	
4		站房区域高架层	3~18 轴/（3/A）~N 轴	m	9.75（269.9568）
5	高架车道	/	1-6 轴/D~N 轴和 15-20 轴/D~N 轴	m	9.25（269.4568）

3）混凝土情况简介

针对标高258 m承轨层、标高270 m高架层和高架车道结构的超长混凝土,因施工区域面积较大,可采用跳仓法作为预防超长混凝土温度裂缝的有效手段,同时采用棉毡进行保温保湿,可以有效解决温度裂缝问题,主要部位及构件见表3.12。

表3.12　主要部位及构件表

序号	施工部位	截面尺寸	备注
1	标高258 m梁板	结构梁:2 000 mm×2 200 mm、600 mm×1 500 mm、1 200 mm×2 000 mm、1 500 mm×2 000 mm、2 000 mm×2 400 mm、600 mm×1 200 mm、900 mm×1 800 mm、2 200 mm×2 400 mm 结构板:150 mm、200 mm、450 mm 框架柱:2 400 mm×2 400 mm、2 000 mm×2 400 mm、2 000 mm×5 000 mm	
2	标高270 m梁板	结构梁:400 mm×800 mm、500 mm×1 000 mm、300 mm×800 mm、500 mm×1 200 mm、1 200 mm×2 000 mm、1 200 mm×2 600 mm、1 200 mm×2 000 mm、600 mm×1 300 mm、800 mm×2 000 mm、600 mm×1 200 mm、800 mm×1 800 mm、300 mm×600 mm、600 mm×700 mm、600 mm×2 000 mm、600 mm×1 800 mm、500 mm×800 mm 结构板:150 mm、180 mm、200 mm 框架柱:1 600 mm×1 600 mm	
3	高架车道梁板	结构梁:1 200 mm×2 200 mm、600 mm×1 600 mm、1 500 mm×2 600 mm、1 500 mm×2 650 mm、1 500 mm×2 400 mm、1 500 mm×2 800 mm、1 000 mm×2 600 mm、1 200 mm×2 400 mm 结构板:200 mm、250 mm 框架柱:1 600 mm×1 450 mm、1 600 mm×1 500 mm、1 600 mm×1 550 mm、1 600 mm×1 600 mm	
4	预应力	预应力钢绞线应符合现行国家标准《预应力混凝土用钢绞线》(GB/T 5224—2023)的规定。无黏结预应力和有黏结预应力钢绞线均为1 860 MPa级、ϕ15.2 mm低松弛	

4）主要部位混凝土强度等级

标高258 m承轨层结构混凝土标号为C45P6,标高270 m高架层结构混凝土标号为C40,高架车道梁板结构混凝土标号为C40P6。主要部位混凝土强度等级明细表见表3.13。

表 3.13　主要部位混凝土强度等级明细表

序号	应用部位	构件名称	混凝土强度等级
1	东侧站房	高架层梁板	C40
		框架柱	C50
2	中部高架站房	承轨层梁板	C45P6
		高架层梁板	C40
		框架柱	C50
3	高架车道	梁板	C40P6
		框架柱	C50
4	南、北侧结构	承轨层梁板	C45P6
		框架柱	C50

5）预应力施工概况

本工程结构承轨层大跨度框架梁内设置有黏结预应力筋,框架梁采用混凝土箱梁形式(支座处实心),最大箱梁截面尺寸为 3 200 mm×2 500 mm。单梁配置预应力筋达 12 束共 228 根;高架层、高架车道层采用矩形预应力混凝土实心梁,梁截面尺寸最大为 1 500 mm×2 600 mm,单梁配置预应力筋达 6 束共 96 根。

①承轨层双向配置预应力梁,预应力在梁柱核心区交叉,配置最多达 44 管,共 836 根预应力钢绞线。

②预应力混凝土梁与劲性混凝土柱交叉,且为多向交叉。

③本工程超长结构板中采用规格直径 15.2 mm 无黏结预应力钢绞线,控制板温度。

3.4.2　技术挑战与解决方案

针对标高 258 m 承轨层、标高 270 m 高架层和高架车道结构的超长混凝土,因施工区域面积较大,可采用跳仓法作为预防超长混凝土温度裂缝的有效手段,同时采用棉毡进行保温保湿,可以有效解决温度裂缝问题。

根据现场施工安排情况,标高 258 m 承轨层、标高 270 m 高架层和高架车道结构超长混凝土采用跳仓法进行施工,对混凝土自约束裂缝控制进行计算,同时考虑原结构设计考虑超长结构的温度作用和混凝土收缩徐变作用,在计算分析中根据混凝土的配合比,保证 7 d 后的混凝土收缩徐变量满足设计计算假定。根据计算结果,混凝土最大自约束应力小于混凝土抗拉强度,满足混凝土防裂要求,混凝土的残余收缩徐变量小于 160 e,同时加强混凝土洒水养护,减小温度应力,因此建议采用跳仓法施工,取消后浇带。

3.4.3 施工工艺技术

1）跳仓法

超长混凝土结构跳仓无缝施工技术,利用混凝土结构裂缝控制中"抗放兼施"思想,取消温度后浇带,采取'抗'与'放'相结合的措施来预防混凝土结构产生有害裂缝。"放"的原理是胶凝材料(水泥)水化放热速率较快,1~3 d达到峰值,以后迅速下降,经过7~14 d接近环境温度的特点,通过对现场施工进度、流水、场地的合理安排,先将超长结构划分为若干仓,相邻仓混凝土需要间隔7 d后才能浇筑相连,通过跳仓间隔释放混凝土前期大部分温度变形与干燥收缩变形引起的约束应力。"放"的措施还包括初凝后多次细致的压光抹平,消除混凝土塑性阶段由塑性收缩而产生的裂缝缺陷;浇筑后及时保温、保湿养护,让混凝土缓慢降温、缓慢干燥,从而利用混凝土的松弛性能,减小叠加应力。"抗"的基本原则是在不增加胶凝材料用量的基础上,尽量提高混凝土的抗拉强度,主要从控制混凝土原材料性能、优化混凝土配合比入手,包括控制骨料粒径、级配与含泥量,尽量减小胶凝材料用量与用水量,控制混凝土入模温度与入模坍落度等方面。

（1）跳仓法无缝施工的好处

跳仓法在超长混凝土结构无缝施工技术成熟。若采用传统的后浇带方案,不能有效地开展各项工作,施工工期难以保证。而采用跳仓法施工能按业主要求如期交付使用。

①"跳仓法"施工的应用,加快了混凝土结构施工时间,提高了各项周转材料利用效率,降低了施工成本。"后浇带"的取消,降低了结构施工难度,便捷了后续施工。

②采用抗放兼施,以抗为主,先放后抗的原则进行施工。施工工艺简单,无须特殊的材料及设备,取消原设计的后浇带,减少了原后浇带位置的防水、模板等施工及后浇带混凝土剔凿,垃圾清理,后浇带支撑等大量工序,降低了成本,提高了工程施工质量,消除了后期后浇带渗漏的隐患。

③取消后浇带(将标高258 m承轨层、270 m高架层、高架车道后浇带变为施工缝)可以提前进行后续工序的施工,加快施工进度,缩减了工期。"跳仓法"施工的应用缩短了因设置"后浇带"而导致的结构完全合龙的时间。

（2）跳仓法施工策略

跳仓法原则为"隔一跳一",即至少隔一仓块跳仓或封仓施工,根据混凝土外约束裂缝控制计算可知,分块最大尺寸可调整到60 m。相邻两块混凝土梁板浇筑的时间不宜小于7 d,跳仓顺序严格按照"隔一跳一"进行跳仓,每仓经过短时期至少7 d的应力释放,再将各仓连成整体,依靠抗拉强度抵抗下一阶段的温度收缩应力。

（3）后浇带的设置

①标高258 m承轨层。

在标高258 m承轨层共设置28条伸缩后浇带,其中站房南侧设置10条,站房北侧设置 10 条,中部站房设置 8 条,如图 3.47 所示。

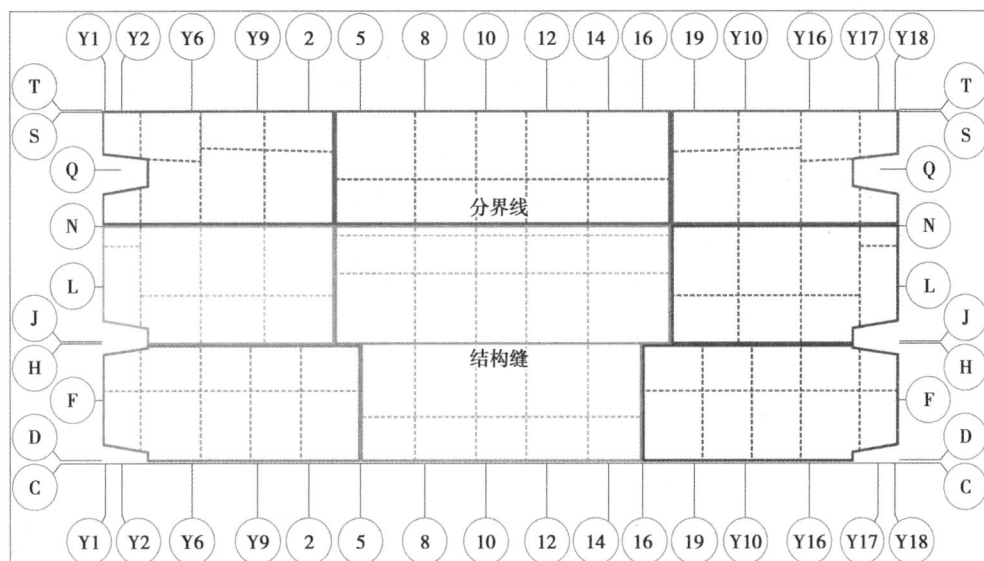

图 3.47　标高 258 m 承轨层后浇带分区布置图(内部虚线为后浇带)

②标高 270 m 高架层和高架车道。

在标高 270 m 高架层和高架车道共设置 20 条伸缩后浇带,其中站房南高架车道设置 4 条,站房北高架车道设置 4 条,中部站房设置 8 条,侧式站房设置 4 条,如图 3.48所示。

(4)分仓方案

根据施工图纸,可将标高 258 m 承轨层、标高 270 m 高架层和高架车道施工后浇带取消改为使用跳仓法施工,具体划分如图 3.49、图 3.50 所示。

跳仓顺序严格按照分区进行跳仓,每仓经过短时期(7~10 d)的应力释放,再将各仓连成整体,依靠抗拉强度抵抗下一阶段的温度收缩应力,如因现场施工作业场地等条件受限,可相应灵活调整跳仓位置。各层可不必在同跨内,可各自分区格,设置在结构受力较小处,一般在梁、板跨度内的 1/3 处,结构弯矩和剪力均较小。根据分仓方案,在 5~16 轴/C-T 轴区间范围内,对于 N 轴横向和 10 轴纵向仓段,沿着 N 轴上下的相邻两个仓段和 10 轴左右的相邻两个仓段,最后一个龙仓段的合龙温度应控制在10~17 ℃,若最后一个合龙仓段达不到合龙温度,应在相邻两个仓段之间留设一条宽度 1 000 mm 后浇带,待满足合龙温度时浇筑后浇带混凝土,后浇带采用比两侧梁板高一标号等级的微膨胀混凝土。

2)工艺流程

跳仓法的工艺流程如图 3.51 所示。

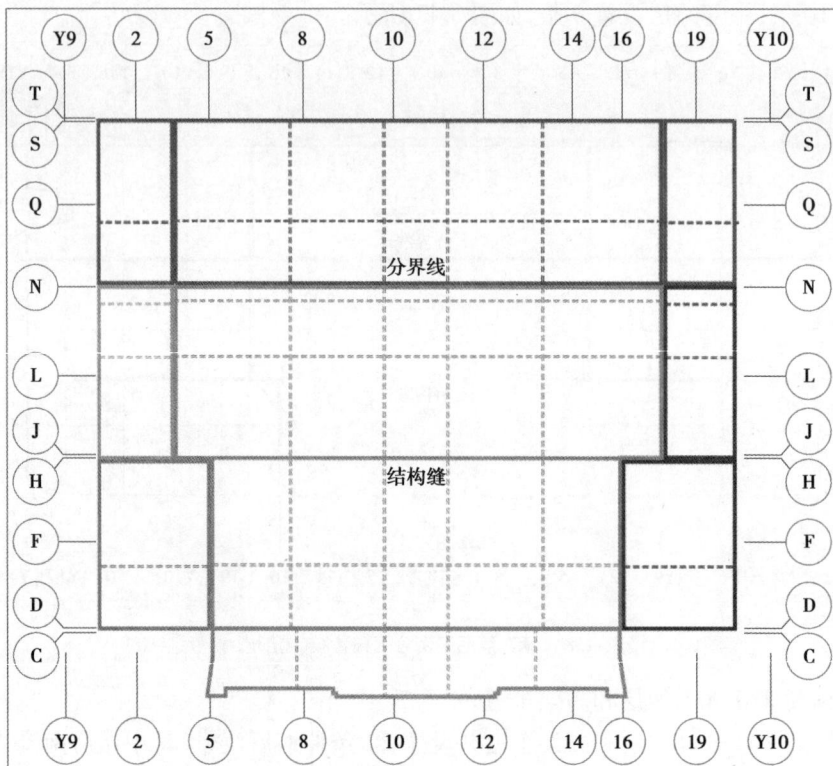

图 3.48 标高 270 m 高架层和高架车道后浇带分区布置图(内部虚线为后浇带)

3)施工方法

(1)混凝土运输

混凝土搅拌运输车运输混凝土时,应符合以下规定:

①接料前,搅拌运输车应排净罐内积水。

②混凝土搅拌运输车在运输途中及等候卸料时,应保持罐体正常转速,防止混凝土沉淀、离析。

③卸料前,运输车罐体应快速旋转搅拌 1 min 以上,方可卸料。

④混凝土现场验收:混凝土罐车到达现场时,施工单位质检人员、监理共同对混凝土进行坍落度、温度检测,坍落度采用坍落度桶进行检测,测温枪测温,满足要求后开始浇筑。

(2)混凝土浇筑

①浇筑时间控制。

混凝土搅拌站要保证混凝土连续供应,每层混凝土浇捣时间小于其初凝时间,混凝土浇筑时间间隔不大于 2 h,混凝土在运输过程中要保证拌合物的和易性,同时保证混凝土运输车达到动态平衡,提高工作效率,减小对周围环境的影响,避免施工过程中出现冷缝。

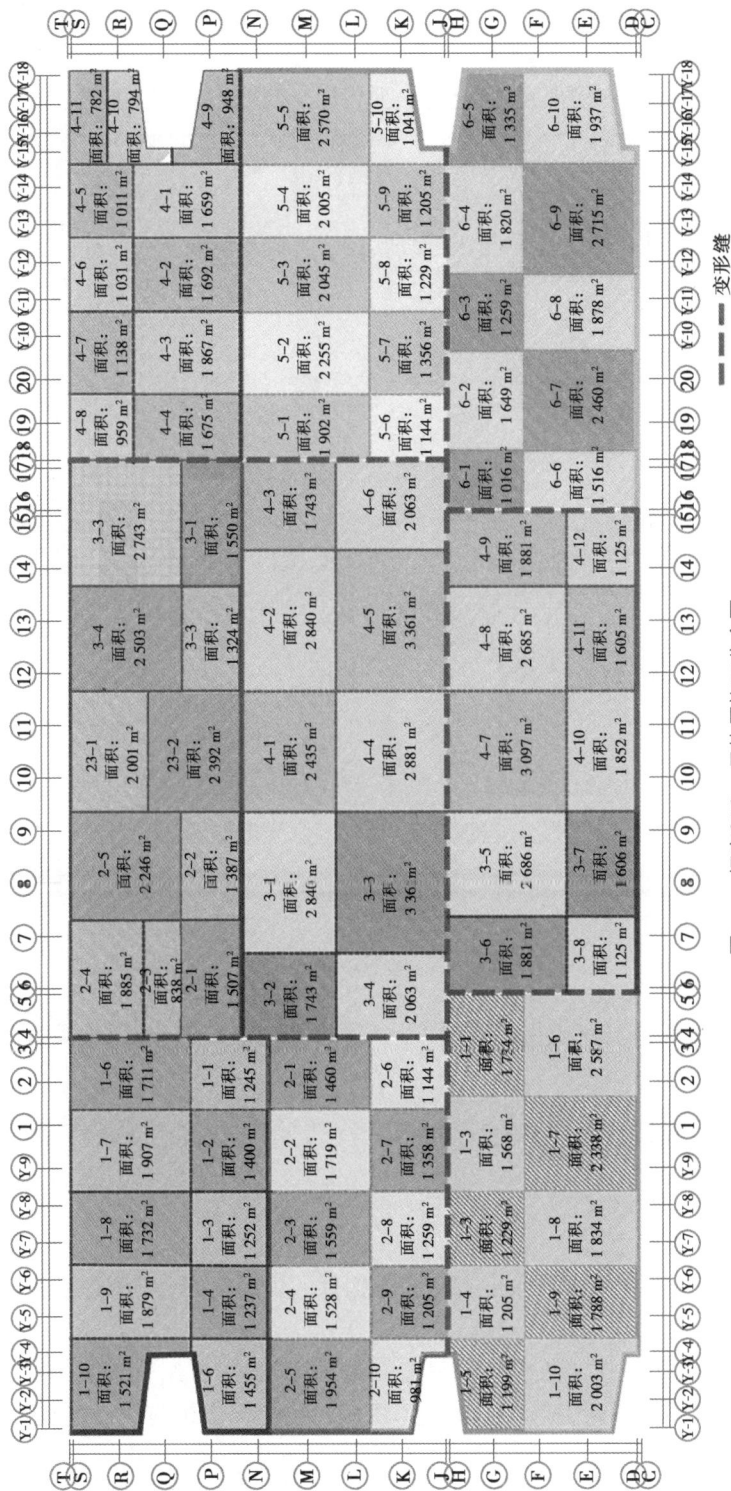

图3.49　标高258 m承轨层施工分仓图

83

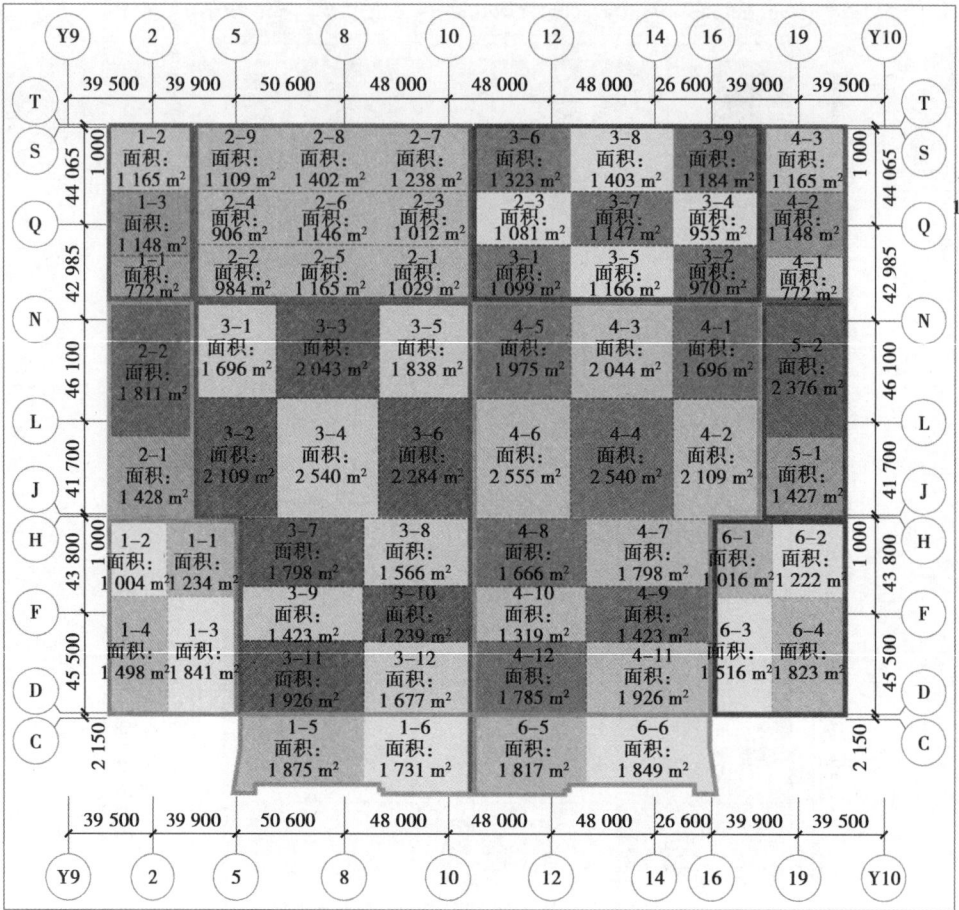

图 3.50 标高 270 m 高架层和高架车道施工分仓图

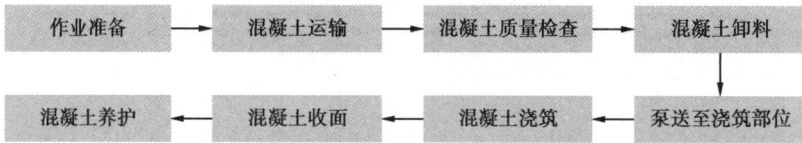

图 3.51 工艺流程图

②混凝土浇筑要求。

a.混凝土浇筑工艺的操作水平直接影响构件的外观质量,现场必须做到严格按照操作规程和技术交底施工。

b.浇筑时必须设立专门的看筋人、看模人,负责观察班组长现场监控工艺操作。现场应尽量达到调度平衡,做到不等车、不压车。混凝土浇筑前严格控制入模温度,入模温度控制在 5~30 ℃。

c.灌注倾倒混凝土入模时,不得集中下料冲击模板或冲砸钢筋骨架,应按浇筑顺序分层均匀下料,每层浇筑不大于 450 mm。

d.钢筋、模板等变形情况,一旦发现问题及时采取措施予以纠正。

e.混凝土浇筑后,在混凝土初凝前和终凝前,分别对混凝土裸露表面进行抹面处理,抹面次数适当增加。

采用斜面分层浇筑方法,层与层之间混凝土浇筑的间歇时间要保证混凝土浇筑连续进行。分层浇筑示意图如图 3.52 所示。

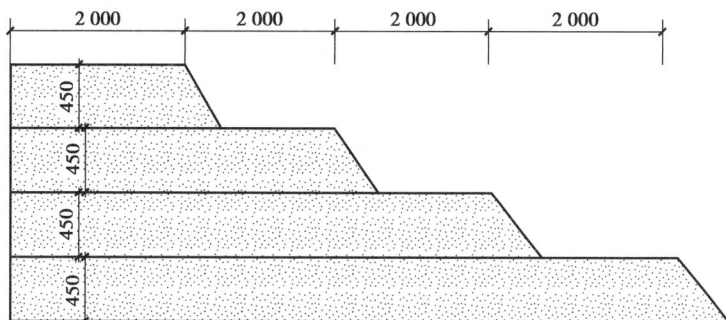

图 3.52　分层浇筑示意图

③混凝土的浇筑保证。

a.为保证现场施工进度高效推进,拟将现场施工场地划分为十个分区,每个分区安排一个架子队进行施工;为保证施工现场物资供应,将在厂区南北两侧各修建临时道路,浇筑混凝土时在临时道路两侧按需布置泵车,为满足混凝土浇筑施工需要,现场临时道路布置图如图 3.53 所示。

b.根据现场的使用负荷共需架设 4 台变压器,分别设置在现场南侧(1#变压器 1 000 kVA)、东南侧(2#变压器 1 000 kVA)、东北侧(3#变压器 1 600 kVA)、北侧(4#变压器 1 000 kVA),以满足现场供电要求。另备用 4 台 300 kW 和 1 台 150 kW 柴油发电机,作为备用电源,满足停电或其电量不足时施工需要,现场临电布置图如图 3.54所示。

4)操作要求

(1)梁板浇筑方法

梁、板混凝土浇筑采用泵送运输的方法。其浇筑流程如图 3.55 所示。

梁混凝土振捣采用插入式振捣棒逐点振捣,每次振捣时要做到"快插慢拔",并严格控制振捣时间,不得过长或过短,以表面不再显著下沉,不再出现气泡,表面泛出灰浆为准。

板混凝土振捣完后,要拉小白线控制标高,用刮杠刮平后再用铁抹子压光,最后用磨光机二次收面。

施工中要注意以下事项:

①混凝土浇捣前,先派人浇水,将模板浇水湿透,但不得有积水;重复检查钢筋安装的正确性,并架设安装好混凝土泵管。

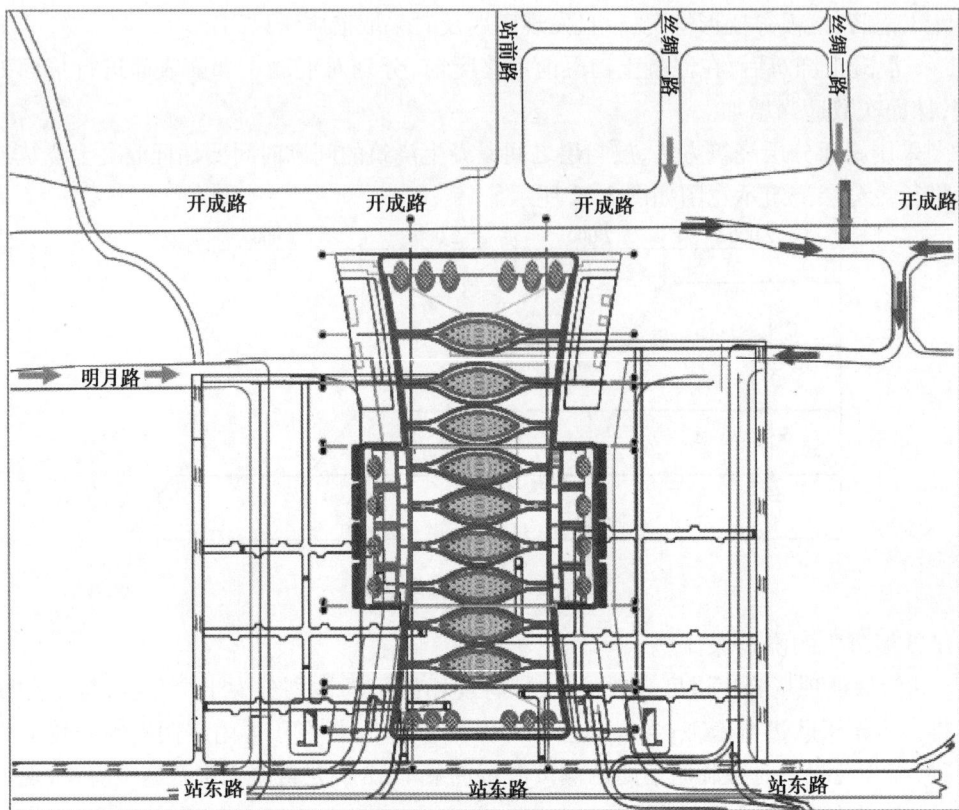

图 3.53　现场临时道路布置图

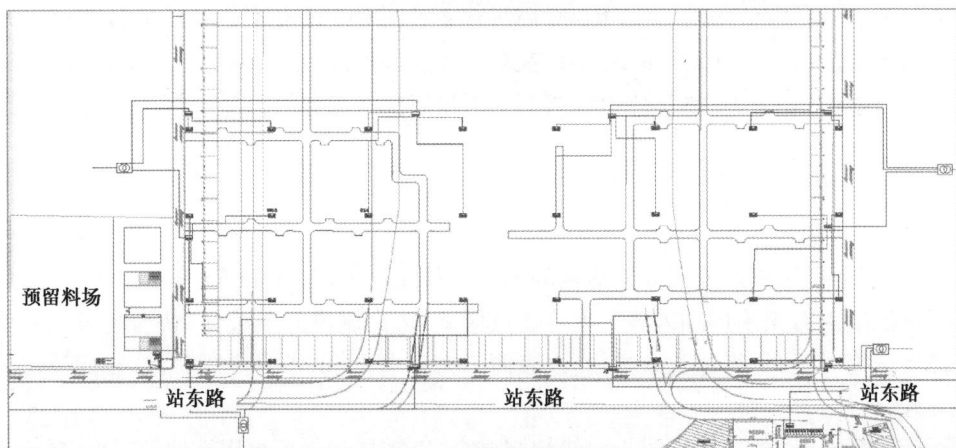

图 3.54　现场临电布置图

②混凝土泵送前,泵机操作员要详细检查泵的电源、电路、油路、油管等机件设备是否安全、有效,并试运转合格。

③混凝土搅拌运输车出料前,应高速转动筒轴 1 min 后再反转出料;出料时如果

发现混凝土拌和物有异常现象,应立即停止出料。

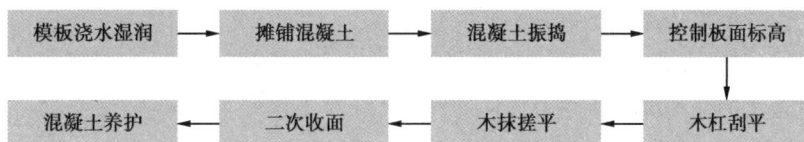

图 3.55　梁板浇筑流程图

④应分层浇筑,严禁集中浇筑,浇捣顺序:先远后近,先低后高,严禁靠近支撑,防止泵管脉冲振倒支架。

⑤加强混凝土各环节管理,现场严禁加水。

⑥商品混凝土浇筑前应每车测定坍落度,看是否符合规定要求。

⑦浇筑的自由倾落高度不得超过 2 m,高于 2 m 时应采用滑槽、串筒、漏斗等器具辅助输送混凝土,保证混凝土不出现分层离析现象。

⑧应边浇筑边振捣,间隙时间不得超过 90 min,混凝土浇筑分层摊铺厚度不宜大于 500 mm,前后两层的间距在 1.5 m 以上。混凝土的振捣使用直径为 50 cm 的插入式振捣器,移动间距不得超过振捣器作用半径的 1.5 倍。

⑨振捣时严格控制,迅速插入,缓慢拔除;振捣时间以混凝土表面泛浆无气泡为佳,避免出现漏振、欠振、过振和振捣不实现象。

⑩混凝土浇筑完毕后,对混凝土面应及时进行修整、收浆抹平,待定浆后混凝土稍有硬度,再进行二次抹面。

(2)混凝土振捣措施

①分层浇筑能较好地适应泵送工艺,减少混凝土输送管道的拆除、冲洗和接长的次数,提高混凝土泵送的效率,保证上下层接缝,确保混凝土的浇筑质量。每作业面分前、中、后三排振捣混凝土,在出料口、坡角、坡中各配备 1 根振捣棒振捣,边浇筑边成型及抹平底板表面,标高、厚度采用水准仪定点测平,用小白线严格控制板面标高和表面平整,如图 3.56 所示。

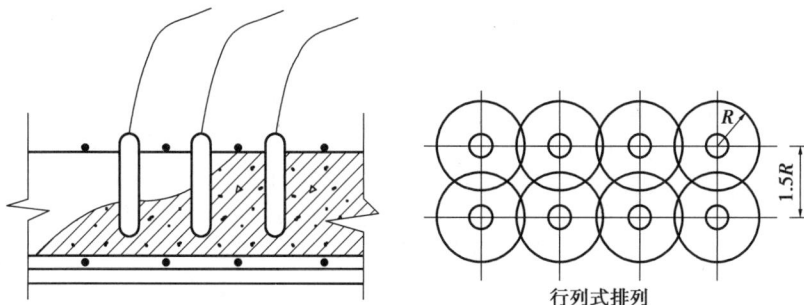

图 3.56　振捣平面示意图

②由于泵送混凝土坍落度大,混凝土斜坡摊铺较长,故混凝土振捣由坡脚和坡顶同时向坡中振捣,振动棒移动间距宜为 400 mm 左右,与侧模应保持 50～100 mm 的距

离,振捣棒必须插入下层混凝土内 50~100 mm,使层间混凝土结合良好。

③振捣时振捣棒做到"快插慢拔",快插是为了防止将表面混凝土振实而与下面混凝土发生分层、离析现象,慢拔是为了使混凝土能填满振动棒抽出时所造成空洞。

④混凝土的振捣时间控制在 15~30 s,以混凝土水平面不再显著下沉、不再出现气泡、表面流出灰浆为准。振捣时间应适宜,不得过振和漏振,不得触及温度监测元件及引出线。

⑤对浇筑后未初凝的混凝土宜进行二次振捣;二次振捣必须掌握恰当的时间,并正式浇筑前通过试验确定。

⑥浇筑时按模板和钢筋上的标高线拉白线控制标高,用刮杠找平后用木抹子抹平,在混凝土初凝前进行第二遍抹平。

（3）混凝土的表面处理

最后一层混凝土初凝前,首先要用刮杠刮平,并用木抹子反复抹压表面,使上部骨料均匀下沉,不受钢筋和较大骨料的限制,以提高表面密实度,减少塑性收缩变形。应至少进行两次搓压,最后一次搓压应在泌水结束、混凝土初凝前完成。这样能较好地控制混凝土表面裂纹,减少混凝土表面水分的散发,以促进养护。

（4）混凝土养护

①混凝土应采取保温保湿养护措施。在每次混凝土浇筑完毕后,保温养护应符合下列规定:

a.应派专人负责保温养护工作,并应进行测试记录。

b.普通混凝土保湿养护持续时间不宜少于 7 d,混凝土保湿养护持续时间不宜少于 14 d,混凝土养护周期见表 3.14。此外,应经常检查塑料薄膜或养护剂涂层的完整情况,并应保持混凝土表面湿润。

c.保温覆盖层拆除应分层逐步进行,当混凝土表面温度与环境最大温差小于20 ℃时,可全部拆除。

表 3.14 混凝土养护周期表

序号	混凝土种类	部位	养护方法	养护时间
1	普通混凝土	梁板	在浇筑 12 h(炎夏为 2~3 h)内覆盖并浇水养护,竖向结构时直接浇水养护并保持墙面湿润	不小于 14 d
2	抗渗混凝土	梁板	在浇筑 12 h(炎夏为 2~3 h)内覆盖并浇水养护,竖向结构时直接浇水养护并保持墙面湿润	不小于 14 d

②为保证已浇筑好的混凝土在规定龄期内达到设计要求的强度和耐久性,并防止产生收缩和温度裂缝,必须认真做好养护工作。在混凝土浇筑完毕后,在混凝土初凝后其强度达到一定强度的要求时开始养护,工程主要采用塑料薄膜保湿,如图 3.57、图3.58 所示。

图 3.57 混凝土浇筑完成后覆盖塑料薄膜

图 3.58 混凝土浇筑完成后覆盖塑料薄膜及棉毡

③大风天气浇筑混凝土,在作业面采取挡风措施,并增加二次混凝土抹压措施。雨季天气,当需施工时,需搭设遮雨棚,中途必须留置施工缝位置,选择合理的施工缝位置,并尽快中止混凝土浇筑,对已浇筑还未硬化的混凝土,应及时覆盖,严禁雨水冲刷新的混凝土。

④为了有效地防止混凝土在水泥水化热反应期间,不产生过大温差,从而出现温度裂缝,应安排专人负责洒水保湿养护工作,同时做好测试记录,严格观察其内外温差。

(5)结构加强措施

①温度控制措施。

a.在浇筑混凝土时,尽量安排低温时段施工。

b.控制出机口温度,在运输混凝土前对机械运输设备喷雾或冲洗预冷。运输道路优选最短路径,以使混凝土在最短时间内到达浇筑地点,控制混凝土入仓温度。

②施工缝的构造大样。

a.根据本工程施工特点,梁、板施工缝设置在流水段分段位置。

b.施工缝处理:新浇混凝土浇筑前,应对施工缝部位的已浇筑混凝土进行剔凿、清理,浇筑前应进行扫水湿润,如图 3.59 所示。

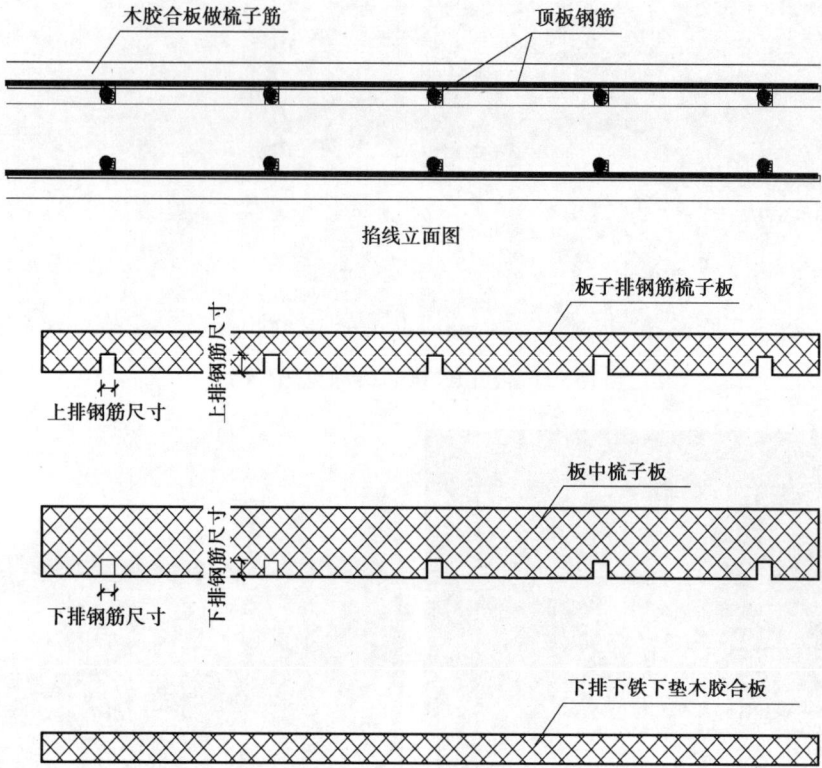

图 3.59 板施工缝做法

c.顶板、梁施工缝节点构造采用木胶板加工成双向梳子板方木作背楞,用钉子固定在施工缝位置,如图 3.60 所示。

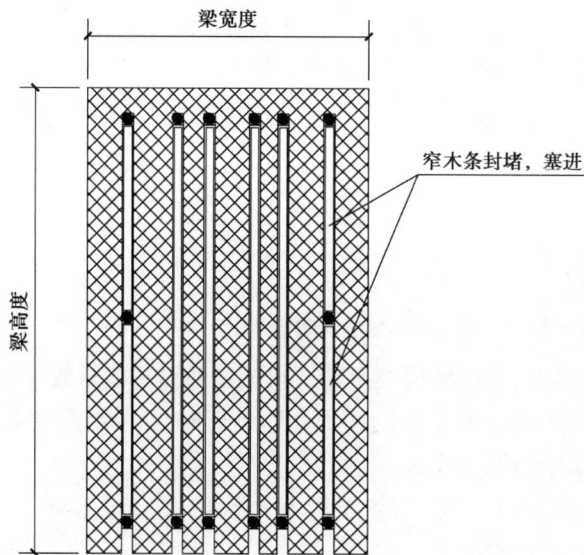

图 3.60 梁施工缝做法

d.在具有抗渗要求的楼板位置设置钢板止水带。

③混凝土配合比要求。

a.水胶比不宜大于 0.45,用水量不宜大于 170 kg/m³。

b.在保证混凝土性能要求的前提下,宜提高每立方米混凝土中的粗骨料用量;砂率宜为 38%~45%。

c.混凝土拌合物的坍落度不宜大于 180 mm。

d.在配合比适配和调整时,控制混凝土绝热温升不宜大于 50 ℃,配合比应满足施工对混凝土拌合物泌水的要求。

e.粉煤灰掺量不宜超过胶凝材料的 50%;矿粉的掺量不宜超过胶凝材料用量的 40%;粉煤灰和矿粉掺合料的总量不宜大于混凝土胶凝材料用量的 50%。

(6)试块取样方法及留置

①混凝土抗压试件强度试验取样频率。

a.当一次连续浇筑不大于 1 000 m³ 同配合比的混凝土时,混凝土强度试件现场取样不应少于 10 组。

b.当一次连续浇筑 1 000~5 000 m³ 同配合比的混凝土时,超出 1 000 m³ 的混凝土,每增加 500 m³ 取样不应少于一组,增加不足 500 m³ 时取样一组。

c.当一次连续浇筑大于 5 000 m³ 同配合比的混凝土时,超出 5 000 m³ 的混凝土,每增加 1 000 m³ 取样不应少于一组,增加不足 1 000 m³ 时取样一组。

②同条件试块。

同一强度等级的"同条件养护试块",其留置的数量根据现场施工混凝土工程量和重要性确定,且不应少于 3 组。

(7)混凝土裂缝的防治

①混凝土出现裂缝的原因。

a.水泥水化热。

水泥在水化过程中要释放出一定的热量,水泥发生的热量聚集在结构内部不易散失。这样混凝土内部的水化热无法及时散发出去,以至于越积越高,使内外温差增大。单位时间混凝土释放的水泥水化热,与混凝土单位体积中水泥用量有关,并随混凝土的龄期而增长。

b.外界气温变化。

混凝土在施工阶段,它的浇筑温度随着外界气温变化而变化。特别是气温骤降,会大大增加内外层混凝土温差,这对混凝土是极为不利的。温度应力是由于温差引起温度变形造成的,温差越大,温度应力也越大。同时,在高温条件下,混凝土不易散热,混凝土内部的最高温度一般可达 60~65 ℃,并且有较长的延续时间。因此,应采取温度控制措施,防止混凝土内外温差引起的温度应力。

c.混凝土的收缩。

混凝土中约 20% 的水分是水泥硬化需要的,而约 80% 的水分要蒸发。多余水分的蒸发会引起混凝土体积的收缩。混凝土收缩的主要原因是内部水蒸发引起混凝土收缩。如果混凝土收缩后,再处于水饱和状态,还可以恢复膨胀并几乎达到原有的体积。干湿交替会引起混凝土体积的交替变化,这对混凝土是很不利的。影响混凝土收缩,主要是水泥用量、混凝土配合比、外加剂和掺合料的用量以及施工工艺、养护条件等。

②混凝土裂缝预防措施。

a.根据混凝土配合比确定掺入粉煤灰的用量,减少水泥的用量,可以降低水泥产生的水化热。

b.降低混凝土的浇筑厚度,使混凝土的水化热得到充分散失。

c.加强浇筑混凝土的表面保护,混凝土浇筑完成后,及时覆盖岩棉被及薄膜。

d.结构内部测温点的测温应与混凝土浇筑、养护过程同步进行。

e.采用跳仓法施工工艺,避免混凝土裂缝。

3.4.4 现场应用实例

1)案例概述

(1)跳仓法

项目单层面积大后浇带设置较多,为减少后浇带二次浇筑,降低施工难度,在大体积混凝土施工方案中采用跳仓法施工,取消后浇带设置,经过了专家论证,大大减少了后期施工难度,减少了后浇带独立支撑盘扣和模板的使用。

(2)大体积混凝土自动测温降温监测系统

本工程高大空间多,跨度大、体量多,梁截面尺寸大,中部站房区结构单元最大尺寸为 216 m×176 m,属于超长混凝土;地铁基础底板厚度 1.8 m,独立基础尺寸:11.0 m×8.0 m×4.5 m,地梁截面尺寸:1.5 m×2.5 m、3 m×3.5 m,承轨柱截面尺寸 2.4 m×2.4 m,最大截面尺寸 2.4 m×4.2 m,属于大体积混凝土结构。地铁区域和承轨层轨行区域楼板厚度大,地铁区域、承轨层轨行区域板厚达 600 mm、450 mm,地铁区域最大层高10.8 m,承轨层最大层高 12 m,柱网:20/24/28 m×(21.5~25.75)m(站房区),17 m×(21.5~25.75)m(雨棚区),层高超过 8 m,集中线荷载 20 kN/m 及以上,施工总荷载(设计值)15 kN/m² 及以上,属于超过一定规模的危险性较大的分部分项工程范围的高大空间模板支撑体系。项目采用大体积混凝土自动测温降温监测系统,利用电脑全自动测温技术,及时掌握混凝土块体内部温度的变化规律,当温度变化异常时引起电脑自动报警,项目部及时采取降温措施降低混凝土内外温差,有效控制大体积混凝土施工质量,如图 3.61 所示。

质量管理要求标准:

①把好混凝土的验收关,严格进行坍落度测试,认真记录。

②混凝土浇筑前,将模板内杂物清理干净,并用水充分湿润,预留、预埋必须完毕,钢筋隐蔽检查通过后,经监理签认后方可浇筑。

图 3.61　大体积混凝土自动降温监测设备

③要选择和培训好振捣手,混凝土工长要对振捣手的素质水平做到心中有数。在保证分层厚度的基础上,振捣时要振到混凝土表面出浆不再下沉为止。

④混凝土要分层浇筑分层振捣,在技术交底中明确分层厚度。现场浇捣时要备有标尺杆,并配有手电筒。

⑤混凝土楼板在强度未达到 1.2 MPa 前不得上人操作。

⑥施工过程的质量检查实行工程交接检制度,工长负责组织质量评定,项目部质检员负责质量等级的核定,确保分项工程质量一次验收合格。施工中执行"样板"先行制度,明确标准,增强可操作性,便于监督检查。"样板"必须按规定经验收合格,并经监理、甲方确认后方可大面积展开施工。

⑦混凝土收面。

a.混凝土收面应控制好时间,保证收面拉毛的效果,防止裸露混凝土表面产生塑性收缩裂缝,在混凝土初凝前和终凝前,分别对混凝土裸露表面进行抹面处理。

b.每次抹面可采用铁抹子压光磨平两遍或木抹子磨平搓毛两遍的工艺方法。

c.对于易产生裂缝的结构部位,应适当增加抹面次数。

⑧把好混凝土的验收关,严格进行坍落度测试,认真记录。

⑨混凝土浇筑前,应将模板内杂物清理干净,并用水充分湿润,预留、预埋必须完毕,钢筋隐蔽检查通过后,经监理签认后方可浇筑。

⑩混凝土要分层浇筑分层振捣,在技术交底中明确分层厚度。现场浇捣时要备有标尺杆,并配有手电筒。

⑪对混凝土工程制定重点控制部位,对于通病容易发生的部位进行全过程的监控。

⑫混凝土的供应能力应满足混凝土连续施工的需要,不宜低于单位时间所需量的 2 倍。

⑬混凝土施工前,应对工人进行专业培训,并应逐级进行技术交底,同时应建立严

格的岗位责任制和交接班制度。

⑭混凝土的浇筑厚度应根据所用振捣器的作用深度及混凝土的和易性确定,整体连续浇筑时宜为 300～500 mm。

⑮整体分层连续浇筑或推移式连续浇筑,应缩短间歇时间,并在前层混凝土初凝之前将次层混凝土浇筑完毕。层间最长的间歇时间不应大于混凝土的初凝时间。混凝土的初凝时间应通过试验确定。当层间间隔时间超过混凝土的初凝时间时,层面应按施工缝处理。

⑯混凝土浇筑宜从低处开始,沿长边方向自一端向另一端进行。当混凝土供应量有保证时,亦可多点同时浇筑。

⑰混凝土结构浇筑应符合下列规定:采用多条输送泵管浇筑时,输送泵管间距不宜大于 10 m,并宜由远而近浇筑;采用汽车布料杆输送浇筑时,应根据布料杆工作半径确定布料点数量,各布料点浇筑速度应保持均衡;先浇筑深坑部分再浇筑大面积基础部分;采用全面分层、分块分层浇筑方法,层与层之间混凝土浇筑的间歇时间应能保证混凝土浇筑连续进行;混凝土分层浇筑应采用自然流淌形成斜坡,并应沿高度均匀上升,分层厚度不宜大于 500 mm;混凝土浇筑后,在混凝土初凝前和终凝前,分别对混凝土裸露表面进行抹面处理;抹面次数并应适当增加;应有排除积水和混凝土泌水的有效技术措施。

⑱成品保护。

a.要保证钢筋和垫块的位置正确,不碰动预埋件和插筋。

b.混凝土浇筑前检查好预埋管道与铁件的规格、数量与埋设位置,严禁在混凝土浇筑成型后剔凿。

c.不用重物冲击模板,不在梁模板吊帮上蹬踩,应搭设跳板,保护模板的牢固和严密。

d.不得任意拆改模板的连接件及螺栓,以保证大模板的外形尺寸准确。

e.保护好预埋件及水电预埋管、盒等。

f.在浇筑前,对模板接缝处理,模内清理进行检查,如有问题及时提出并解决。在浇筑过程中,派专人负责及时清运散落混凝土并回收使用。如有漏浆现象应由专人负责并及时擦拭干净,避免污染,做好成品保护。

g.混凝土浇筑振动棒不准触及钢筋、埋件和测温元件。

h.测温元件导线或测温管应妥善维护,防止损坏,并悬挂警示标识牌。

2)案例启示

技术创新与应用、严格的质量控制以及专业人员培训与管理是确保工程成功的关键要素。通过采用跳仓法施工和大体积混凝土自动测温降温监测系统等创新技术,传统施工中的难题得以有效解决,从而提高了施工效率和质量。在施工前,对混凝土进行严格验收,清理模板,确保钢筋预埋等措施的实施,能够有效降低施工风险。此外,项目团队应具备专业素养,注重安全操作规程,以保障施工质量和工程安全,进而确保工程顺利完成。

3）推广价值

首先,跳仓法施工和大体积混凝土自动测温降温监测系统等技术创新能够提高施工效率和质量,并降低后期施工难度,这对于类似的大型混凝土结构项目具有重要的指导意义。其次,严格的质量控制措施和专业人员培训管理经验可以在各类工程项目中普遍推广,有助于确保工程质量和安全。此外,成品保护和安全管理的经验也是其他工程项目所应重视的方面,能够有效降低工程施工风险,保障工程的顺利进行。因此,这些经验和技术创新对于提升工程项目的施工效率、质量和安全水平具有广泛的推广价值,可为行业提供宝贵的借鉴和参考。

3.5 高大空间模板工程施工

3.5.1 项目高支模概况

在遵循住建部建质〔2018〕37 号文件《危险性较大的分部分项工程安全管理规定》的指导下,本项目的模板工程及支撑体系应满足以下条件:搭设高度不少于 8 m、搭设跨度不少于 18 m、施工总荷载达到或超过 15 kN/m² 以及集中线荷载达到或超过 20 kN/m,被归类为具有较大危险性的分部分项工程,且其规模超出常规范畴,故而需纳入专家论证的过程中进行细致评估。考虑到本工程支撑体系在面积、高度及荷载方面的特殊性,特别是在轨道交通区域,板厚最大达到 700 mm,承轨层主梁截面尺寸最大为 3 200 mm×2 500 mm,总荷载高达 98.3 kN/m²,对施工安全性的要求极为严格。

鉴于本工程支撑体系的规模及其所涉及的高风险性质,其安全等级被定为Ⅰ级。为确保施工过程中支撑体系的安全与稳定,项目团队经过深入研究和论证后,决定采用 ϕ60 mm×3.2 mm 的盘扣架作为支撑结构,面板选用厚度为 15 mm 的木胶板。辅助结构方面,选择使用尺寸为 50 mm×50 mm 的钢木龙骨和 50 mm×50 mm×2.5 mm 的方形钢管作为次龙骨,而主龙骨则采用 10#槽钢与尺寸为 50 mm×70 mm×3 mm 的方形钢管。此种结构方案的选用旨在满足工程安全管理的高标准要求,确保整个支撑体系在施工过程中的安全性与稳定性。

3.5.2 技术挑战与解决方案

传统的高支模监测需要人工进行监测,数据采集完成后还需进行计算制表且监测频率远不能满足高支模监测的要求。不良天气及施工因素往往会使得监测工作受限或影响监测工作的正常开展。

采用对策:采用高支模自动监测。

①高支模自动化监测频率可以达到每秒一次,监测数据自动采集处理,并形成变化曲线图,实现了高支模监测的实时性,如图 3.62、图 3.63 所示。

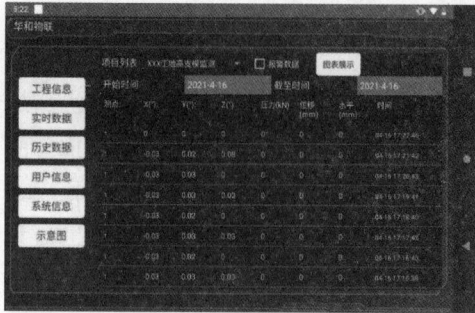

图 3.62　自动化监测频率可达 1 s/次

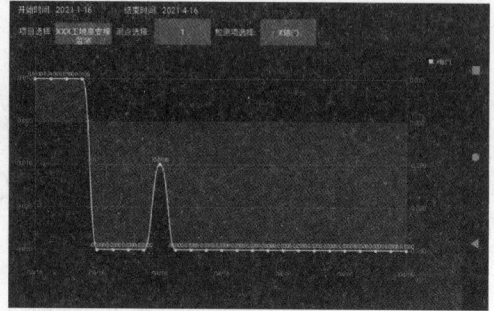

图 3.63　自动监测折线图

②当监测点位触发报警时,系统会自动发出声光报警,报警秒级响应。

③无线传输方式使得监测位置的局限性大大减小,现场监测位置的灵活选取可以有效地规避不良天气及施工因素的影响。

3.5.3　施工工艺技术

1)盘扣架支撑体系

(1)体系组成

本项目采用盘扣架支撑系统,主要承重杆件为立杆,采用直径为 $\phi60$ mm×3.2 mm 的钢管制成,材质为 Q355 高强度低合金钢,如图3.64—图 3.65 所示。

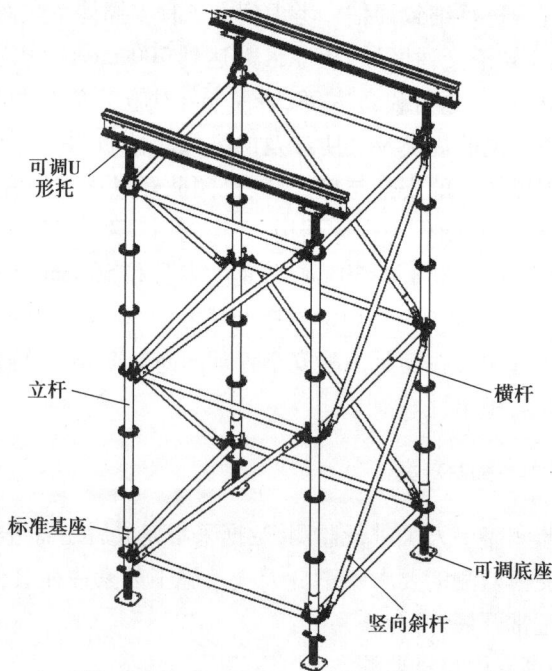

可调U形托

立杆

横杆

标准基座

可调底座

竖向斜杆

图 3.64　盘扣架示意图

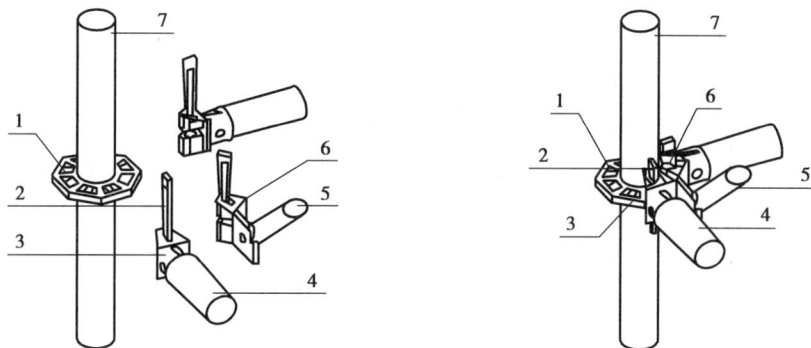

图 3.65　盘扣节点示意图

1—连接盘;2—插销;3—水平杆杆端扣接头;

4—水平杆;5—斜杆;6—斜杆杆端扣接头;7—立杆

（2）施工流程

放线定位→摆放可调底座→安装基座→安装扫地杆→利用可调螺母调整水平杆水平度→砸紧扫地杆楔形销→安装立杆和第一步水平杆、竖向斜杆→检查架体的方正、垂直度和稳定性→安装架体（至设计标高）→安装 U 形顶托→调整顶托自由端长度。

2）梁模板施工

（1）施工流程

弹线→安装梁底模→绑扎梁钢筋→安装梁侧模→清理检查。

（2）施工方法

梁模板的施工方法如图 3.66 所示。

①按梁底模板支架间距支钢管盘扣架立柱,任何一边立柱与柱边不得大于 300 mm,并根据梁线调整好标高。

②在支梁模前需先支好柱头模板,然后将两端梁模插入柱头模板内,再将中间梁模支上。

③根据梁底边线,安装梁底模,安装底模时注意跨度大于 4 m 的梁必须按照设计要求起拱。按照设计要求,施工时对跨度不小于 4 m 的普通钢筋混凝土梁,其模板施工起拱高度宜为梁跨度 3/1 000,悬臂梁模板施工起拱高度为悬臂长度的 6/1 000。

④绑扎梁钢筋。

⑤根据梁侧边线立一侧梁模,合上另一侧梁模,穿对拉螺杆拉紧两侧模。

⑥检查梁的起拱度,对拉螺栓是否拧紧,梁顶拉通线,清理现场。

3）楼板模板施工

（1）施工流程

弹线→铺设主龙骨→铺设次龙骨→铺设面板→清理检查。

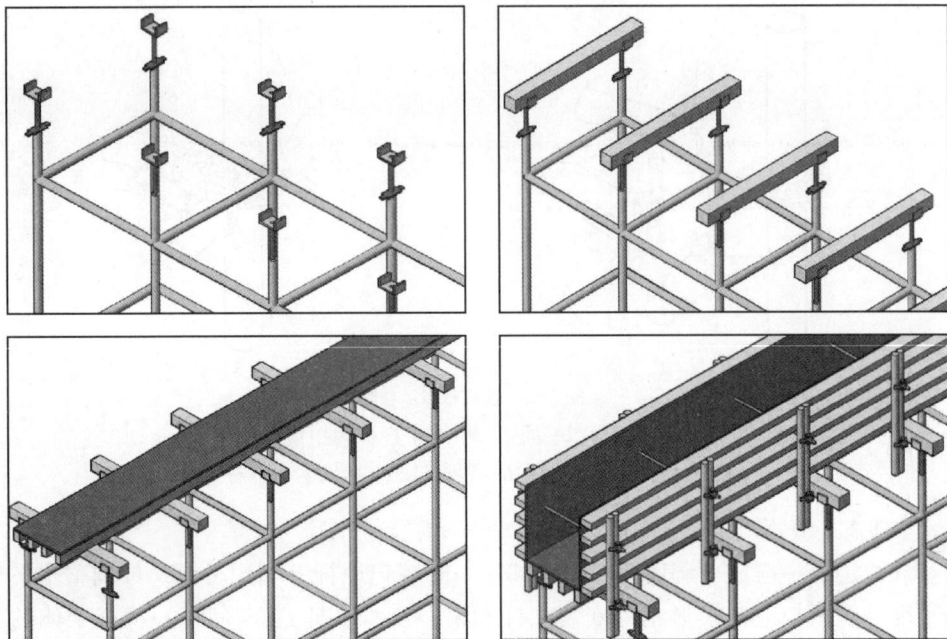

图 3.66 梁模板施工方法

（2）施工方法

楼板模板的施工方法如图 3.67 所示。

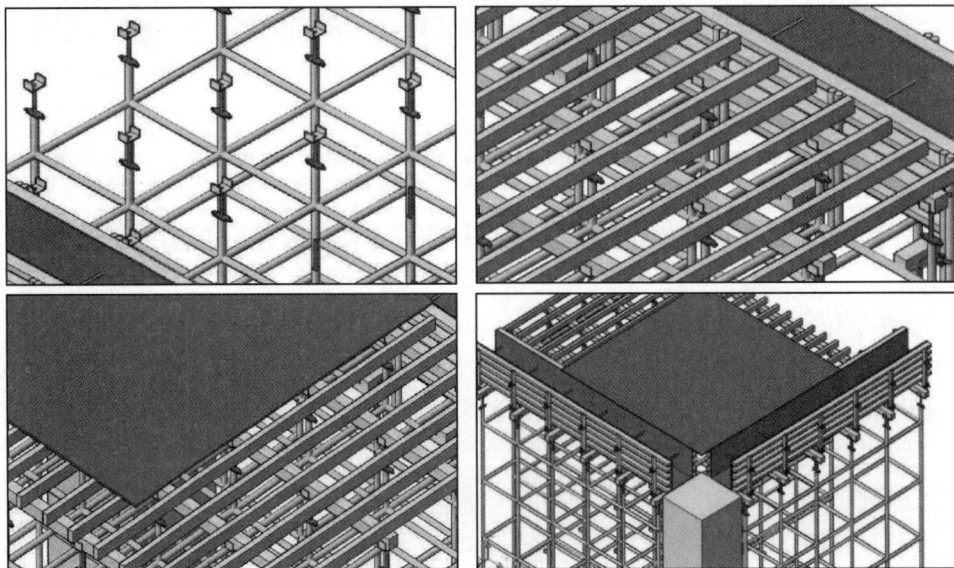

图 3.67 楼板模板施工方法

①现浇钢筋混凝土模板,当跨度大于 4 m 时,模板应按照设计要求起拱;当设计无具体要求时,跨度大于 4 m 小于 9 m 时,起拱高度为跨度的 2/1 000;跨度大于等于 9 m

时,起拱高度为跨度的 3/1 000。

②铺设主龙骨:主龙骨采用 50 mm×70 mm×3 mm 方钢管或 10 号槽钢。铺设时要求主龙骨居于 U 形托中间,不得偏心受力,且保证主龙骨在垂直其铺设方向不得有可移动现象,严禁出现探头龙骨。次龙骨采用搭接接头,搭接范围内必须有一根主龙骨。

③铺设次龙骨:次龙骨为 50 mm×50 mm 钢木龙骨或 50 mm×50 mm×2.5 mm 方钢。拉通线找标高,该龙骨必须全部紧贴梁侧模或板模板。

④铺设面板:面板采用 15 mm 的木胶板,铺设时从一边开始按顺序铺贴,第二张板两边分别与前面两张板顶死。根据放样图,实测顶板长宽尺寸,铺裁木胶板,要求拼缝严密。顶板上禁止使用胶带来防止漏浆。所有的缝均不允许贴不干胶带而应采用硬拼。四边龙骨顶处使用海绵密封条粘贴顺直且与上口平齐,防止漏浆。同时,安装底模时注意跨度大于 4 m 的板必须按照设计要求起拱。从四周向中间起拱,四周不起拱。起拱应用可调丝杆调整,起拱线要顺直,不得有折线。

⑤检查顶板的平整度和起拱程度,检查梁侧模的平直度,检查顶板与梁侧模的结合程度及相对位置。清理顶板上的铁钉、木胶板块等杂物。

4)模板拆除

①模板底模拆除强度要求见表 3.15。

表 3.15　模板底模拆除强度要求

序号	部位	跨度	条件	备注
1	板	≤2 m	混凝土强度必须达 50%	以同条件养护试块抗压强度为准
		>2,≤8 m	混凝土强度必须达 75%	
		>8 m	混凝土强度必须达 100%	
2	梁	≤8 m	混凝土强度必须达 75%	以同条件养护试块抗压强度为准
		>8 m	混凝土强度必须达 100%	
3	悬挑构件	—	混凝土强度必须达 100%	

②结构梁板施工时,第三层梁、板结构架体搭设时,第二层梁、板结构架体必须保留,第一层梁、板结构架体必须待第二层梁、板结构强度达到 100% 后方可拆除。

③当混凝土强度能保证其表面及棱角不受损伤时,可拆除侧模。

④梁、板模板应先拆梁侧模,再拆板底模,最后拆除梁底模,并应分段分片进行,严禁成片撬落或成片拉拆。

⑤对预应力混凝土结构,其侧模应在预应力钢束张拉前拆除,底模及支架应在结构建立预应力后方可拆除。

⑥拆除时作业人员应站在安全的地方进行操作,严禁站在已拆或松动的模板上进行拆除作业。

⑦模板拆除时,严禁用铁棍或铁锤乱砸,已拆下的模板应妥善传递或用绳钩放至地面。

⑧严禁作业人员站在悬臂结构边缘敲拆下面的底模。

⑨待分片、分段的模板全部拆除后,方允许将模板、支架零配件等按指定地点运出堆放,并进行拔钉、清理、整修、刷防锈漆或脱模剂,入库备用。

3.5.4 现场应用实例

1)案例概述

项目采用高支模自动化监测技术,如图 3.68、图 3.69 所示,高支模架体自动监测技术既能减少人工制表计算的烦琐工作,又可以避免不良天气或施工因素无法进行监测工作的处境,还可以通过手机或电脑实时了解施工现场架体稳定情况,如图 3.70 所示,极大降低了安全风险和人工操作难度。同时高支模架体自动化监测系统,安装操作方便,设备能重复使用,使架体安全性更平稳可控,有效优化了作业程序。

图 3.68　无线自动化监测点　　　　　　　图 3.69　无线自动化监测仪器

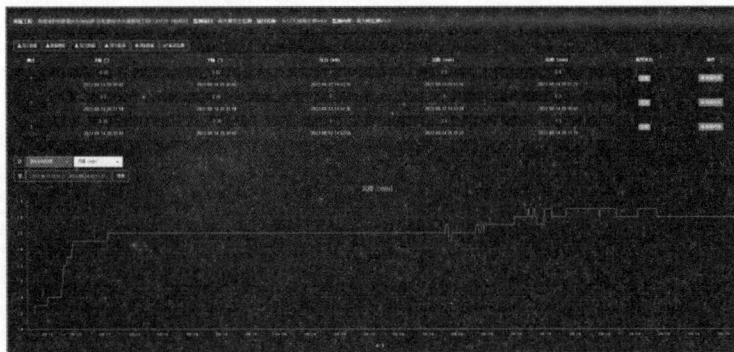

图 3.70　无线自动化监测数据

2)案例启示

高支模自动化监测技术的引入在现代建筑工程施工领域标志着一个重大技术进

步。该技术通过实现每秒一次的高频监测和自动化数据采集与处理,显著提升了监测数据的实时性与准确性,从而有效地预防和控制潜在的安全隐患,为施工安全提供了强有力的保障。该技术通过减少对人工监测的依赖,同时降低了人为错误的可能性和监测成本,提高了监测工作的效率与质量。此外,其无线传输功能增强了监测位置的灵活性,有效应对了不良天气条件和复杂施工环境的挑战,确保了监测任务的顺利完成。

在项目管理和决策支持方面,该技术提供的实时监测数据使项目管理团队能够准确掌握施工现场情况,有助于及时调整施工策略和优化资源配置,进而提升项目管理的科学性和有效性。高支模自动化监测技术不仅适用于特定的高大空间模板工程施工环境,其广泛的应用前景和推广价值还为建筑行业的技术提升和安全管理标准的提高提供了重要参考。

3)推广价值

该技术的成功应用为同类高大空间模板工程施工提供了可借鉴的经验,展现了现代建筑施工技术的进步。其不仅适用于本案例中的特定环境,还具有广泛的推广价值,可应用于各种复杂和高风险的建筑工程项目中,有助于推动建筑行业的技术进步和安全管理水平的提升。综上所述,高支模自动化监测技术的应用不仅提升了工程施工的安全性和效率,还为建筑工程管理提供了新的视角和工具,具有重要的启示和广泛的推广价值。此技术的推广与应用,预示着建筑行业在技术进步和安全管理方面迈向更高的标准。

3.6　大跨度异形雨棚施工

3.6.1　项目雨棚结构概况

本标段分南、北雨棚,分别位于 Y11~Y17/D~S 轴、Y4~Y10/D~S 轴区域,南北长106 m,东西长 266 m,屋顶标高为 13.00 m,如图 3.71 所示。

雨棚柱截面尺寸为 0.7 m×0.9 m,梁截面尺寸为 0.7 m×1 m,柱、梁混凝土标号C40。雨棚结构造型独特,构造复杂,柱内设计有落水管,柱头处设有三个菱形洞口,该部位钢筋密集,施工作业极为困难,对整体的施工水平提出了极高的要求,其雨棚效果图如图 3.72 所示。

3.6.2　技术挑战与解决方案

1)技术挑战

①雨棚结构造型独特,构造复杂,柱内设计有落水管,柱头处设有三个菱形洞口,该部位钢筋密集,施工作业极为困难,对整体的施工水平提出了极高的要求。

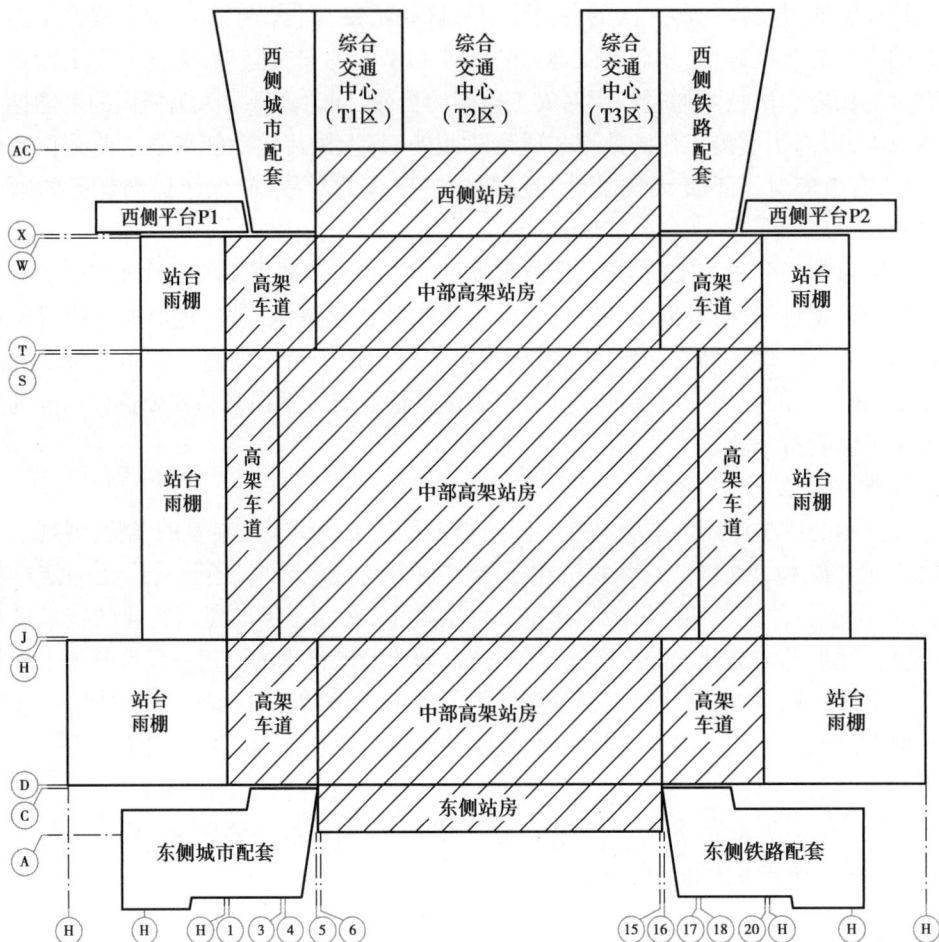

图 3.71　重庆东站结构平面图

②站台雨棚柱、梁为清水混凝土,混凝土施工质量控制尤为重要。柱头钢筋、弧形梁钢筋保护层控制难度大,为达到清水混凝土效果,钢筋的保护层需从翻样、制作、绑扎三个环节层层控制。

2)解决方案

①由专人负责钢筋翻样,翻样应制作准确,翻样时要充分考虑保护层厚度,宜按正误差控制。

②封模前检查钢筋、扎丝以确保无露筋、露丝现象,特别是阴阳角位置,封模后检查钢筋是否碰到模板。

③弧形梁主筋线形呈弧形,弧长较长,半径较大,宜在钢筋加工区采取预弯措施。

图 3.72　雨棚效果图

3.6.3　施工工艺技术

1）施工流程

搭设操作架→绑扎柱筋→安装柱身模板→浇筑柱身混凝土→拆除模板→安装柱头腋下模板→绑扎柱头钢筋→柱头模板合模→浇筑柱头混凝土→另一端柱头腋下底模与弧形梁底模安装→柱头钢筋与弧形梁钢筋绑扎→柱头及弧形梁模板安装→另一端柱头与弧形梁混凝土浇筑→拆模。

2）施工方法

①操作架搭设、绑扎雨棚柱钢筋。

a.施工雨棚柱身,操作架采用 60 型盘扣脚手架搭设,操作架体搭设高度 9 m,步距 1.5 m,横距 1.2 m,纵距 1.5 m。斜拉杆满布,临时操作架布置图如图 3.73 和图 3.74 所示。

b.雨棚柱、柱头、弧形梁连续施工,操作架采用 60 盘扣搭设,水平步距 1.5 m,立杆横距 0.6 m、0.9 m,纵距 0.9 m。斜拉杆隔一布一,由下至上连续设置。架体布置图详见图 3.75 和图 3.76。

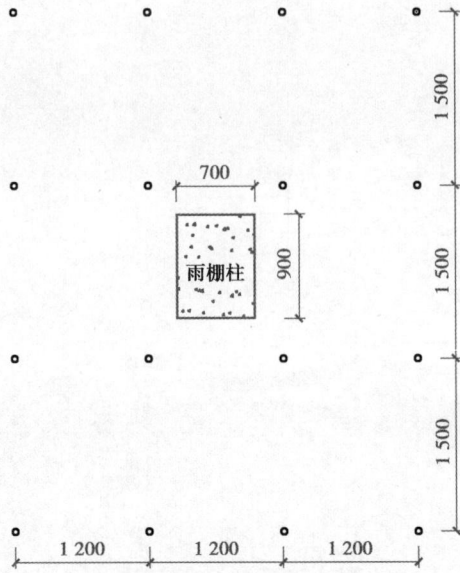

图 3.73　雨棚柱身操作架立杆平面布置图

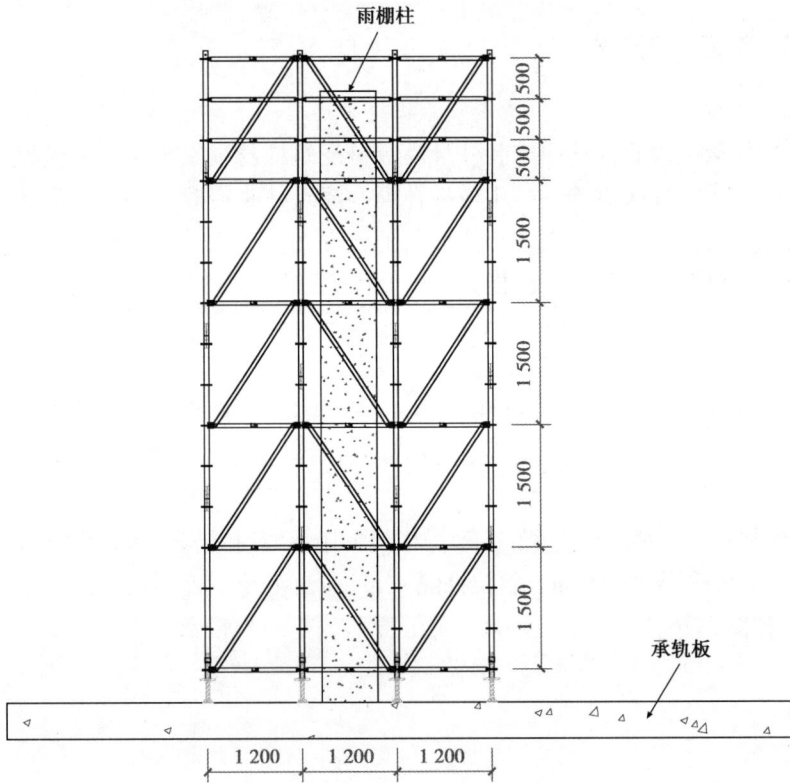

图 3.74　雨棚柱身操作架立杆立面图

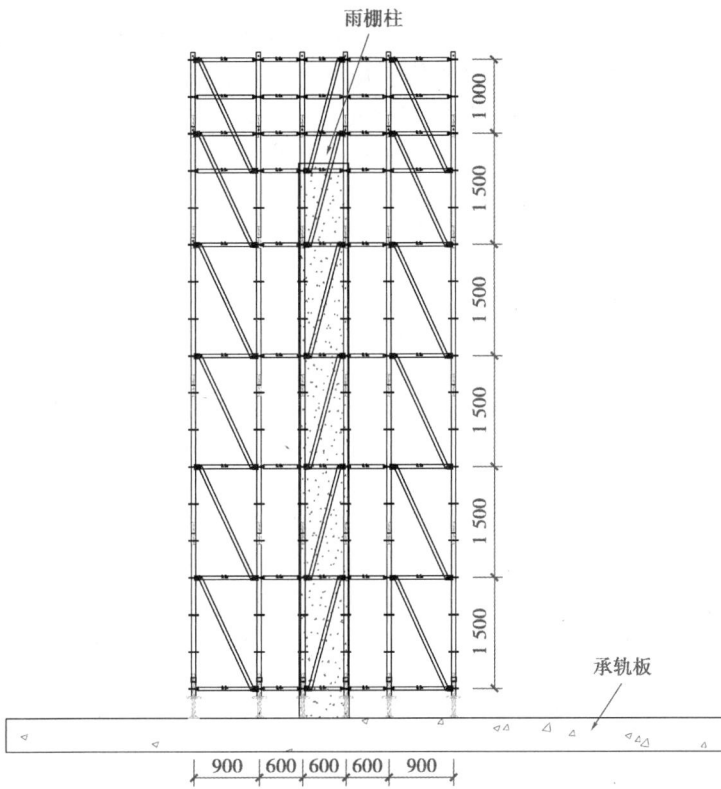

图 3.75　雨棚柱身操作架立杆立面图

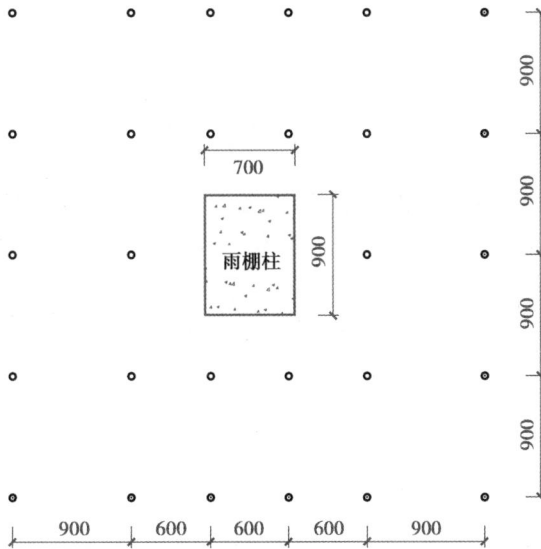

图 3.76　雨棚柱身操作架立杆平面布置图

②安装柱身模板。

柱身模板采用木模,主楞采用 10#方圆扣,次楞采用 40 mm×50 mm 方木,主楞第一道距地面 150 mm,柱高 5 m 以下主楞间距 300 mm,柱高 5~7.5 m 主楞间距 350 mm。方木短边方向 5 根,长边方向 6 根,均匀布置,如图 3.77 和图 3.78 所示。

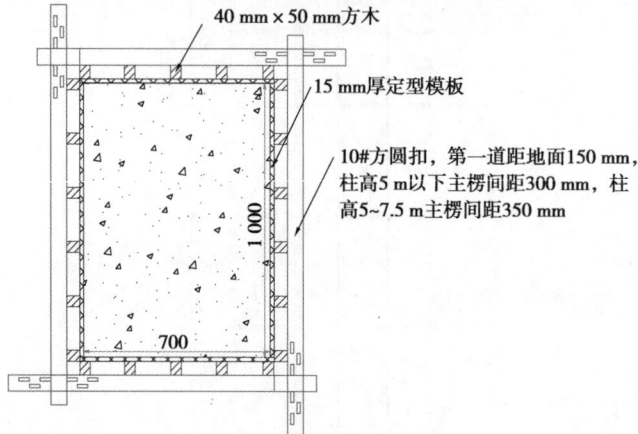

图 3.77　雨棚柱身加固平面图

③浇筑柱身混凝土。

④柱身模板拆模。

⑤安装柱头腋下底模。

⑥绑扎柱头钢筋。

⑦柱头模板合模。

⑧浇筑柱头混凝土。

⑨架体搭设。

本工程支撑体系属于超过一定规模的危险性较大的分部分项工程,属专家论证范畴,需施工单位组织专家对专项方案进行论证。本工程雨棚架体布置如图 3.79、图 3.80 所示。

弧形梁架体采用 60 型盘扣进行搭设,弧形梁底立杆横距 0.6 m,纵距 0.9 m+0.6 m;雨棚平梁纵距 1.5 m,横距 0.9 m;架体高度:架体宽度小于 3 m。

⑩另一端柱头腋下底模安装与弧形梁底模安装。

⑪弧形梁、另一端柱头用钢筋绑扎。

⑫弧形梁、另一端柱头采用模板安装。

⑬浇筑弧形梁及柱头混凝土。

⑭拆模。

3)模板体系设计

(1)柱身及柱头模板

柱操作架采用 φ60 mm×3.2 mm 盘扣架支撑体系,在绑扎钢筋与安装模板前搭设,雨棚柱身加固如图 3.81 所示。

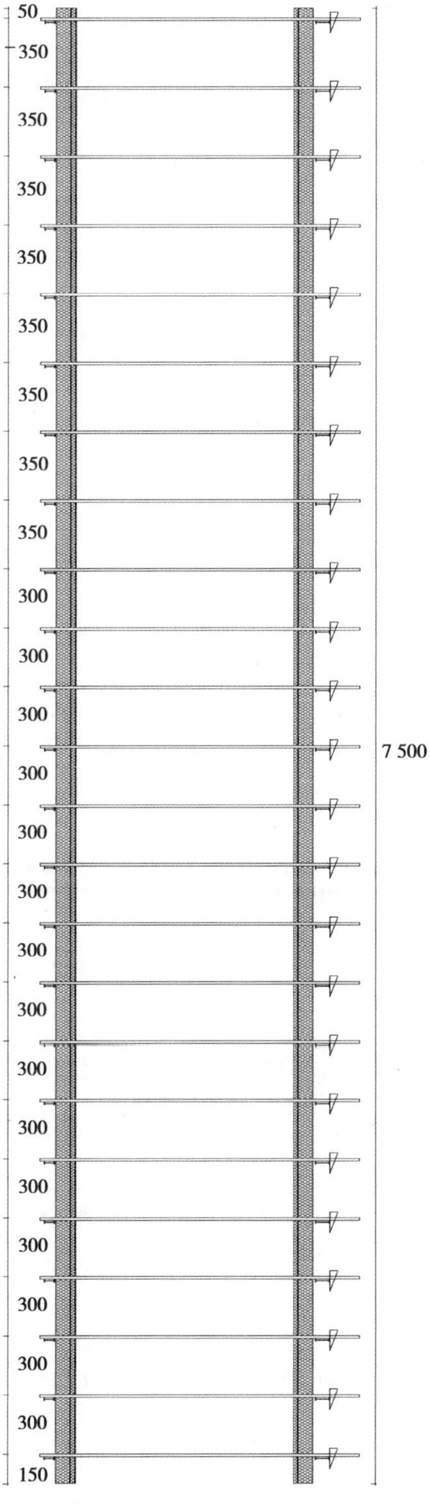

图 3.78 雨棚柱身加固立面图

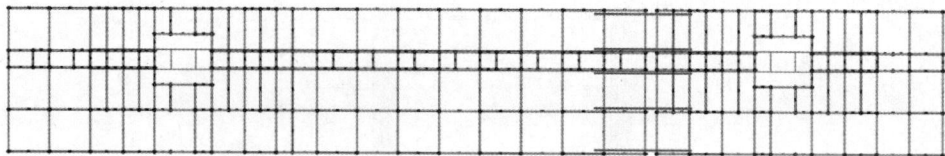

图 3.79　雨棚弧形梁立杆布置平面图

图 3.80　雨棚平梁立杆布置平面图

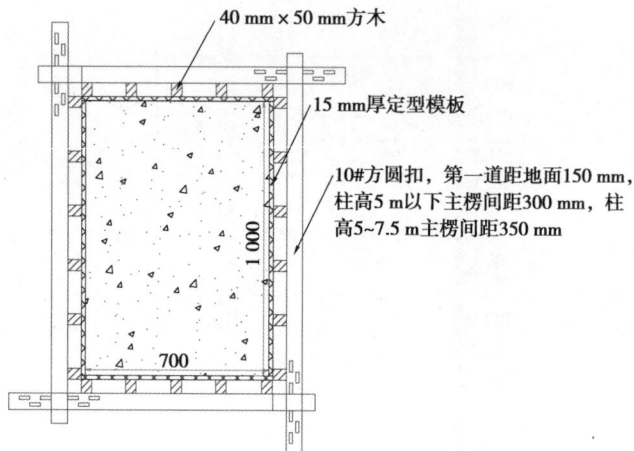

图 3.81　雨棚柱身加固平面图

柱身及柱身采用定型木模,经专业工厂设计与加工,具体参数设计见表 3.16。

表 3.16　柱模板参数设计

柱模板参数			
柱截面宽度	0.7 m	柱截面高度	0.9 m
柱高度	7.5 m	一次浇筑高度	7.5 m
面板	15 mm 厚木胶合板		
次楞	次楞采用方木,宽度:40 mm,高度:50 mm,柱宽度 B 方向设置 5 个次楞,柱高度 H 方向设置 6 个次楞		
柱箍	方圆卡具 10#		
对拉螺栓	不设置对拉螺栓		

续表

荷载参数		
混凝土下料产生的水平荷载	2 kN/m²	

柱头浇筑采用定型钢模,经专业工厂设计与加工,具体参数设计见表 3.17。

表 3.17　柱头参数设计

序号	部位	内容
1	面板	6 mm 钢板
2	上下边框	12 mm 厚×150 mm 宽钢带
3	竖向边框	12 mm 厚×100 mm 宽钢带
4	横筋	6 mm 厚×100 mm 宽钢带
5	竖筋	[10#槽钢
6	背楞	2[16#槽钢
7	对拉螺栓、四角斜拉螺栓	使用 T30×L 螺栓,每端配置双垫片双螺母
8	边框连接孔	21 mm×28 mm 长圆孔,配置 4.8 级 M20 mm×60 mm 标准件

(2)梁支撑体系与模板设计

梁支撑架采用 φ60 mm×3.2 mm 盘扣架支撑体系。雨棚梁支撑架体搭设高度超过 8 m,支撑体系属于超过一定规模的危险性较大的分部分项工程,属专家论证范畴,需施工单位组织专家对专项方案进行论证。项目已于 2022 年 6 月 14 日组织对本工程支撑体系进行专家论证并顺利通过。

具体方案设计见表 3.18,定型模板设计如图 3.82 所示。

表 3.18　梁支撑与模板设计方案

序号	设计	内容	备注
1	弧形梁	模板:15 mm 木胶板 立杆间距(横距×纵距):0.6 m×(0.6 m+0.9 m) 主龙骨:双根 1 根 10#槽钢横梁向 次龙骨:40 mm×60 mm×2.5 mm 弧形方钢管@200 顺梁向 4 根	

续表

序号	设计	内容	备注
2	直梁	模板:15 mm木胶板 立杆间距(横距×纵距):0.6 m×1.5 m 主龙骨:1根10#槽钢顺梁向 中间龙骨(转换层龙骨):1根10#槽钢@750横梁向 次龙骨:40 mm×80 mm木方5根顺梁向	
3	梁侧模	模板:15 mm木胶板; 次龙骨:40 mm×80 mm方木横向均匀布置6根; 主龙骨:ϕ48 mm×2.8 mm双钢管@750 mm竖向布置; 对拉螺杆:M14,底排距梁底250 mm,竖向间距500 mm布置,水平间距@750与主龙骨一致	

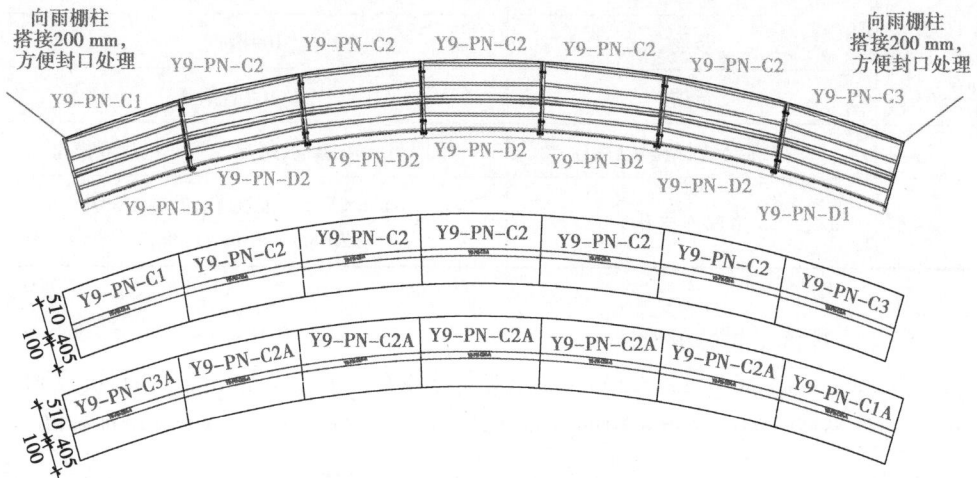

图3.82 定型模板设计

4)钢筋施工

(1)钢筋制作与加工

钢筋在加工棚内集中制作,制作时保证制作钢筋的精度。形状与尺寸已确定的钢筋可采取经常拉尺检查的办法对精度进行有效控制。钢筋必须严格进料、出库管理,加工好的钢筋分类存放,挂牌标识。标识内容包括规格、型号、安装位置等,防止在起吊施工时因绑扎顺序被误用。钢筋加工应注意事项:

①不得随意使用其他牌号或直径的钢筋代替设计中所规定的钢筋;

②钢筋在加工过程中避免弯折过度或严禁反复弯曲;

③应对钢筋的泥污、油污、漆污、铁锈进行处理;

④钢筋加工前复核图纸工程数量,钢筋的下料长度必须足够,加工尺寸精确,并考

虑钢筋弯钩的长度及钢筋弯曲后的长度变化；

⑤钢筋弯钩的方向、角度准确,控制在设计角度±5°以内。箍筋末端按设计或规范要求做成弯钩,以增加抗拉强度及与混凝土的黏结力；

⑥钢筋加工后分类堆放,并设立标识牌,内容包括品种、规格、用途等；

⑦当受力钢筋直径大于等于 16 mm 时,应采用直螺纹机械连接接头,其余钢筋可采用绑扎接头或焊接接头。

(2)钢筋绑扎

根据设计图纸进行钢筋加工,并按照各种型号对钢筋进行编号,堆放整齐。钢筋运输到现场后,利用塔吊提吊至施工作业面,进行绑扎,钢筋在绑扎过程中,做好预埋件的埋设。

①柱身。

工艺流程:校正主筋位置→放置柱子箍筋→连接受力竖向筋→箍筋绑扎→检查验收。

钢筋绑扎前准备工作:

a.钢筋表面应清洁,表面无明显锈蚀和污染,形状符合设计要求,外观无明显变形。钢筋入模前,必须先清理钢筋,保持清洁,无明显水锈、油污和泥土。

b.受力钢筋的弯钩和弯折应符合图纸及图集要求。钢筋弯曲前,对形状复杂的钢筋应事先用粉笔将各弯曲点位置画出,要先打样板,然后再批量加工。

c.为保证清水效果,箍筋下料时,可适当缩小,每侧缩小不超过 5 mm,柱子箍筋单独存放,避免堆放混乱,使用错误。

d.每个钢筋交叉点均应绑扎,绑扎钢丝不得少于两圈,扎扣及尾端应朝向构件截面的内侧。

e.翻样时必须考虑钢筋的叠放位置和穿插顺序,根据钢筋的占位避让关系确定加工尺寸,重点考虑钢筋接头形式、接头位置、搭接长度、锚固长度、端头弯头。

钢筋绑扎:

a.浇筑承轨层混凝土前,及时安装定位筋,确保钢筋生根位置准确,防止浇筑混凝土时柱筋移位。

b.校正柱主筋:承轨层混凝土施工完成后,在板面弹出柱外边 50 cm 控制线,检验柱子主筋位置。

c.按图纸要求间距,计算好每根柱箍筋数量,先将箍筋套在下层伸出的搭接筋上,然后安装柱子竖向钢筋。

d.在立好的柱子竖向钢筋上,按图纸要求用粉笔画箍筋间距线。

e.按已画好的箍筋位置线,将已套好的箍筋往上移动,由上往下绑扎,宜采用缠扣绑扎。箍筋与主筋要垂直,每一竖向及水平钢筋交叉点均要绑扎,钢筋绑扎扎丝拧紧不少于两圈,丝尾倒向柱内。箍筋的弯钩叠合处应沿柱子竖筋交错布置,并绑扎牢固。

f.柱筋保护层厚度应符合规范要求,垫块应绑在柱箍筋外皮上,间距≤1 m,以保证钢筋保护层厚度准确。

g.钢筋连接:柱的受力钢筋采用机械连接,接头位置要符合 16G101-1 的规定。接头位置应相互错开,同一连接区段接头率不大于 50%。

②柱头。

柱头钢筋绑扎是质量控制要点,施工过程中,应严格按照工序进行操作:

安装柱头底部钢模→绑扎斜插筋→安装单侧编号为 M2 钢模与菱形洞口钢模→安装梁筋→安装网片钢筋→焊接雨棚埋件→合模,如图 3.83、图 3.84 所示。

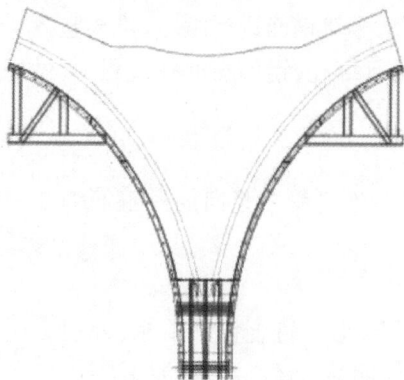

图 3.83 安装柱头底模

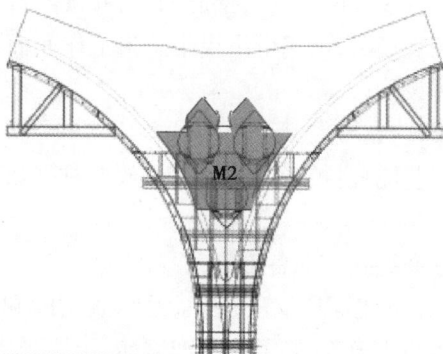

图 3.84 安装编号 M2 钢模与菱形洞口钢模

菱形洞口处钢模为可拆卸式,方便拆除,通过 8 个螺栓孔精准固定在侧面钢模上,防止安装与混凝土浇筑过程中移动,如图 3.85 所示。落水管采用弯连,避免过多影响钢筋,如图 3.86 所示。

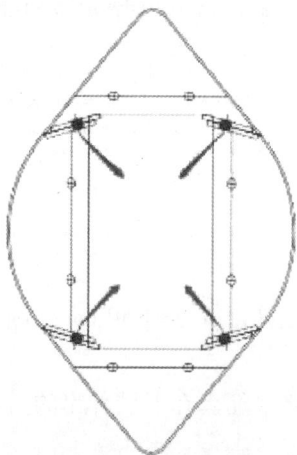

图 3.85 菱形洞口钢模

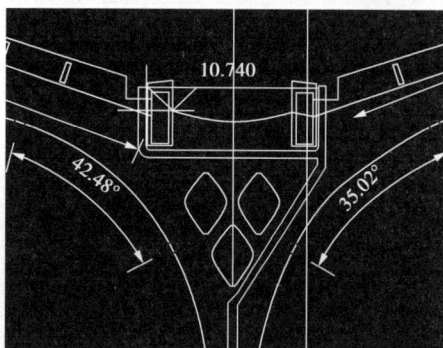

图 3.86 落水管布置

③梁体。

要确保构件几何尺寸和模板安装到位,首先要保证钢筋位置准确、无位移,以及拆除模板后无露筋和保护层过薄现象。为达到清水混凝土效果,钢筋的保护层需从翻样、制作、绑扎三个环节层层控制。

a.由专人负责钢筋翻样,翻样应制作准确,翻样时要充分考虑保护层厚度,宜按正误差控制。

b.钢筋要保持清洁,无油污及其他污染。

c.绑扎前,将梁底位置的施工杂物清理干净。绑扎时需将绑扎点的绑扎丝扣按倒,以免翘起的扎丝在混凝土面上出现锈斑。绑扎后,所有扎丝均朝向梁内侧,垫块均匀布置,防止钢筋接触模板。箍筋要平直、方正,弯钩要准确,上层钢筋弯钩朝下,下层钢筋弯钩朝上。

d.封模前检查钢筋、扎丝以确保无露筋、露丝现象,特别是阴阳角位置,封模后检查钢筋是否碰到模板。

e.弧形梁主筋线形呈弧形,弧长较长,半径较大,宜在钢筋加工区采取预弯措施。

（3）成品保护

①钢筋半成品经检查验收合格后,按规格、品种及使用顺序,分类挂牌堆放;存放的环境应干燥,延缓钢筋锈蚀,避免因钢筋浮锈污染模板影响清水饰面混凝土效果。

②钢筋绑扎时应搭设操作平台及通道,严禁在柱筋上攀爬及梁上行走。

③雨水管、接触网预埋件安装时严禁任意敲打和割断结构钢筋。

④浇筑混凝土时,专门安排工人对混凝土浇筑过程中钢筋、预埋件以及钢筋保护层的限位卡进行检查,发现偏位及时校正。

⑤混凝土浇筑完毕后,必须及时清理挂在柱钢筋表面的混凝土。

5）混凝土施工

（1）混凝土质量要求

①雨棚结构设计为 C40 混凝土,坍落度不宜大于 180 mm。配合必须由项目部试验室试配,满足设计要求后方可用于现场施工。

②原材料应及时检验,以保证不影响混凝土施工。

③拌制的混凝上宜均匀,流动性、和易性好,方便泵送。

④柱头处结构复杂,振捣不便,宜采用自密实混凝土。

（2）混凝土拌制与运输

混凝土的配合比设计、拌和、运输、浇注、养护,均应按设计和规范要求进行施工。混凝土由商品混凝土站拌合,准确控制水灰比及用水量,拌和时间≥2 min。

混凝土运输时,应符合以下规定:

①接料前,搅拌运输车应排净罐内积水。

②混凝土在运输过程中要保证拌合物的和易性,同时保证混凝土运输车达到动态平衡,提高工作效率,减小对周围环境的影响,避免施工过程中出现冷缝。

③混凝土搅拌运输车在运输途中及等候卸料时,应保持罐体正常转速,防止混凝土沉淀、离析。

④卸料前,运输车罐体应快速旋转搅拌 1 min 以上,方可卸料。

（3）混凝土现场验收

罐车到达现场时，施工单位质检人员、监理共同对混凝土进行坍落度、温度检测，坍落度采用坍落度桶进行检测，测温枪测温，满足要求后开始浇筑。

（4）混凝土浇筑

①混凝土要保证连续供应，浇筑前应保持模板内清洁、无积水。

②罐车到场后应检查料单混凝土型号是否与设计对应，通知试验人员做坍落度试验并保留试块，合格后方可浇筑。罐车放料时，料斗宜装至 8 成满。

③柱身混凝土浇筑前在振捣棒上用红蓝两色电胶带做好标记，每 50 cm 做一个标记，直到柱顶 50 cm 位置。浇筑时根据振捣棒标记好的位置确定振捣棒插入深度，防止振捣密度不足。

④弧形梁应从两端低处往中间高处浇筑，两端应均匀、对称进行，浇筑过程中全程盯控，浇筑速度不宜过快，尽量避免浇筑的混凝土由高处向低处流动，并在浇筑过程中安排专人进行清理和刮面，确保梁顶线形，如图 3.87 所示。

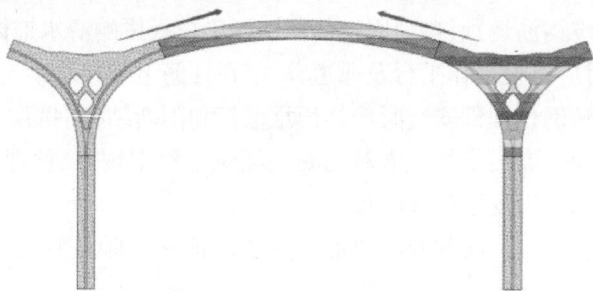

图 3.87　混凝土分层浇筑示意图

⑤振捣棒移动间距为 50 cm，钢筋较密处移动间距可控制在 30 cm 左右，并控制与模板的距离。

⑥控制好每层混凝土浇筑的间歇时间不超过 30 min，保证不出现施工缝，做到连续而有序的作业。为使上下层混凝土结合成整体，上层混凝土振捣要在下层混凝土初凝之前进行，并要求振捣棒插入下层混凝土 50～100 mm。

⑦混凝土振捣时间必须掌握好，过长易造成混凝土离析，过短则振捣不密实，一般以混凝土表面呈水平并出现均匀的水泥浆、不再有显著下沉和大量气泡上冒时即可。

⑧在混凝土振捣中，不得碰撞各种埋件，不得振捣模板、钢筋等。

⑨后续混凝土浇筑前，先剔除施工缝处松动石子或浮浆层，剔凿后清理干净。

⑩梁上表面混凝土采用二次收面的方式进行施工，先采用木抹拍浆找平，再用铁抹第一次收面，初凝后再用抹子二次收面。

混凝土浇筑期间，主管领导和现场技术人员在工地现场轮流值班，安排专职安全员现场负责指挥交通，保证车辆行驶畅通。

（5）混凝土养护

混凝土浇筑完，应安排专人及时进行覆膜和洒水养护，养护时间不得少于 7 d。洒水次数应根据天气变化情况确定,保证混凝土处于湿润状态,当日最低温度低于 5 ℃时不得采用洒水养护。

6)模架拆除

(1)拆除准备

①拆架前,全面检查待拆支架,根据检查结果,拟定作业计划,确定拆除时间、拆除范围、拆除工程量以及相应投入的人力、物力和机械等。

②成立拆除作业指挥小组和由专业技术工人为骨干的拆除施工队伍。支架拆除前主管副经理、安全专业工程师、现场安全员、技术员到达现场进行安全技术交底,对操作工人进行安全教育。直至每个操作工人对操作安全注意事项均了解清楚、安全措施到位后方可进行拆除支架施工。

③机械设备的组织工作。拆除前应准备好数量足够、质量完好的机械设备和各种小型工具,如吊车、手动葫芦、钢丝绳、吊环、麻绳、撬棍、扳手及其他专用工具。

④施工现场的清理与准备工作。

a.划分拆除作业区段,周围设绳索围栏、设警戒区域,张挂醒目的警戒标志。警戒区域内禁止非作业人员进入。

b.清理作业现场。首先察看施工现场环境,包括架空线路、脚手架、地面的设施等各类障碍物、地锚、缆风绳及被拆架体各吊点、附件、电气装置情况,凡能提前拆除的尽量拆除掉。将支架内遗留的材料、物件及垃圾清理干净。所有清理物应安全输送至地面,严禁向高处抛掷。

(2)拆除方法

①支架的拆除时间。

支架拆除时间,应根据同条件养护试件的强度确定,强度达到要求后,经过监理单位检查验证同意后,方可拆除支架。拆除强度要求见表 3.19。

表 3.19　支架拆除强度参照表

序号	部位	跨度	条件	备注
1	板	≤2 m	混凝土强度必须达 50%	以同条件养护试块抗压强度为准
		>2,≤8 m	混凝土强度必须达 75%	
		>8 m	混凝土强度必须达 100%	
2	梁	≤8 m	混凝土强度必须达 75%	
		>8 m	混凝土强度必须达 100%	
3	悬挑构件	—	混凝土强度必须达 100%	

②支架的卸载。

为了避免在拆架过程中产生过大的瞬时荷载,引起不应有的混凝土裂缝,使梁体顺利实现应力转换,在支架拆除前,首先要正确进行支架的卸载,严格按照从跨中向支座依次循环松动顶托螺杆,当达到一定卸落量后,支架方可脱落结构主体。

先拆除支撑在翼板上的支架,保证全梁翼板处于无支撑状态,再松动腹板的顶托螺杆,接下来松动底板的顶托螺杆,人员分成两组,从跨中向两端同步松动,使梁体均匀下落,分几个循环卸完。卸落量开始宜小,一次下 8 mm,以后逐渐增大。在纵向应对称均衡卸落,在横向应同时一起卸落。

在拟定卸落程序时应注意以下事项:

a.在卸落前应画好每次卸落量的标记;

b.卸载时应均匀、缓慢、对称进行。

③支架拆除的顺序。

拆架程序应遵守由上而下,由跨中向两边,先支的后拆、后支的先拆的原则。先拆模板、剪刀撑、斜撑,而后水平杆、立杆等,拆除剪刀撑时,应先拆中间扣,再拆两头扣,拆完后由中间的人负责往下传递钢管,并按"一步一清"原则依次进行,要禁止上下层同时进行拆除工作。整个拆架过程中必须有技术人员跟班指挥与检查。

④支架杆件的搬运落地。

拆除时要统一指挥,上下呼应,动作协调,当解开与另一人有关的结扣时,应先通知对方,以防坠落。架上作业人员应作好分工和配合,传递杆件时应掌握重心,平稳传递。

所有杆件和扣件在拆除时应分离,不准在杆件上附着扣件或两杆连着送到地面。模板、钢管,应自外向里竖立搬运,防止物件直接从高处坠落伤人。

拆除后的模板、龙骨及支架钢管等物件时,严禁将物件直接抛下,必须将所有物件用绳索绑扎后自下而下缓慢下放至地面,或通过其他施工人员手中平稳传递至地面。拆除的材料应堆放在一定的地点,分类妥善存放。

(3)拆除注意事项

①所有进入施工现场的人员必须佩戴安全帽,正确穿戴好个人防护用品,高处临空作业人员应佩戴安全带。作业人员服装衣扣需全部扣好,应避免穿宽松肥大的服装,严禁赤脚和穿拖鞋,应穿软底鞋。高温天气要做好防暑工作。

②凡患有不宜从事高处作业疾病的人,一律禁止上架作业。参加高处作业的人员班前严禁饮酒。作业人员如有身体不适应停止作业。

③拆除人员进入岗位以后,对被拆架体先进行检查,有需要加固的部位,应先加固再拆除,防止架体倒塌。

④作业人员组成若干小组,分工协作,相互呼应,动作协调,禁止单人进行拆除较重杆件等危险作业。拆除全过程中,必须专人担任指挥和监护。拆除作业安全员必须在现场监督,操作人员必须按操作规程施工,发现违规行为或安全隐患立即停止作业,进行整改合格后方能继续施工。

⑤用于起重吊装的设备、工具必须使用合格产品,质量可靠,吊具上要设保险

装置。

⑥起重机作业时,起重臂和重物下方禁止有人停留、工作或通过。重物吊运时,禁止从人上方通过。禁止用起重机载运人员。地面上的配合人员应躲开可能落物的区域。禁止上下层同时进行拆除工作。

⑦进行撬、拉、推、抛、拨等操作时,要注意正确的姿势,站稳脚跟,防止用力过猛时身体失去平衡。使用撬棒注意放稳和力的支点,防止滑脱、弹击伤人。

⑧传递杆件及其他材料、工具等应抓紧抓牢,并明确告知对方,以防失落,作业人员所使用的小型工具应挂绳,以防脱手坠落。作业人员随身佩戴工具袋,便于零小器件的收用,严禁将物件直接抛下,必须将所有物件用绳索绑扎后自上而下缓慢下放至地面。

⑨不得在支架上临时堆放过多材料、工具,物件应放稳系牢,以防坠落伤人。已松开连接的杆件要及时拆除移走,避免发生意外坠落。拆下的零部件、杆件,应按规格分批运到地面。

⑩汽车起重机作业时要严格遵守操作规程,与其他相关人员密切配合、谨慎作业。

3.6.4　现场应用实例

1)案例概述

本项目以"重结构、轻装修、简装饰"的装修设计理念,积极探索发展装配式建筑,重庆东站首次采用站台无柱式半装配式混凝土+钢混合结构雨棚,其中柱和垂轨向主梁采用现浇钢筋混凝土框架结构,顺轨向主梁和次梁采用钢结构,屋面采用金属屋面板,异形雨棚结构模板与施工完成效果如图 3.88、图 3.89 所示。同时,项目基于 BIM 模型和三维激光点云技术,优化雨棚柱头结构,减少雨棚饰面装饰工序,保证后续维养成本低,全生命周期综合成本低,总体技术安全、可靠。

图 3.88　雨棚弧形梁定制异形模板　　　　图 3.89　异形雨棚结构施工完成图

2)案例启示

该案例反映了装配式建筑技术在现代建筑项目中的有效应用,通过部分预制与现场装配的模式,不仅显著提升了施工效率,降低了项目成本,同时也减少了对环境的影响。此外,通过技术整合与创新,结合 BIM 技术与三维激光点云技术的应用,项目成功克服了复杂结构设计与施工的挑战,体现了跨学科技术整合在解决建筑设计和施工中复杂问题的重要作用。该案例亦展示了在建筑设计中对结构安全性与美观性的并重考虑,通过无柱式设计和异形雨棚结构的采用,兼顾了建筑的功能性与美学需求。进一步地,该项目在设计与施工的早期阶段便综合考虑了建筑的后续维护成本与全生命周期成本,采取相应措施以实现成本效益最大化,突出了全生命周期成本管理在建筑项目规划与实施中的重要性。

3) 推广价值

重庆东站站台无柱式半装配式混凝土+钢混合结构雨棚项目的实践经验,为装配式建筑技术在更广泛领域的应用提供了有力证明,推动建筑行业向更高效、环保的方向发展。该案例中跨学科技术的成功整合模式,为建筑行业内技术创新与协作提供了新的路径,鼓励了更多的项目采纳类似的技术融合策略以解决设计与施工过程中的复杂问题。同时,该项目在建筑设计领域中对结构与美观并重的理念的成功实践,体现了在建筑设计中平衡功能性与美学需求的重要性,为未来建筑设计提供了新的参考。此外,通过全面考虑全生命周期成本,该项目为建筑项目的成本效益分析与管理提供了新视角,推广了全生命周期成本管理在提高建筑项目投资回报率中的应用价值。

3.7 大跨度金属屋面施工

多专业、多工种的工艺及成品保护要求高。

(1)重难点分析

本工程如何进行材料、成品及半成品保护必将对整个工程的质量产生极其重要的影响,特别是交叉施工过程中,必须重视并妥善地进行好成品保护工作,才能保证工程优质高效地进行生产。

(2)解决措施

屋面钢骨架安装过程中,应对下层主结构做好相应的防碰撞、防擦伤等保护措施。如果对已完成的钢结构或屋面骨架造成表面涂层破损、划伤、变形等现象,应及时与相关单位协调做好补漆、加固等措施。

玻璃吸音棉、保温岩棉的铺设最好与防水卷材铺设同步进行,同时应在裸露和交接缝处用彩条布等物覆盖,做好防风和防雨保护措施。为保证工程施工质量,雨、雪或大风天气严禁施工。

为防止棉长时间暴露,施工时必须严密组织、集中施工,尽量减少棉暴露时间,同时准备防雨苫布,每天施工完后及时将未覆盖的玻璃纤维吸音棉等临时覆盖。以防夜间被雨淋湿[16]。

TPO 防水卷材施工时,施工人员应穿软质胶底鞋,严禁穿带钉的硬底鞋。在施工过程中,严禁非本工序人员进入现场。TPO 防水卷材上堆料放物时都应轻拿轻放,并加以方木铺垫。施工中若有局部防水层损坏,应及时采取相应的补强措施,以确保防水层的质量。存放防水材料地点和施工现场必须通风良好,以保证工程质量和最终施工效果。

不锈钢天沟安装时,在焊接过程中有接火斗及灭火设备,有动火审批过程,并有专人在地面及屋面监督,电焊火花不得溅到其他物品上。在不锈钢天沟施工完成后,天沟内加设木板等防踩踏措施,防止重复踩踏造成天沟凹凸变形。

3.7.1　项目大跨度金属屋面工程概况

新建渝黔铁路重庆东站站房及配套综合交通枢纽工程 CQDZZF-1 标段(金属屋面 I 标段)工程面积约为 56 000 m²,屋面板选用 1.0 mm 厚 65/400 型直立锁边铝镁锰合金板,底板选用 0.8 mm 厚 YX35-190-950 型穿孔压型钢底板,3 mm 氟碳喷涂铝板装饰带面积约为 11 000 m²,不锈钢排水天沟面积约为 3 500 m²,屋面钢格栅马道及不锈钢防坠落系统约为 2 500 m。

①工程名称:新建渝黔铁路重庆东站站房及配套综合交通枢纽工程 CQDZZF-1 标段(金属屋面 I 标段)工程。

②屋面面积:站房候车厅金属屋面面积约为 56 000 m²;不锈钢排水天沟面积约为 3 500 m²。

③屋面防水等级:站房 I 级;屋面耐火等级:站房一级。

④主体结构形式:钢桁架结构。

⑤设计使用年限:金属屋面 30 年,其支承结构 50 年。

重庆东站金属屋面施工分为两个施工区,如图 3.90 所示,施工范围屋面施工一区:J-S 轴交 2~19 轴;屋面施工二区:(3/0A)-H 轴交 6~15 轴,每个分区施工时按照自西向东的施工顺序施工。主要负责的是施工一区和施工二区金属屋面系统+不锈钢天沟系统+附属抗风系统、检修马道系统、防坠落、屋面 3 mm 铝板装饰带及铝板屋脊和铝板变形缝处理等(不含采光玻璃天窗系统及玻璃天窗内的铝板分格、4 mm 檐口铝板系统)。如图 3.91 所示,站房屋面建筑造型基本为平屋顶造型,正中间向两边按一定比例进行放坡排水。

3.7.2　技术挑战与解决方案

1)工期紧、施工工期的保证

(1)重难点分析

本工程重庆东站屋面施工范围包含金属屋面系统(直立锁边)、天沟系统、检修马道、防坠落系统、屋面 3 mm 铝板装饰带及铝板屋脊和铝板变形缝处理等多个系统。屋面构造层次多,计划工期屋面现场安装于 2023 年 12 月 30 日前完成。

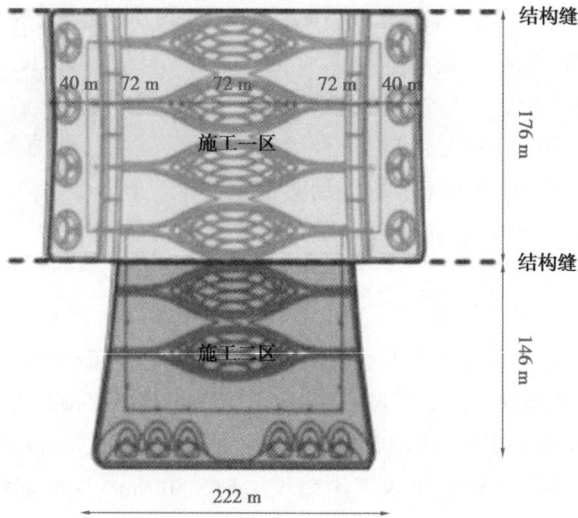

图 3.90　屋面标段划分示意图

屋面排水概述

· 中间站房排水方向以中间玻璃采光顶为最高点向四周排水。

· 在穹顶采光带周围设置次天沟，将周围的雨水导入主天沟内。

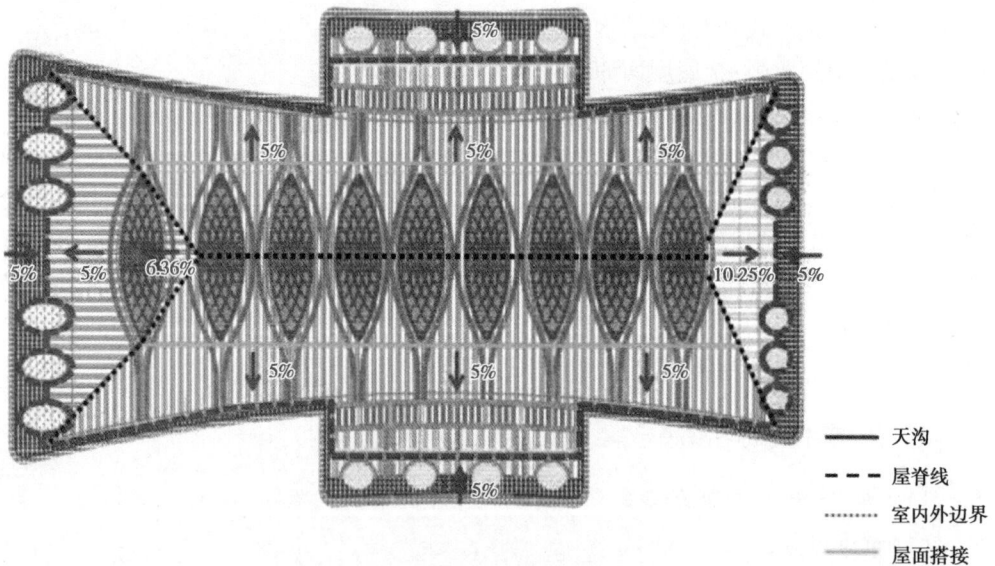

——	天沟
- - -	屋脊线
········	室内外边界
——	屋面搭接

图 3.91　金属屋面排水图

①现场作业条件。

现场施工区域的南北面跨度（结构外轮廓）各为315.8 m，西面跨度（结构外轮廓）为221.2 m，金属屋面的作业高度与作业地面的垂直高差分别为34.4 m、28.9 m，金属屋面的结构组合层材料多、相应的材料需吊运至屋面,所以面临吊装量大,25 t 轮式汽车摆放的吊装作业点位多,现场还存在材料堆放与吊装会与其他单位交叉作业多,施工面协调等一系列的作业协调任务,本工程屋面板全为现场压制面板,安装档次高、施工面广,压瓦机作业数量要达到 2 台以上,因此给整个材料采购、构件加工以及现场安装带来了非常大的难度。

②节点处理复杂。

本工程造型复杂,其防水及节点处理是本工程的难点问题。

③金属屋面工程受主体钢结构工程影响。

金属屋面系统与主体钢结构的施工关系最为密切,对钢结构施工精度的控制,我们将对主体钢结构施工单位进行协调和配合,不因主体钢结构的精度影响工程的整体进度[13]。

(2)解决措施

对钢结构及屋面工程进行 BIM 信息化协同管理,在现场施工场地划分、工作面的移交、施工穿插、卸载配合及尺寸协调控制等方面具备独有优势,屋面深化设计与施工可实现与钢结构专业的无缝对接。另外从人员组织、现场机械和劳动力等资源投入、施工方案及顺序的优化等方面采取措施,确保足够的资源投入,提高施工效率,从而保证整体工期目标[14]。

①现场施工进度保证。

a.多作业面同时交叉流水施工。

本工程金属屋面以变形缝位置的轴线为界,划分为单独施工区域,每个施工区域根据主体钢结构提升完成时间进行插入施工安装。通过多个工作面划分,最大程度节约工期,确保现场施工进度。

b.施工机械投入保证。

为满足屋面系统安装,站房屋面每个标段分别投入 6 台(以上)50 t 汽车吊用于屋面材料垂直运输。为减少屋面板的二次倒运,分别投入 2 套屋面板加工设备,并根据进度要求灵活调整。积极组织调配好施工机械及周转材料机具,电焊机、测量设备等小型机械器具均为自有设备,大型吊机提前向吊机租赁公司进行租赁锁定,同时做好备用机械的储备工作[15]。

c.劳动力保证。

现场屋面施工一区高峰期投入 120~150 名专业工人,屋面二区高峰期投入约 80 名专业工人,同时预留机动抢工机动人员,确保施工任务的顺利完成。焊工、安装工、测量员、起重工等关键岗位人员具有大型站房类,紧张工期条件项目施工经验。劳动力根据本工程实际情况、劳动力额定工效通过计算确定,保证能够满足施工进度的需要,同时结合实际情况对现场人员进行劳动定员,使工人岗位、职责明确。建立激励机制,奖罚分明,充分调动工人积极性。

2)金属屋面防水性能保证

①如图 3.92 所示为金属屋面标准构造效果图,该工程屋面采用二道防水体系,有

效保障屋面防水的可靠性。金属屋面第一道防水体系为:铝镁锰合金金属屋面板,第二道防水层为:1.5 mm 厚 TPO 防水卷材。

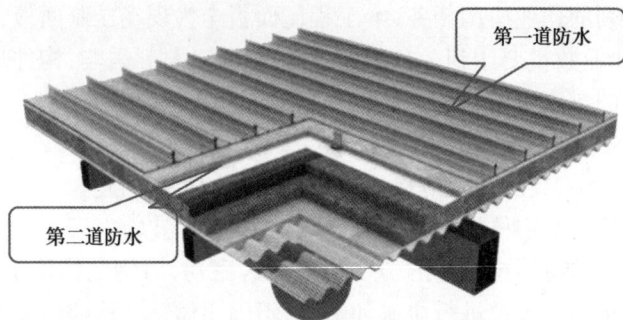

第一道防水

第二道防水

图 3.92　金属屋面标准构造效果图

②在屋面高点位置设置固定点,其作用是约束屋面伸缩方向,降低屋面板因温差双方向产生伸缩,同时避免屋面板向双向滑移,破坏屋面板防水体系,保证屋面系统防水可靠性。

③采用进口屋面加工系统,可在工地现场辊压成型屋面板,避免受板材运输的限制,可通长生产使屋面无接缝。同时保证屋面板出板的准确性,不出现回弹。屋面板咬合加工精度要求非常高。进口屋面系统机械加工精度可确保此部位防水性。

3)高空作业安全性保障及防火控制要求高

本工程屋面体量大且呈一定坡度。施工时材料的二次搬运增多,高空作业可供施工人员系保险安全带的位置不多,因此,如何安全施工是属于本工程的第一要务。同时,施工过程中的防火控制属于本工程的重点。

重难点解决措施:防止高空坠落,在檩条、底板安装过程中需满铺安全网,并拉设生命线,配备安全带,避免人员高空坠落。

①屋面施工时,在作业区域利用钢跳板等材料绑扎牢固铺设高空走道,高空走道外围边线,以钢龙骨及安全绳布设一圈安全生命线,确保施工及行走安全,作业面临边及洞口采用生命线维护并在立面布设安全网。

②屋面施工人员施工时必须戴安全带,并将安全带拴在相应的生命线上以确保安全。

③设置专门的屋面上下通道及爬梯,并做好防护措施,保证工人的通行安全,如图3.93 所示。

3.7.3　施工工艺技术

1)屋面构造层

屋面构造层安装工序复杂,其具体示意如图 3.94 所示。

图 3.93　屋面上下爬梯图

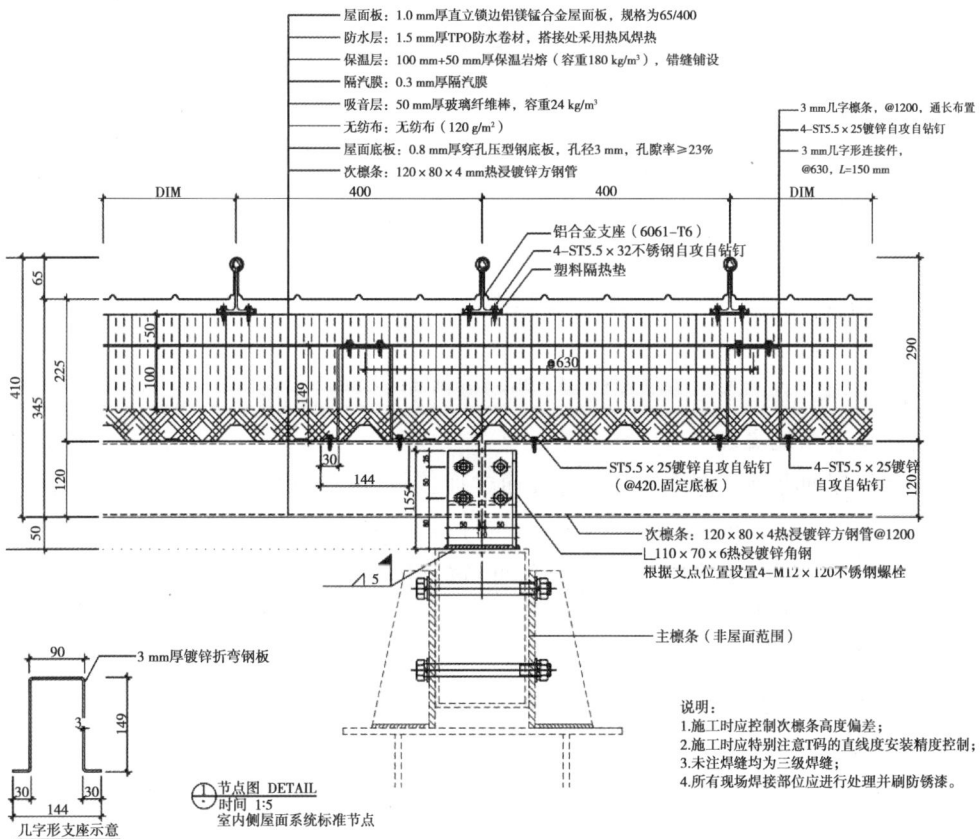

图 3.94　室内保温金属屋面板系统（直立锁边）构造效果图

2) 屋面构造系统

屋面构造系统结构包括屋面板、防水层、保温层、几字檩条、几字支座及次檩条等，其具体构造示意图如图 3.95 所示。

屋面板：1.0 mm厚直立锁边铝镁锰合金屋面板，规格65/400
防水层：1.5 mm厚TPO防水卷材，搭接处采用热风焊热
防水垫层：50 mm厚保温岩棒（容重180 kg/m³），错缝铺设
屋面底板：0.8 mm厚穿孔压型钢底板，非穿孔
次檩条：120 × 80 × 4热浸镀锌方钢管

3 mm几字条，@1200，通长布置
4-ST5.5 × 25镀锌自攻自钻钉
3 mm几字形连接件，@630.，L=150 mm

铝合金支座（6061-T6）
4-ST5.5 × 32不锈钢自攻自钻钉
塑料隔热垫

ST5.5 × 25镀锌自攻自钻钉
（@420.固定底板）
4-ST5.5 × 25镀锌自攻自钻钉

次檩条：120 × 80 × 4热浸镀锌方钢管@1200
L110 × 70 × 6热浸镀锌角钢
根据支点位置设置4-M12 × 120不锈钢螺栓

主檩条（非屋面范围）

90
35
30
144
3 mm厚镀锌折弯钢板
几字形支座示意

节点图 DETAIL
时间 1:5
室外侧屋面系统标准节点

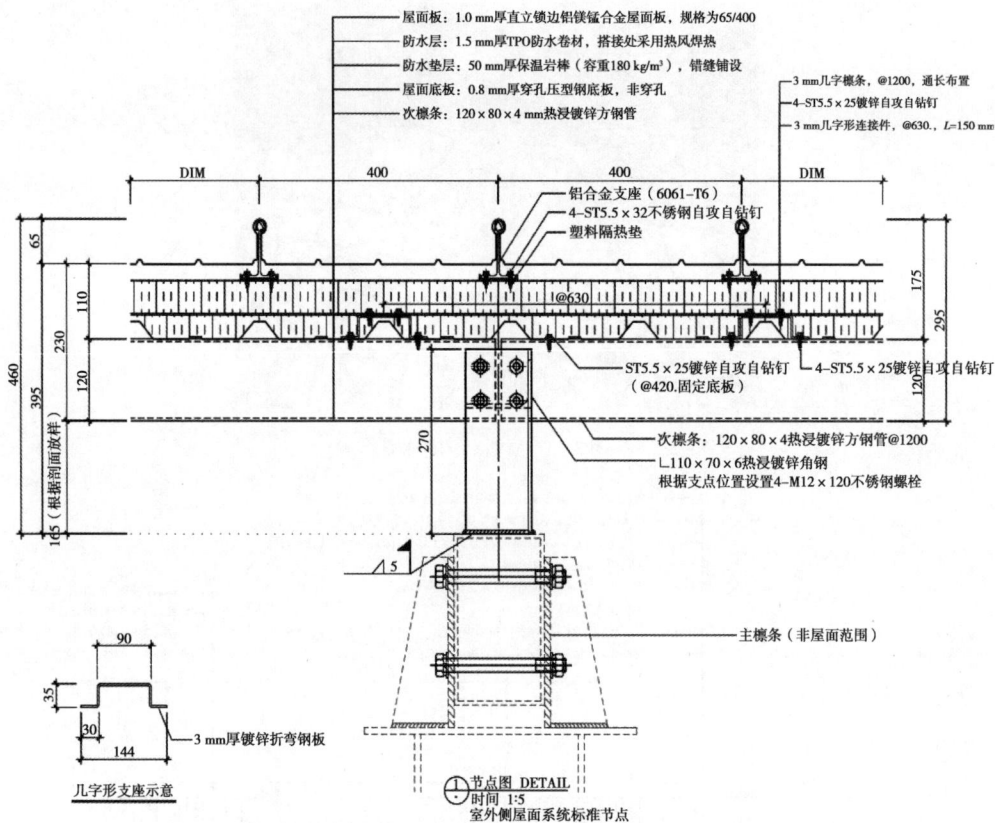

图3.95 室外非保温金属屋面板系统（直立锁边）构造效果图

3）次檩条系统安装

本项目屋面檩条与钢结构之间连接通过连接板进行螺栓连接。屋面次檩条夹板（支座）$L110$ mm×70 mm×6 mm 镀锌角钢构件，檩条采用 120 mm×80 mm×4 mm 热浸镀锌钢方管，檩条与 $L110$ mm×70 mm×6 mm 镀锌角钢构件连接方式为螺栓连接，螺栓采用 M12 镀锌螺栓组。

4）次檩条

次檩条节点做法示意图如图3.96所示。

5）次檩托板组合构件

次檩托板组合构件，连接方式为焊接连接。焊缝等级为三级焊缝，焊缝质量控制措施及检验相关内容：

焊缝质量控制措施：

①检查装配件几何形状和尺寸是否符合图纸规定。

②检查焊缝位置和分部是否符合图纸规定。

③复核和检查装配件的材质。

④检查定位焊和装配件所用焊材、预热温度和焊工技能资格及定位焊缝质量和尺

寸是否达到标准规定。

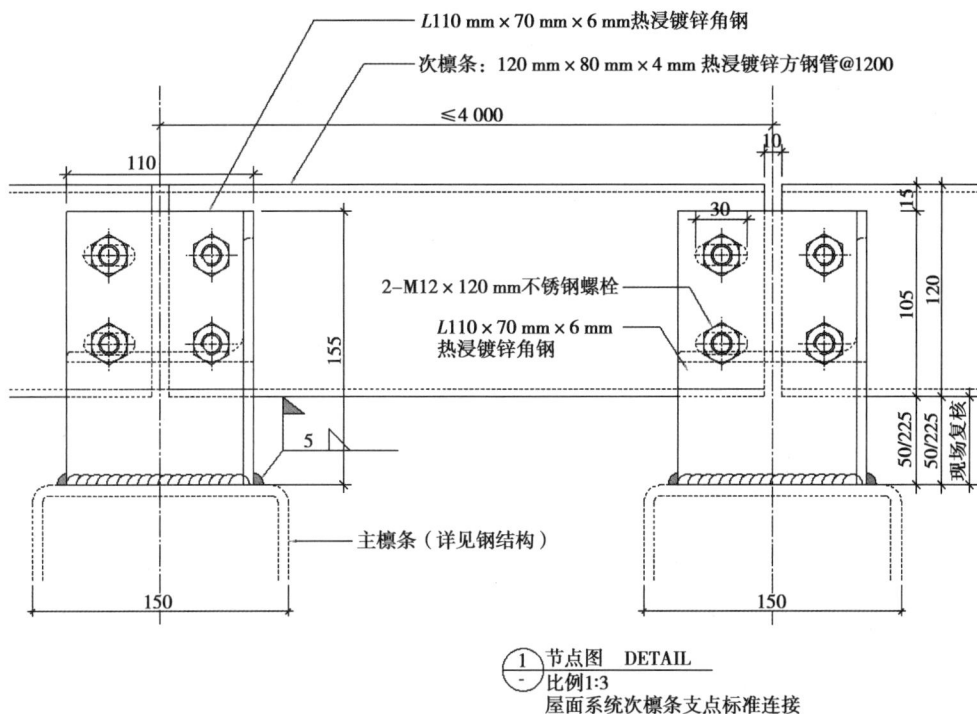

图 3.96 次檩条檩托节点构造图

⑤用样板检查组装件的形状、尺寸、间隙和对口错边量是否符合技术标准。

焊缝质量检验:三级质量检查只对全部焊缝进行外观缺陷及几何尺寸检查,其外观可见缺陷及几何尺寸偏差必须符合三级合格标准要求,焊缝质量检验采用目视手摸及量具等方法,其具体内容见表 3.20。

表 3.20 二级、三级焊缝外观质量检验标准/mm

项目	允许偏差	
缺陷类型	二级	三级
为焊满(指不足设计要求)	$\leqslant 0.2+0.02t$,且$\leqslant 1.0$	$\leqslant 0.2+0.04t$,且$\leqslant 2.0$
	每 100.0 焊缝内缺陷总长$\leqslant 25.0$	
根部收缩	$\leqslant 0.2+0.02t$,且$\leqslant 1.0$	$\leqslant 0.2+0.04t$,且$\leqslant 2.0$
	长度不限	
咬边	$\leqslant 0.05t$,且$\leqslant 0.5$;连续长度$\leqslant 100$,两侧咬边总长度$\leqslant$总抽查长度的 10%	$\leqslant 0.1t$,且$\leqslant 1.0$,长度不变
弧坑裂纹	—	允许存在个别长度$\leqslant 5.0$的弧坑裂纹

续表

项目	允许偏差	
电弧擦伤	—	允许存在个别电弧擦伤
接头不良	缺口深度 0.05t,且≤0.5	缺口深度 0.1t,且≤1.0
	每 1000.0 焊缝不应超过 1 处	
表面夹渣	—	深≤0.2t,长≤0.5t,且≤20.0
表面气孔	—	每 50.0 焊缝长度内允许直径≤0.4t,且≤3.0 的气孔 2 个,孔距≥6 倍孔径

注:表内 t 为连接处较薄的板厚。

6)檩托板安装流程及工艺

①檩托板须按照设计图纸要求,在加工厂预制后运至工地。现场可用吊车分区集中吊至屋面以备安装。

②根据图纸测量、放线后,确认无误后进行安装、焊接。

③焊缝防锈、防腐补涂。

④檩托安装时,为了檩条的安装方便,可先装一边,另一边檩托板在檩条安装后焊接。

7)檩托板安装工艺要点

①放线需由专人进行复核,必须保证放线精度。

②檩托板安装注意标高的控制:基本原则是以钢结构顶面为基准,支托板安装严格控制误差,以保证焊接完成后檩条可准确就位。

③确保焊接质量,焊接时电流要适当,焊缝成形后不能出现气孔和裂纹,也不能出现咬边和焊瘤,焊缝尺寸应达到设计要求,焊缝应均匀,焊缝成型应美观。

④焊缝防腐处理应及时进行,防腐涂料均选用与设计要求相符合的油漆。

8)屋面檩条的安装

本工程屋面檩条采用汽车吊进行吊装。

次檩条:次檩条通过次檩托板与钢结构檩条螺栓连接。螺栓初拧后,检查次檩条上表面的标高是否与设计相同,如有不到位应进行调整。

檩条吊装前对主钢结构上的节点坐标进行复测,确定檩条连接板位置、安装高度,测量后的实际标高和设计标高进行对比,把两者之间的误差值均匀地分布在次檩条标高中进行调整、消化。

9)屋面檩条的吊装及倒运

①采用汽车吊进行吊装。首先汽车吊停在施工区域的檐口边侧,工人将檩条抬放到便于起吊的位置上。用两条钢丝绳绑扎檩条,采用"八"字形吊点方式进行吊装,绑扎点分别绑扎在檩条两端端头约一米处的位置上,便于吊装时构件在空中处于水平的

状态,钢丝绳绑扎点采用"U"形卡扣将钢丝绳与主檩条卡死。起吊前先进行试吊,看构件有无滑移发生,无滑移后再将檩条慢慢起升,转臂吊入落料平台。吊装时由专人进行指挥,统一口令。

②檩条吊入落料平台后,由人工倒运至安装位置。在檩条安装位置的两个端头上(檩托上)分别安排一名工人对檩条进行安装。对于汽车吊无法吊装部位,使用可移动式卷扬机进行吊装檩条吊装。

10)屋面檩条安装工艺要点

①檩条在运输、搬运过程中应注意保护,避免变形。

②檩条防腐采用热镀锌方式,现场焊缝应补涂防锈油漆,做好防腐处理。

③檩条安装的控制:不同位置的檩条标高不同,施工过程中,关键是控制好檩条的标高和倾斜度,要兼顾结构误差并按整体顺滑要求进行调整。

11)底板系统的安装

屋面钢底板:0.8 mm 厚双面镀铝锌穿孔/非穿孔压型钢底板。

本工程的屋面压型底板置于屋面次檩条上方,吊装时将钢底板两端拴牢,板型较长时,中间相应多设吊点,以防止钢底板在提升过程中出现折断、扭曲等变形。

为保护压型钢板表面及保证施工人员的安全,必须用干燥和清洁的手套来搬运与安装,不允许在粗糙的表面或钢结构方通上拖拉压型钢板,其他的杂物及工具也不能在压型板上拖行。

底板排列图设计:底板排布应垂直檩条方向布置,搭接长度 100 mm,单块底板长度适宜,根据现场施工条件及安装工艺确定。

(1)底板系统概况

底板系统概况图如图 3.97 所示。

(2)底板系统工艺流程

底板系统工艺流程如图 3.98 所示。

(3)底板安装的注意事项

①在主体网架上利用网架弦杆架设脚手架搭建施工平台,平台高度以人站在上面操作方便为宜。

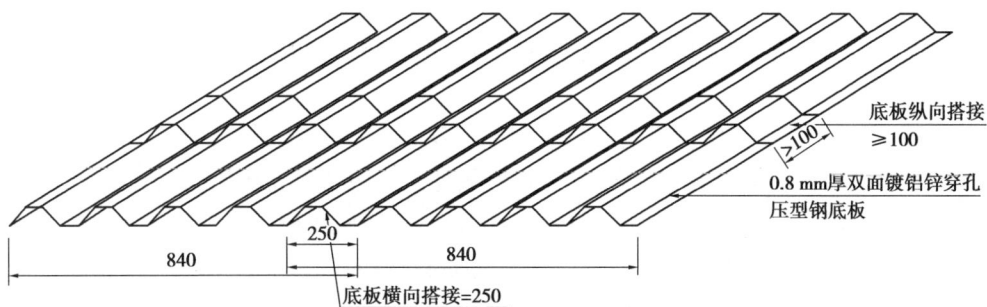

底板纵向搭接 ≥100

0.8 mm厚双面镀铝锌穿孔压型钢底板

≥100

250

840　　840

底板横向搭接=250

(a)底板安装轴测图

（b）钢底板示意图　　　　　　　　（c）钢底板自攻钉

（d）横向底板搭接示意图　　　　　　（e）竖向底板搭接示意图

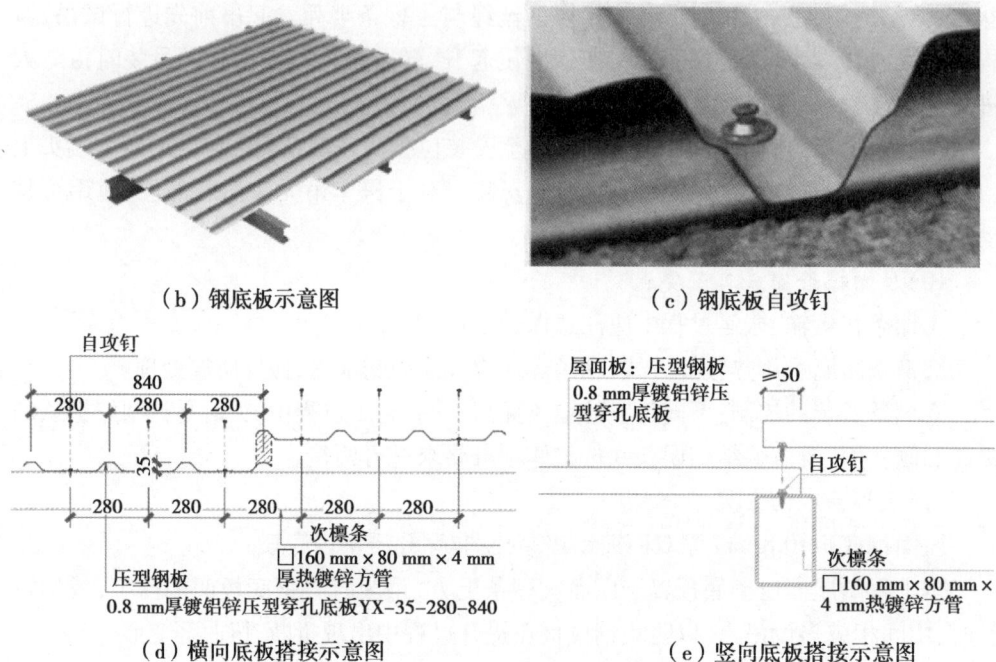

图 3.97　底板系统概况图

注:①底板横向搭接一个波峰,自攻钉固定在每个波谷位置间距 200 mm。
　　②底板竖向搭接长度为 100 mm。

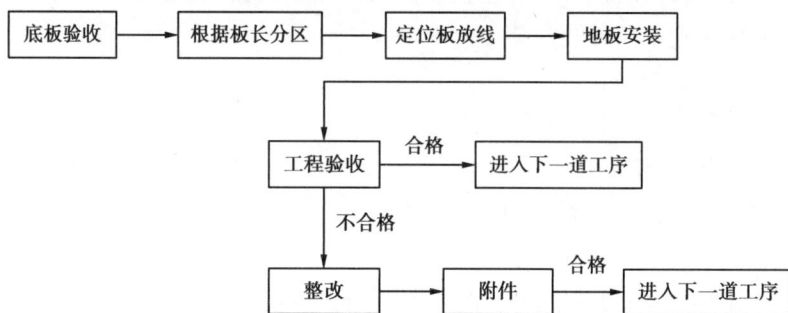

图 3.98　底板系统工艺流程图

　　②底板安装前,先定出板的安装基准线,以此线为标准,以板宽为间距,放出板的安装位置线。

　　③钢底板在工厂制作完成之后运输到施工现场。由于屋面施工作业面离地面较高,因此将采用在钢结构上安装滑轮,通过钢丝绳索利用地面卷扬机拉上工作面,然后再利用人工搬运的方式在作业面上进行二次搬运,将屋面底板运至施工作业面。

　　④钢底板采用专用吊装布带进行吊装,屋面临时堆放时用垫木垫实,用包装带捆扎牢固,随用随包装,防止大风刮飞。

　　⑤为保护压型钢板表面干净及保证施工人员的安全,必须用干燥和清洁的手套来

搬运与安装,不要在粗糙的表面或钢结构方通上拖拉压型钢板,其他的杂物及工具也不能在压型板上拖行。

⑥底板固定好后,检查垂直和水平平整度后,在接缝处安装通长铝合金扣条,直接扣在扣条座上,拍紧即可。

(4)底板安装工艺要点

①底板与钢结构的连接固定应锚固可靠,自攻螺丝应在一条线上,使外露螺丝直线时自然成为直线,曲线时自然成为弧线,圆滑过渡。

②底板之间的纵向搭接长度不得小于 100 mm,横向间相互搭接一个波峰,如板与板相互接触发生较大缝隙时需用 $\phi4$ mm 铝拉钉适当紧固。

③安装时要注意底板肋部的搭接要对准,以保证压型板间的相互贯通。

④每安装 10 块板后应进行检查,并根据需要进行适当调整。

⑤在安装一段区域后要定段检查,方法是测量已固定好的压型板宽度,在其顶部与底部各测一次,以保证不出现移动和扇形。

⑥压型底板安装完毕后,板面应无残留物及污物存在。各板接缝应严密、接搓顺直、锚固可靠,纵横接缝呈直线,板面平整清洁。

(5)底板安装

具体的钢底板固定方法,如图 3.99 所示。

图 3.99　钢底板固定

(6)底板安装质量控制

①第一块板材安装时应根据已测设的控制线进行安装,板材安装时应随时检查板材的两端及中间的直线度和整体板材的平行度,防止整个板材出现扇形。

②底板在安装前应根据檩条间距,在板材上用记号笔标出自攻钉的固定位置,防止出现自攻钉间距不一,或自攻钉不固定在檩条上的问题。

③板材在安装过程中随时检查纵横的搭接长度及接缝的情况,及时进行调整,在固定时自攻钉打错处要及时修补。

④底板开孔时应根据实际尺寸进行开孔,如在开孔处不设包角应使用剪刀枪或手

工剪刀开孔,不应使用无齿锯切割。

⑤底板在安装时应确保锚固可靠,安装平整,板缝接触严密,板面干净。

⑥底板安装完毕后保证后续施工过程中不损坏底板是十分重要的环节。不得在上面随意走动,现场切割过程中,切割机械的底面不宜与板面直接接触,垫以三合板材。

12)保温棉的铺设

(1)岩棉铺设概况

本工程站房室内保温金属屋面保温岩棉理论厚度为 75 mm+75 mm=150 mm,吸音棉 50 mm 厚超细玻璃纤维棉,容重 24 kg/m³,铺设在穿孔压型底板之上,在隔气膜(0.3 mm 聚丙烯塑料贴面隔气层)之下,下衬无纺布[高密度无纺布(120 g/m²)],保温岩棉采用 75 mm 厚和 75 mm 厚岩棉上下层错缝铺装,错缝宽度为 100 mm,岩棉容重 120 kg/m³。室外非保温金属屋面岩棉理论厚度为 50 mm,为单层铺设,铺设在非穿孔压型底板之上。

(2)岩棉的铺设工艺要点

保温棉铺垫要求平整覆盖、紧贴、铺满。保温棉运至屋面后,直接铺盖在无纺布上方,要求完全覆盖并贴紧,棉与棉之间铺设不能有缝隙,相邻两块玻璃丝棉的接口处不得有间隙。

①单层吸音棉铺设工艺。

单层吸音棉铺垫要求平整覆盖、紧贴、铺满。

安装前检查清理底板上的杂物保证底板没有明显的突出物或凹陷处,如有碎片和异物必须清除,以保证单层吸音棉铺设的平整性,防止玻璃丝棉产生翘曲的现象。如发现有积水、积雪等杂物必须清除。

单层吸音棉铺设之前应先完成底板的检查报验工作才能进行铺装,搭接长度不小于规范要求,搭接方向一般采取纵、横向处理,具体根据屋面整体造型设定。

②保温棉的铺设。

本屋面系统工程主要采用的保温层厚度为 75 mm+75 mm=150 mm 岩棉。

保温棉的安装应与单层吸音棉流水施工,同步推进,当先安装单层吸音棉层后铺设保温棉时,保温棉与单层吸音棉铺设的前后距离不宜太长,确保当时铺设的单层吸音棉层由保温棉板完全覆盖。

③保温岩棉施工注意事项。

保温棉必须铺平、折叠;接缝严密,保温棉必须根据屋面造型进行铺设和剪裁,必须严格按照规范要求密缝铺设以满足系统的设计要求;铺设方向沿垂直于压型钢板长边方向铺装严密。

为保证工程施工质量,严格做好防风、防雨保护措施,雨、雪或大风天气严禁施工。

为防止已经安装好的保温层长时间暴露在外,施工时必须严密组织、集中施工,尽量减短保温层暴露时间同时准备防雨布,每天施工完后及时将未覆盖的玻璃丝棉临时覆盖以防止被雨淋湿,保温板在铺设前应严格检查材料的湿度和外观质量,发现有受潮、损坏等现象的岩棉将不能直接使用在本工程中。

13)防水层铺设

屋面防水层:1.5 mm 厚聚酯纤维内增强型高性能 TPO 防水卷材,采用热风焊接。卷材安装前应检查基层缝,保证搭接宽度均匀无错位。卷材铺设应按流水坡度反方向自下往上铺设,保证与基层有效连接,避免空鼓。当天铺设的卷材最好在当天完成接缝处理,对于每天施工后留下的接口,必须采取保护措施,避免淋雨和受潮。

(1)防水卷材铺设工艺要点

①防水卷材施工前进行精确放样,尽量减少接头,有接头部位,接头相互错开至少50 cm,搭接缝应按照有关规范进行。

②卷材铺设方向:卷材的铺设方向应垂直于屋面坡度方向。

③平行于屋脊的搭接缝应顺流水方向搭接,垂直于屋脊的搭接缝应顺着最大频率风向搭接。

④搭接缝的接合面应擦干净,无水露点,无油污及附着物,确保接缝处质量。

⑤TPO 防水卷材纵向搭接宽度为 10 cm、横向搭接宽度为 10 cm。

(2)防水卷材铺设固定

①施工材料进场后妥善保管,平放在干燥、通风、平整的场地上,远离明火处,避免日晒雨淋。

②首先进行卷材预铺,把卷材自然疏松地平铺在保温层上,平整顺直放置大约30 min,并根据屋面构造情况进行适当的剪裁。

③卷材的固定采用专用基层胶黏剂固定。黏结卷材时,找平层必须充分干燥。施工前应测试找平层的含水率不超过 8%,其简易方法是在施工前用 1 m² 见方卷材平铺于找平层上,3~4 h 后揭起,若卷材及找平层面上无水印便可施工。

④要求防水卷材铺设必须平整,减少褶皱;先将要铺设的防水卷材翻转约 2 m 的长度,用滚刷将专用基层胶黏剂均匀地涂刷在卷材的背面(黑色面)。卷材边缘需要焊接的部位,不用涂刷基层胶黏剂。如果卷材打开放置时间过长——超过 2 h,或者被灰尘、水迹、脚印等污染,需用卷材清洁剂先行清洗,待清洁剂完全干燥后,再涂刷基层胶黏剂。

⑤卷材铺贴方向:卷材的铺设方向应垂直于檩条排布方向,平行于屋脊的搭接缝应顺流水方向搭接,垂直于屋脊的搭接缝应顺着最大频率风向搭接。施工前进行精确放样,尽量减少接头,有接头部位,接头应相互错开至少 50 cm,搭接缝应按照有关规范进行。焊接缝的接合面应擦干净,无水露点,无油污及附着物。当天铺设的卷材最好在当天完成焊接;对于每天施工后留下的接口,必须采用胶带和有效的方式进行保护,避免淋雨和受潮。

⑥卷材完成焊接固定之后,施工人员首先自检,再由技术员检查,最后由项目经理组进行抽查,看有无漏焊、跳焊现象。

a.焊缝检测方法：

● 目测：焊接缝不允许有发黄、烧焦现象，焊缝边缘光滑，有均匀发亮的熔浆出现。

● 机械检测：用平口螺丝刀或钩针沿焊缝稍微用力挑试，检查有无漏焊点、虚焊点。如发现缺陷应及时修补。

（3）防水卷材细部处理

①屋面周边及大于500 mm的穿出构件周边需要使用压条固定，并焊接在压条一侧，以确保节点的抗风压能力。

②阴阳角处理：使用工厂成型阴阳角预制件，以确保节点的完整可靠，并提高施工效率。

③屋面天窗防水卷材收口：防水卷材铺到天窗边，立面用卷材通过胶黏剂粘贴，下端同大面卷材焊接，上端用压条固定、密封胶密封。

④檐口铝板固定后，再用另一块卷材通过胶黏剂粘贴于铝板上，一端用U形压条固定压紧，卷材反收覆盖住压条并用密封胶密封，另一端和立面卷材焊接。

⑤屋面贯穿管道：铺大面卷材时，把卷材相应部位剪开，让管道穿过卷材，再用防水卷材制作管根泛水，包实管道，下部与大面卷材焊接。焊接处无需采用切边密封膏。将穿屋面管道用卷材沿立面包实，压住泛水部分，再用卡莱胶黏剂粘贴，下端同大面的卷材焊接在一起，上端则用金属箍箍紧并用防水卷材通用密封膏及止水玛蹄脂密封。另可使用工厂预制管件泛水，以提高施工效率。为了抵抗风压和保证建筑足够的使用寿命，建议在贯穿管道周围的大面卷材采用螺钉固定加强。

⑥伸缩缝：屋面伸缩缝处卷材断开，并用胶黏剂满粘固定断开边缘。再覆盖一片卷材盖住伸缩缝及大面卷材螺钉穿孔处，在伸缩缝处适当放松，成弧形挂下，以满足屋面伸缩要求。

（4）临时封闭

临时封闭可避免潮气损伤新安装的未完工区域。泛水、收头及临时封闭均应在每个工作日结束时处理完成以保证工程都处于密闭状态。

在基面上标记出未完成区域的边缘。将卷材向后翻200 mm，从记号里100 mm用弹线在基面弹一道长线，在长线上打一层止水密封膏，用量为3 m/支，让卷材自由下落到密封膏上，并用临时的压顶物压住以在接缝处形成一个连续的压力。在另一个工作日的时候用弹线从卷材最末端向里200 mm弹一条直线并将卷材沿直线整齐修剪。修剪后的卷材边缘需用切边密封膏密封。

（5）检测和试验

①卷材施工的检验。

a.大面要求：搭接宽度符合设计要求，大面卷材铺设须平整、顺直，无大的褶皱；

b.搭接宽度要求：先焊长边搭接，后焊短边搭接，焊接时不得损坏非焊接部位；搭接宽度为100 mm；

c.接缝要求：每条焊缝必须通过手工检测，即用专用尖头工具，稍微用力，沿焊缝移动、无漏焊、跳焊为合格；必要时，可采用剥离实验；

d.用切割刀在抽检焊缝质量时可用勾刀或美工刀将卷材垂直于焊缝切割 2~3 cm 宽的切口，用力撕扯切割条，以检验焊接质量是否合格。

②闭水试验。

符合条件的屋面天沟必须按设计和规范要求进行蓄水试验，试验方法是暂时封闭落水口，灌满水，水体高度 10 cm，24 h 后液面不下降为合格。

a.质量标准。

● 主控项目。

所用材料及主要配套材料必须符合设计要求和规范规定。

检验方法：检查出厂合格证、质量检验报告、现场抽样试验报告。

卷材防水层及其变形缝、预埋管件等细部做法必须符合设计要求和规范规定。

检验方法：观察检查及检查隐蔽工程验收记录。

防水层严禁有渗漏现象。

检验方法：观察检查。

● 一般项目

基层质量：基层坚固、平整，表面光滑、洁净，不得有空鼓、松动、起砂和脱皮现象。

检验方法：观察检查及检查隐蔽工程验收记录。

铺贴质量：铺设方法和搭接、收头符合设计要求、规范和防水构造图。

检验方法：观察检查。

允许偏差：卷材的铺贴方向正确，搭接宽度允许偏差为−10 mm。

检验方法：观察和测量检查。

(6)防水卷材屋面成品保护

①防水卷材不能与强酸强碱类物质直接接触，因防水卷材与此类物质可能发生反应，影响其防水性能；如果使用了此类材料，应及时通知代表或其认证承建商以确定所需的更正措施。

②施工人员需穿软底鞋施工。

③每天完成区域留出的卷材接口部位，必须加强保护，避免淋雨或受潮。

④不得在防水卷材上方或附近区域进行无防护措施的动火或电焊，防止焊渣灼坏卷材。

⑤安装完成的防水卷材屋面不得直接堆放其他设备和物品，需用木工板或其他材料隔离，以免破坏卷材。

⑥如果需要后续其他工种施工或持续有人踩踏，卷材必须铺设木工板（最好下衬无纺布隔离层，容重≥300 g/m²）或其他相似的保护措施。如果此处将成为一个长久的人行道，应安装如卡莱人行走道板之类的长久保护层。

⑦应禁止不必要的人为活动及硬物破坏（定期的屋面维护除外）。

⑧避免外力刺破或管道穿破防水卷材。若必须穿破防水卷材，务必事先通知承包

商,以便共同商定穿破防水卷材的施工方案。并在安装完毕后,立即由承包商及时进行防水卷材的修补。

⑨应保证屋面排水系统通畅,定期清理落水口。

14)3 mm铝板装饰带、3 mm铝板盖板系统安装

(1)根据平面图及节点图分析

第一部分(图3.100):与铝镁锰金属屋面相重叠收口的3 mm铝板装饰带,该部位平面分布的几何尺寸为异型板,且排布情况为椭圆形的水平分布铝板装饰带,铝板的龙骨基层在1.0 mm铝镁锰屋面安装完成面上固定,金属屋面的铝合金T码完成铝镁锰的咬合锁边后,通过安装带螺栓滑槽抗风夹、U形铝合金转接件和50 mm×50 mm×4 mm铝合金龙骨来固定安装铝单板,重难点分析该部位:施工中需做的成品保护力度大,且龙骨需根据椭圆形状进行组合,组合角度多,铝板下单尺寸多,龙骨安装效率较慢的等难点。

第二部分(图3.101):中间与玻璃采光天窗和天窗铝板隔断的相互收口的椭圆形3 mm铝板,此部分的铝单板为异形、曲面板材,需现场根据天窗龙骨的定位进行现场1∶1实景测量,测量放样得出龙骨加工尺寸、预制尺寸,再进行龙骨安装,最终进行铝板下单。此部位施工需要天窗施工单位碰头共同讨论施工收口细节,施工中搭接过程比较多,要求材料下单精准度、难度都要进行技术攻关等,保证施工质量和观感质量。

第三部分外檐口与圆形阳光板收口的3 mm铝单板,该部位铝板的龙骨基层在1.0 mm铝镁锰屋面安装完成面上固定,金属屋面的铝合金T码完成铝镁锰的咬合锁边后,通过安装带螺栓滑槽抗风夹、U形铝合金转接件和50 mm×50 mm×4 mm铝合金龙骨来固定安装铝单板,该部位工程量较少:位置根据阳光板洞口分布,难点分析在于龙骨、铝板下单尺需进行拼圆等,施工工序较多。

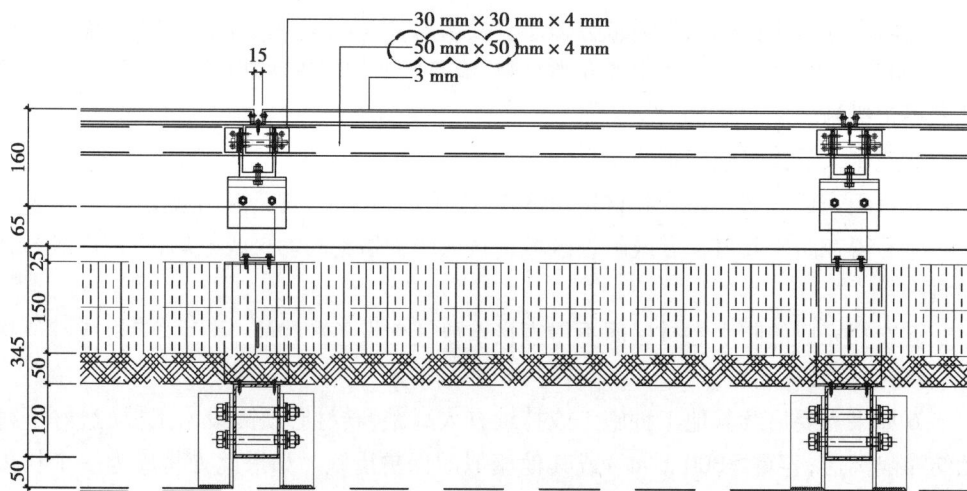

(a)3 mm铝板装饰带构造节点1

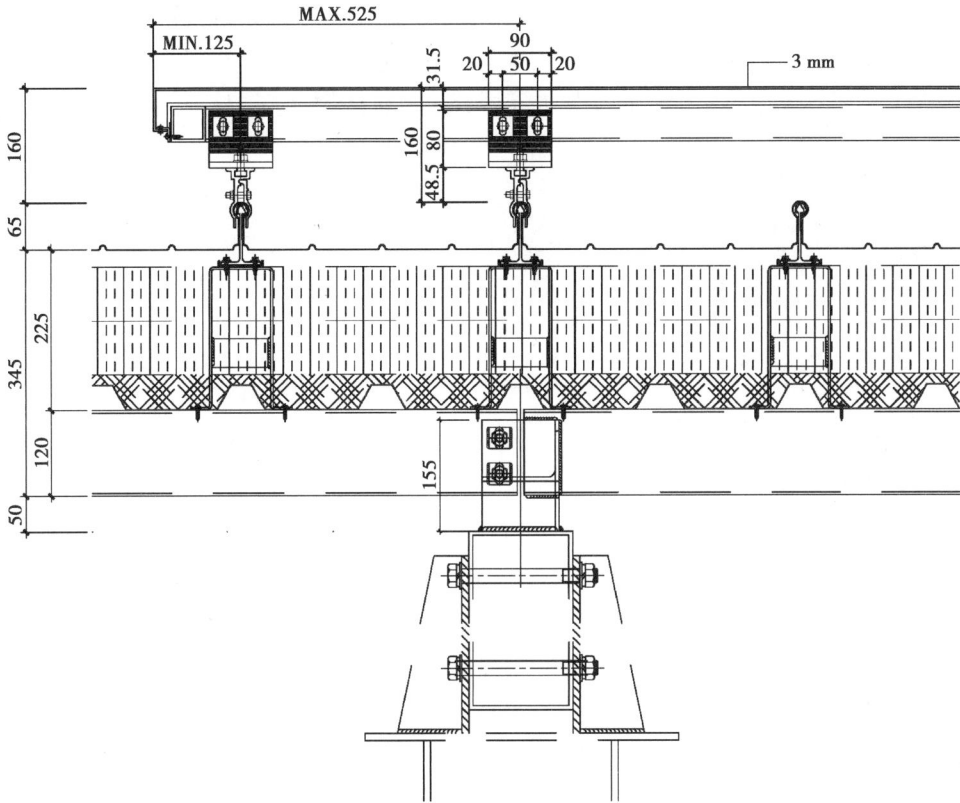

（b）3 mm 铝板装饰带构造节点2

图 3.100　3 mm 铝板装饰带构造节点图

（2）变形缝 3 mm 铝板处理方式

3 mm 铝单板处理：在金属屋面完成锁边后，在铝合金支座顶端安装铝合金防风夹，防风夹与角码连接，角码一端连接 30 mm×30 mm×3 mm 方管，30 mm×3 mm 方管作为 3 mm 氟碳喷涂铝单板支撑龙骨，3 mm 铝单板宽度为 1 000 mm，铝单板进行 U 形折边进行遮盖，90°折边宽度为 80 mm，并与 70 mm 宽的 1.0 mm 铝镁锰板进行固定，铝单板折边方向呈排水坡度，安装完成后进行打胶密闭。

（3）屋脊铝板盖板处理方式

3 mm 铝单板与 1 mm 铝镁锰板重叠处理（图 3.102）：1 mm 铝镁锰板端部屋面板上翻，防止雨水透过泡沫堵头进入屋面内部结构。屋脊泛水板通过屋脊 Z 形支撑作支撑，屋脊 Z 形支撑一端与屋面板立边肋通过拉铆钉固定，另一端支撑屋脊泛水板。屋脊泡沫堵头安装在屋脊泛水板下部，通过防水铆钉与屋脊泛水板连接。屋脊泡沫堵头与屋面板有效契合，从而保证了防水效果。

15）不锈钢天沟系统安装

所有天沟不锈钢板均采用 304 系列 3 mm 厚不锈钢板。天沟板材在加工厂加工预制成 1~2 m 的单元构件,然后运往施工现场进行安装。首先将天沟的控制点引测到主体结构上,中轴线返到主结构横龙骨上,再根据控制线对天沟底板及侧板定位放线,定位后将各天沟单元构件在支架上安装就位再拼接焊牢。

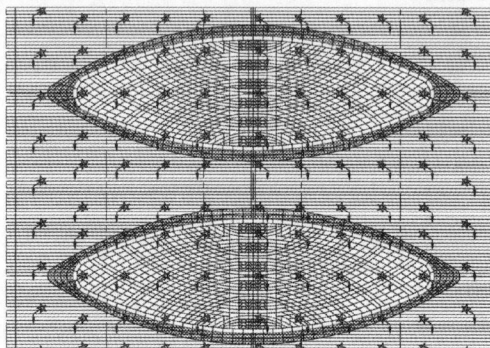

（a）3 mm天窗铝板装饰带分布

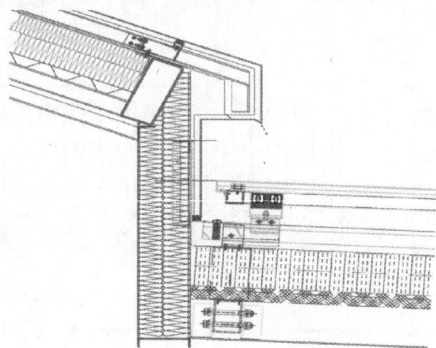

（b）3 mm天窗铝板装饰带节点构造1

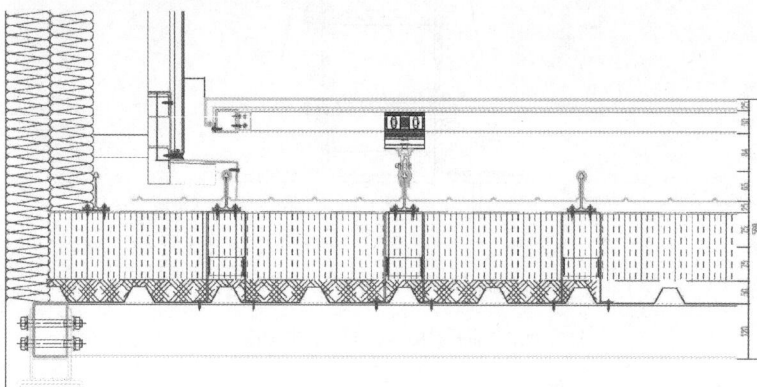

（c）3 mm天窗铝板装饰带节点构造2

图 3.101　天窗铝板装饰带分布及节点构造图

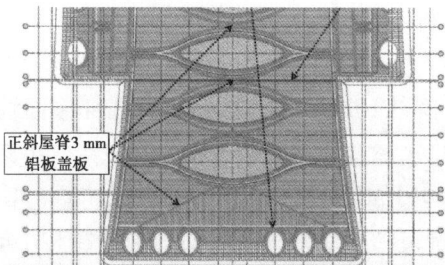

正斜屋脊3 mm
铝板盖板

（a）正屋脊/斜屋脊3 mm铝板盖板分布图

（b）斜屋脊单板盖板安装示意图

图 3.102　屋脊铝板盖板分布图及节点构造图

（1）天沟排水系统安装顺序

天沟骨架的安装→天沟底板的安装→天沟保温层的安装→不锈钢天沟焊接→细部构造处理。

（2）天沟龙骨的焊接

屋面天沟龙骨：

2 500 mm 宽的天沟采用：100 mm×50 mm×5 mm 热镀锌钢方管@1 000；80 mm×80 mm×4 mm 热镀锌钢方管@1 000；中间增加斜撑 50 mm×50 mm×4 mm 热镀锌钢方管。1 700 mm 宽的天沟采用：80 mm×80 mm×4 mm 热镀锌钢方管@1 000；中间增加斜撑 50 mm×50 mm×4 mm 热镀锌钢方管。1 500 mm 宽的天沟采用：60 mm×60 mm×4 mm 热镀锌钢方管@1 000；中间增加斜撑 50 mm×50 mm×4 mm 热镀锌角钢，龙骨安装前先检查钢结构是否平直，根据天沟的深度及宽度测量放线，保证天沟在一条直线上。开始点焊天沟的立柱龙骨（即竖直方向龙骨），点焊后确认在同一直线上的条件下进行满焊固定，顺向天沟龙骨以 6 m 一段进行点焊，焊一条直线后拉一条线来校正是否在同一直线上，确认无误后进行满焊。焊接过程要保证焊缝均匀，清除多余焊渣后进行防腐处理。

（3）不锈钢天沟的焊接

本工程天沟采用 3 mm 厚 304 不锈钢天沟，根据设计要求，20～24 m 长，需设置一道天沟伸缩缝。天沟的制作在工厂内进行时，根据设计详图，确定屋面天沟的展开尺寸，然后在数控大型折弯机上进行成型，以 1.5 m 一段的形式，统一包装，运至现场进行安装焊接。将加工好的水槽在屋面天沟处对接拼装，放置到位，一律满焊不得有任何渗漏现象。连接件的数量和间距需符合设计要求及有关规定。现场焊接根据天沟对接形式，采用氩弧焊满焊处理，保证外观及焊缝的质量。

天沟龙骨及不锈钢固定如图 3.103 所示。

天沟板安装时，要求槽底平整，不得有较大变形，尺寸符合设计要求。天沟板的安装应对接规整、焊接良好、外观无显著变形。焊接处应无渗水，天沟板焊缝成型良好，无气孔，渗漏现象，板面整洁，线条顺直。安装好的天沟板表面不得有裂纹、裂边腐蚀、穿通气孔等，不得有轻微的划痕等缺陷。天沟收口附件板安装，测量定位后，用拉铆钉固定，板面整洁，线条顺直。

天沟不锈钢板对接时要注意对缝间隙不能超过 1 mm，先每隔 10 cm 点焊，确认满足要求后方可焊接。焊条型号根据母材确定，直径采用 $\phi2.5$ mm。焊缝一遍成形，待冷却后将药皮除去。安装时只能在其设计位置组对焊接，而不能在地面扩大拼装。

（4）天沟伸缩缝施工工艺

根据屋面排水方式，设计要求，20～30 m 长，需设置一道天沟伸缩缝，以防屋面天沟因钢结构变形，导致拉裂，如图 3.104 所示。天沟伸缩缝板为 316 不锈钢，材质同天沟板。伸缩缝不锈钢板安装前，按设计要求预留天沟伸缩缝尺寸，先完成大面天沟水槽的安装，之后进行天沟伸缩缝板的安装焊接。

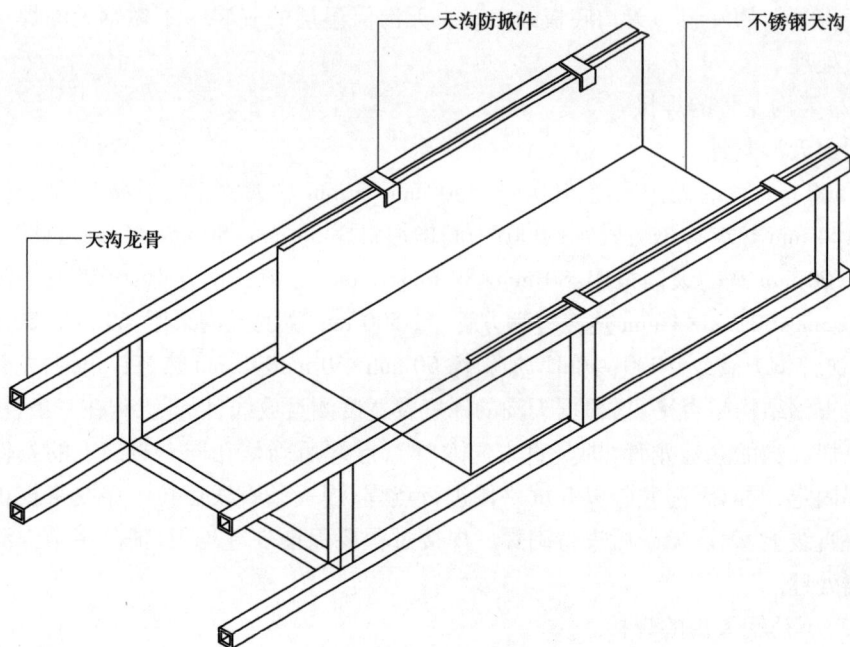

天沟防掀件　　　　不锈钢天沟

天沟龙骨

图 3.103　天沟龙骨及不锈钢固定

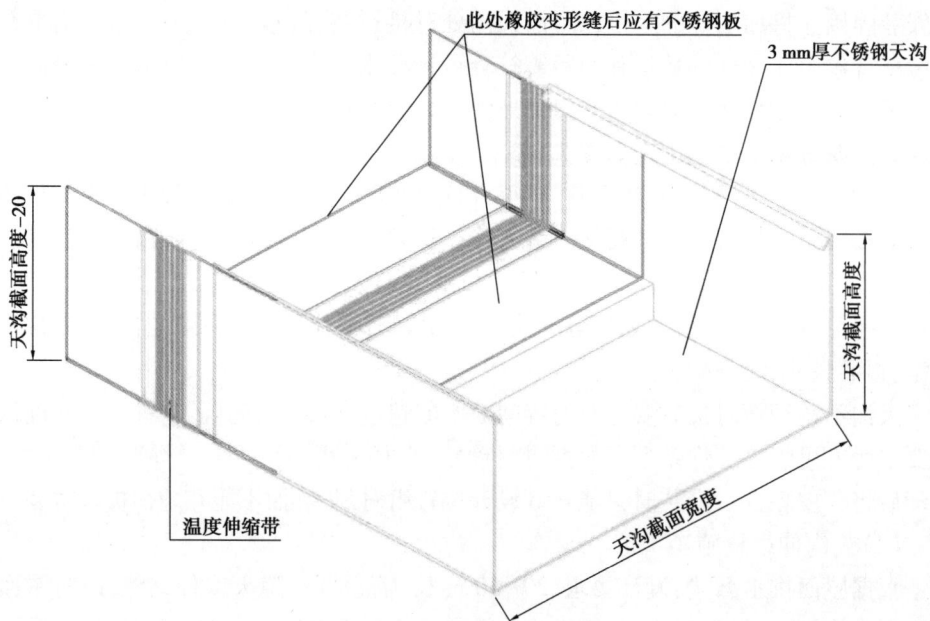

此处橡胶变形缝后应有不锈钢板

3 mm 厚不锈钢天沟

天沟截面高度-20

天沟截面高度

温度伸缩带

天沟截面宽度

（a）天沟伸缩缝三维效果

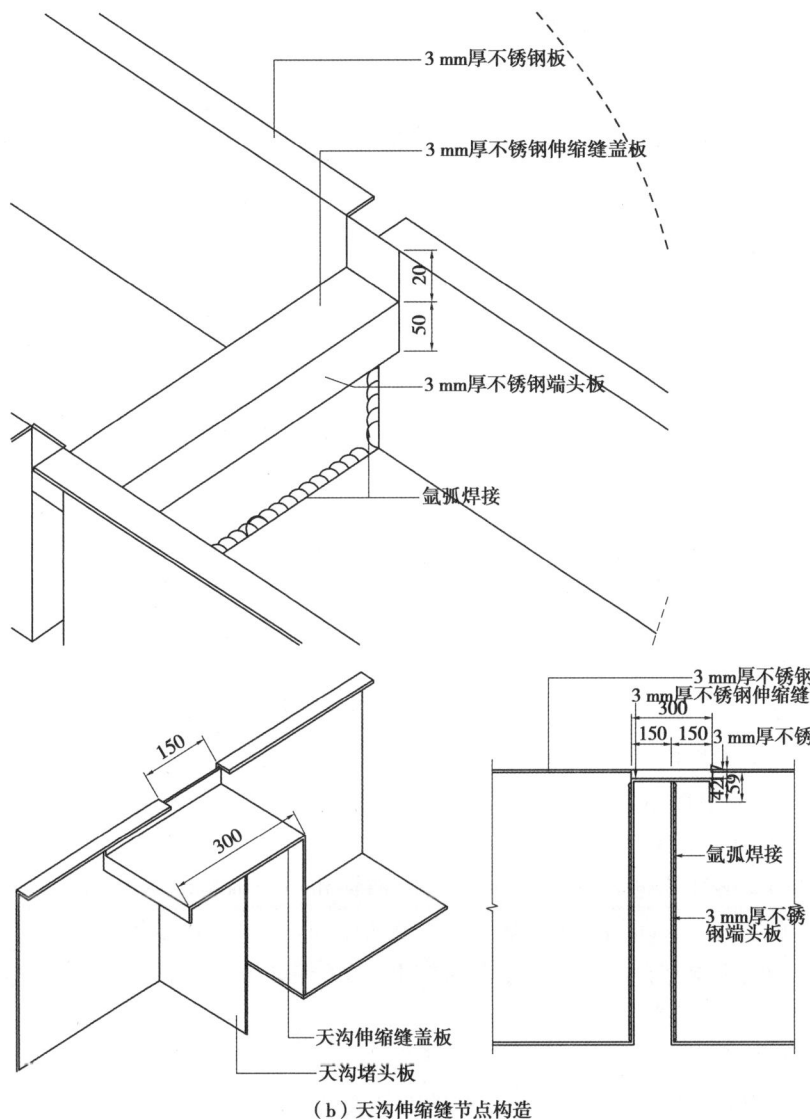

（b）天沟伸缩缝节点构造

图 3.104　天沟伸缩缝三维效果及节点构造图

（5）天沟施工工艺要点

①加工好的不锈钢天沟在屋面天沟处搭接拼装时，搭接长度不小于 20 mm。

②焊接时先每隔 10 cm 点焊，确认满足焊接要求后方可焊接。焊条型号根据不锈钢母材确定，焊缝一遍成形，一律满焊不得有任何渗漏现象，连接件的数量和间距需符合设计要求及有关规定。

③不锈钢水槽板采用氩弧焊焊接工艺。

④每条天沟安装好后，除应对焊缝外观进行认真检查外，还应在雨天检查焊缝是否有肉眼无法发现的气孔，如发现气孔渗水，则应用磨光机打磨该处，并重新焊接。

⑤安装完毕的水槽板外观拼装规整、焊接良好、外观无显著变形。

⑥水槽板安装完毕,槽底保持平整,无较大变形,尺寸符合设计要求。

⑦水槽焊接时注意钢结构底部的水平度,并根据屋面排水方式,在特定范围内保持一定坡度。在特定距离内加装伸缩缝,以防屋面水槽因钢结构变形,使水槽板拉裂。

(6)天沟主要安装工艺

①天沟支架安装:天沟支架为矩形钢管,在相应檩条安装完毕后安装天沟支架,并检查支架顶面标高、坡度、焊接质量等。天沟支架安装时,需天沟支架的标高达到使每段天沟都能与支架完全接触的要求,并使天沟支架受力均匀。

②天沟底板及侧板安装:天沟底板及侧板通过汽车吊将支撑件吊到屋面收料平台上,再用人工从通道上运到安装位置。吊装时按照底板及侧板的编号分区吊装,避免在屋面上来回倒运。

③不锈钢天沟安装:天沟对接前将切割口打磨干净,对接后先每隔10 cm点焊,确认满足要求后方可焊接,焊缝检验采用煤油渗透法及着色剂检验法进行检验。为提高施工效率,可在地面将几段天沟拼装在一起,然后再安装,可以大大减少高空作业,提高天沟拼接质量。不锈钢天沟焊接后往往会出现较大的变形,为了控制焊接引起的变形,必须采用先点焊再分段施焊的方法。焊接完后,焊缝两侧20 mm范围内会出现不同程度的变色,应立即用布砂轮打磨抛光将其除去。施工过程中应及时清理天沟内铁屑和杂物。如出现铁屑粘在天沟上产生锈斑,应立即用布砂轮打磨抛光。

(7)天沟安装图示(图3.105)

16)屋面防坠落系统安装

屋面防坠落系统包括一个坚固、耐用的铝管和一个独特的X形固定支连接在金属屋面板板肋上。每间隔5 m设置有一个X形固定支连。工人穿上整套的安全背带并用配套的安全索把自己系在防坠落系统上,即可保证工人在高空作业安全性。

(1)驳接头的安装

驳接头是夹紧钢索的专用夹具。在安装之前要对其螺纹的松紧度、头与胶垫的配合情况进行100%的检查。先将驳接头的前部安装在固定孔上并锁紧,确保每件驳接头内的衬垫齐全,使夹具与绳索接触良好,保证钢索的受力部分为面接触,并保证锁紧环锁紧密封。

(2)屋面防雷系统安装

普通金属屋面的防雷处理是在屋面板上设置网格状避雷带,这种做法会影响屋面的美观性,同时由于固定避雷带需要在屋面板上打螺钉,又增加了漏水隐患。

根据国家《建筑物防雷设计规范》(GB 50057—2010)第4.1.4条的规定,除第一类防雷建筑物外,金属屋面的建筑物宜利用其屋面作为闪接器,但应符合下列要求:

①屋面避雷构造层次如下:金属屋面板,铝合金固定座,次檩条,主檩条,主体钢结构。

②根据《建筑物防雷设计规范》金属屋面板下无易燃物,且屋面板厚不小于

0.5 mm,金属板无绝缘被覆层,其屋面板可作为接闪器;

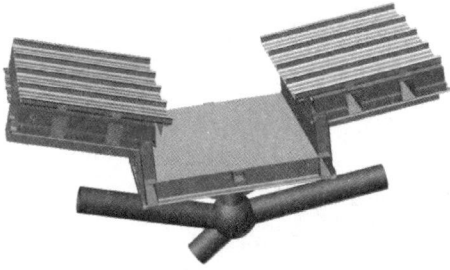

（a）天沟系统

（b）天沟龙骨

（c）天沟

（d）天沟伸缩缝

（e）天沟安装完成示意图

图 3.105　天沟示意图

③屋面避雷引下点以不大于 10 m×10 m 或 12 m×8 m 的网格分布,在金属屋面的每个防雷引下线位置,即防雷网格的交点处,均应采用不锈钢 50 mm×3 mm 连接件（作为引下线）,将固定座与钢衬檩用自攻螺钉连接,以确保电流可以由屋面传导至屋架钢结构与接地点。

④电流导向示意:雷电—屋面板—铝合金固定座（不锈钢板引下线）—屋面檩

条—屋架钢结构—接地点,如图 3.106 所示。

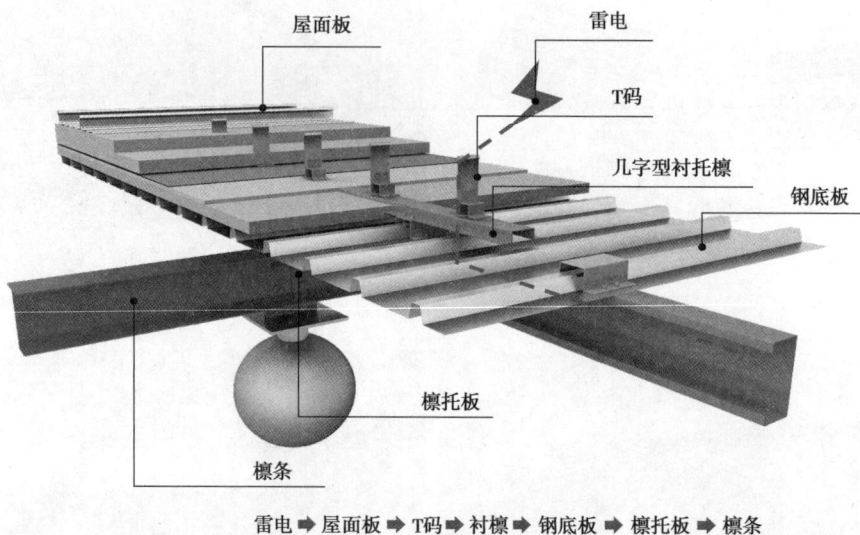

图 3.106　金属屋面系统防雷基本原理图

在安装屋面时会同钢屋架做电气连接,使屋面同钢屋架形成电气通路,其电阻值保证符合国家避雷规范要求。金属屋面上布设的防雷网线,通过卡件、面板、支架、檩条的网络连通,形成电气通路,保证在屋面避雷网线上做终端的阻值遥测,符合国家规范要求。

本工程的避雷做法,根据规范和设计要求,金属屋面可作为接闪器使用,铝镁锰合金板至主体钢结构之间的垫片全部取消安装(即取消铝合金支座下的隔热垫做法),确保电流畅通。拆除点在屋面平面内,沿铝板水平方向和竖直方向,均不大于 10 m。即形成通往主体结构的网格形通路。

3.7.4　现场应用实例

1)案例概述

(1)金属屋面系统

①站房金属屋面系统。

金属屋面系统构造层由上至下如图 3.94 所示。

a.屋面板:1.0 mm 厚 65/400 铝镁锰合金屋面板;

b.防水层:1.5 mm 厚 TPO 防水卷材;

c.保温岩棉 1:75 mm 厚岩棉板,容重 120 kg/m³;

d.保温岩棉 2:75 mm 厚岩棉板,容重:120 kg/m³;几字檩条:27 mm×50 mm× 60 mm×3 mm 厚镀锌钢板折件(通长布置),Q235B;

e.几字支座:30 mm × 149 mm × 90 mm × 3 mm 厚镀锌钢板折件($L =$ 120 mm),Q235B;

f.隔汽膜:0.3 mm 厚隔汽膜;

g.吸音层:50 mm 厚玻璃吸音棉,容重 24 kg/m³;

h.无纺布:1.0 mm;

i.底板:0.8 mm 厚镀铝锌穿孔压型钢板;打孔率 25%;

j.次檩条:□120 mm×80 mm×4 mm 镀锌方管。

②不锈钢天沟系统。

a.天沟:3 mm 厚 304 不锈钢天沟;

b.龙骨:矩形镀锌龙骨;

c.包边钢板:镀铝锌钢平板;

d.泛水板:材质同屋面板;

e.滴水片:材质同屋面板;

f.堵头:泡沫内堵头;

g.天沟压块:3 mm 镀锌天沟压块;

h.屋面板:1.0 mm 厚 65/400 铝镁锰合金屋面板。

③防坠落系统。

本工程屋面上方均设有防坠落系统,防坠落系统是屋面检修的重要安全保护环节,屋面检修工人将安全带挂在防跌落系统上,能够保证其在检修施工操作时的安全,如图 3.107 所示。防坠落系统主要构造:ϕ10 mm 不锈钢钢丝绳、铝合金夹具。

④检修马道系统。

本工程屋面上方均设有检修马道,检修马道是屋面检修重要的检修行走平台。检修施工人员通过在上面行走一定程度上保护了屋面板,如图 3.108 所示。检修马道主要通过热镀锌矩形管组成行走通道。

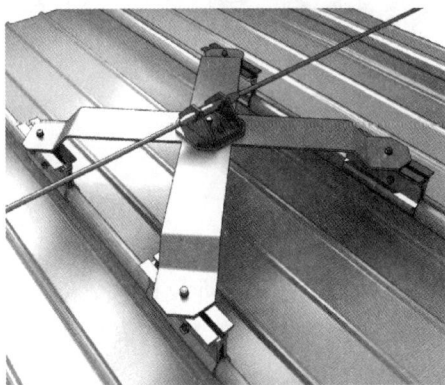

图 3.107　防坠落系统节点示意图　　　图 3.108　屋面检修马道节点示意图

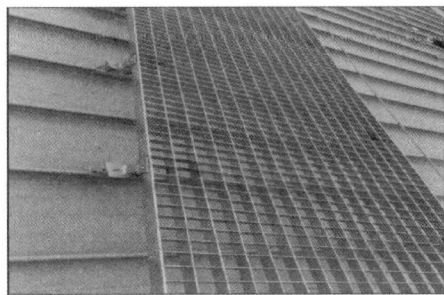

⑤3 mm 铝板装饰带系统。

本工程施工一区、二区 3/A 轴至 S 轴部位的金属屋面上方均设有 3 mm 氟碳喷涂铝板装饰带,包括 H-J 轴、S-T 轴变形缝铝板盖板,正屋脊、斜屋脊铝板盖板,铝单板展开面积约 15 400 m²,如图 3.109 所示。铝单板安装基本是在 1.0 mm 铝镁锰金属屋面安装完成后在金属屋面上方进行安装。

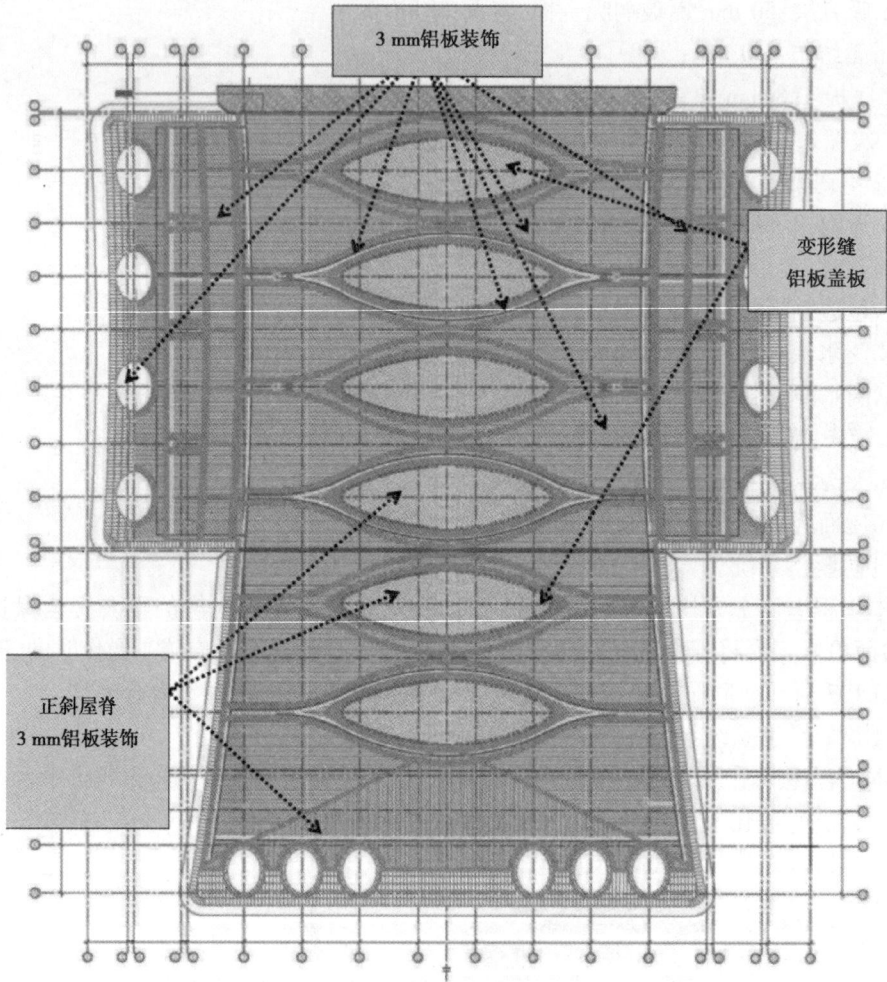

图 3.109　3 mm 铝板装饰带系统

（2）现场关键工序的质量控制措施

①次檩托安装的质量控制措施。

a.选择技术好并持证上岗的焊工施焊,焊接前对人员做好培训及技术交底;

b.确定高质、有效的焊接方法,选用高质量的焊材和焊接工具,选取合适的焊接手法;

c.明确拼装焊接顺序,拼装过程中由中间向两端或四周扩展施焊,避免反方向施焊,集中过大的焊接应力;

d.做好特殊天气、特殊环境条件下的焊接防护;

e.做好焊前打磨、清理、预热,焊后保温等工序。

②檩条安装质量控制措施。

a.檩条施工前,对主结构坐标进行复测,对于过大变形,及时纠偏,保证檩条施工质量;

b.设控制点,多点放线,利用檩托调整高度,确保放线的准确性。

③天沟施工安装的质量控制措施。

a.伸缩缝配件较薄,不易焊接,利用帮焊条一起施焊;

b.天沟安装好后,除应对焊缝外观进行认真检查外,还应在雨天检查焊缝是否有肉眼无法发现的气孔,如发现气孔渗水,则应用磨光机打磨该处,并重新焊接。

④T 码安装质量控制措施。

a.T 码安装前根据弧度、坡度等要求认真放线,放线完成后仔细检查方可安装 T 码,如图 3.110 所示;

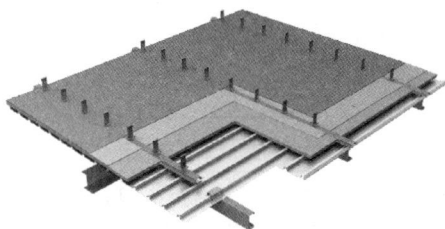

（a）T码的安装示意图1   （b）T码的安装示意图2

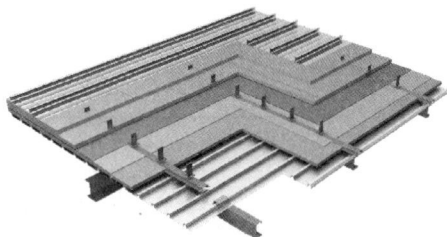

图 3.110 T 码的安装示意图

b.T 码下部的橡胶垫随 T 码一同安装,避免冷桥效应和电化学反应的生成;

c.不同长度的 T 码分区码放、管理,避免 T 码的误用。

⑤金属屋面板安装质量控制措施。

a.在板扣合完毕后,对每一个固定座进行检查,看是否完全扣入板肋,如果没有扣合好要重新扣合;

b.手动锁边完毕后,进行电动锁边时,锁边操作人员应随手携带一胶皮锤,在电动锁边机的前方对板肋尤其是固定座部位进行敲击,以此对板的固定效果进行再检查,若再有固定座扣合不好,电动锁边机需停止,再次进行调整,如图 3.111 所示;

c.金属屋面施工前对主结构坐标、造型进行复测,保证屋面施工完成后达到设计的外形要求[17]。

⑥屋面保温、吸音层施工。

a.做好防风、防雨雪等措施,保证结构层安装完成后的使用功能;

b.随时测量防水保温结构层的厚度,保证屋面防水、保温作用;

c.屋面各工序需严格按照设计要求执行,必须满足构造层数要求;

d.严格执行设计及规范要求的防水、保温施工规定,保证达到屋面的使用要求。

（3）验收标准

压型金属板加工应符合下列规定:

（a）金属屋面板的安装示意图1 　　　　　（b）金属屋面板的安装示意图2

图 3.111　金属屋面板的安装示意图

①压型钢板、不锈钢板加工允许偏差见表 3.21。

表 3.21　压型钢板、不锈钢板加工允许偏差表

项目		允许偏差/mm	
波高（H）	$H \leqslant 70$ mm	±1.5	
	$H > 70$ mm	±2	
波距		±2	
覆盖宽度	$H \leqslant 70$ mm	+10.0 −2.0	+3.0 −2.0
	$H > 70$ mm	+6.0 −2.0	
板长		+9.0 0	
侧向弯曲	每米长度内	4.0	
	每 10 m 长度内	20.0	
纵向弯曲	每米长度内	5.0	
	每 10 m 长度内	25.0	

②压型铝合金板加工允许偏差见表 3.22。

表 3.22　压型铝合金板加工允许偏差表

序号	项目	允许偏差/mm
1	波高	±3.0

续表

序号	项目		允许偏差/mm
2	覆盖宽度		+10.0　+3.0 −2.0　−2.0
3	板长		±25.0 −5.0
4	波距		±3.0
5	压型铝合金板边缘波浪高度	每米长度内	≤5.0
6	压型铝合金板纵向弯曲	每米长度内(距端部 250 mm 内除外)	≤5.0
7	压型铝合金板侧向弯曲	每米长度内	≤4.0
		任意 10 m 长度内	≤20

③支撑结构构件安装允许偏差见表 3.23。

表 3.23　支撑结构构件安装允许偏差表

项目	允许偏差/mm	检验方法
间距	±5.0	用钢尺检查
弯曲矢高	$L/750$,且不应大于 12.0	用拉线和钢尺检查
墙面平面外偏差	$L/1\ 000$,且不应大于 4.0	用拉线和钢尺检查
相邻构件高差	±4.0	用拉线和钢尺检查

④固定座(T 码)安装的尺寸允许偏差见表 3.24。

表 3.24　固定座(T 码)安装的尺寸允许偏差表

项目	允许偏差/mm	检验方法
侧向倾角	±1°、±5.0	经纬仪或拉线钢尺测量
纵向倾角	±1°、±5.0	经纬仪或拉线钢尺测量
横向偏移	±5.0	用钢尺测量
纵向偏移	±20.0	用钢尺测量
相邻固定坐标高偏差	±5.0	拉线用钢尺测量

2)案例启示

本案例提供了对大跨度金属屋面系统在重庆东站新建工程中应用的深入分析,展示了建筑工程领域内的技术创新、工程管理、质量控制以及安全与环保措施的重要性。本案例通过细致地探讨技术挑战与解决方案,揭示了在面对复杂建筑项目时,采用先进材料、信息化管理工具(如 BIM)以及多工种技术协调等策略的重要性。案例进一步强调了在建筑设计与施工过程中,综合考虑节能、环保以及工程安全的必要性,指出通过合理的构造设计与材料选择,可以有效提高建筑的能源使用效率并确保施工过程的安全性。此外,案例还体现了对工程质量控制的严格要求,包括但不限于次檩托安装、檩条安装以及天沟施工等关键工序,强调了精确放样、选择合适焊接手法、保证焊接质量等措施在确保工程质量中的作用。

3)推广价值

重庆东站金属屋面工程案例具备显著的推广价值,尤其对于那些面临相似技术挑战与施工条件的建筑项目。该案例展示的技术创新、高效的工程管理策略以及对安全与环保的重视,为类似规模与复杂度的建筑项目提供了实践经验与参考框架。通过实施高标准的质量控制措施,本案例展示了如何有效地管理与克服建筑施工过程中的困难,确保项目的成功完成。此外,案例中所采用的环保与节能材料以及施工方法,对于推动建筑行业的可持续发展具有重要意义。因此,该工程案例不仅能作为建筑、工程、管理相关专业的教学与培训材料,而且其成功经验也能被广泛应用于未来的建筑设计与施工实践中,特别是在追求技术创新与可持续发展的当代建筑项目中。

3.8 树状柱工程施工

3.8.1 项目树状柱工程概况

1)设计概况

"树形柱"位于重庆东站站房外侧,本标段"树形柱"共计 14 根。具体分布于1/0A 轴交 7-14 轴 6 根,4 轴交 K-R 轴 4 根,17 轴交 K-R 轴 4 根,其中 4 轴和 7 轴树形柱高 28 m,1/0A 轴树形柱高 40 m,总面积约 25 000 m²。树型柱外包装修材料采用无缝钢板,无缝钢板采用 3 mm 厚 316L 不锈钢板,整个多曲面无缝钢板采用种钉结构固定,拼接处采用激光焊接连接,如图 3.112 所示。(此次样板选取为 9/1/0A 轴)。

2)树状柱节点概况

树状柱节点概况见表 3.25。

铝框架玻璃（FS5）	无缝钢板包柱（FS12）	站房檐口吊顶（FS7）	大跨钢框架幕墙（FS1）	钛合金蜂窝板（FS9）	开缝铝板幕墙（FS8）
12(lowe)+12Ar+12 mm超白钢化中空玻璃	3 mm厚316L不锈钢板（焊接后氟碳喷涂）	300 mm宽铝合金型材（氟碳喷涂）	8+1.52PVB+8(lowe)+12Ar+8+1.52PVB+8 mm超白钢化玻璃(首块)8TP(lowe)+12Ar+8TP全超白中空玻璃(标准)	20 mm厚钛合金蜂窝板+2.0 mm厚防水铝板	4.0 mm厚铝单板+2.0 mm厚防水铝板

图 3.112　幕墙系统分布示意图

表 3.25　树状柱节点概况

序号	
1	

续表

序号		
1		
	树形柱大样	树形柱正面呈喇叭口造型,顶部宽 16~29.6 m,高为 28~40 m 的喇叭口构造,与站房檐口相连
2	树形柱龙骨构造大样	

续表

序号	
3	
	树形柱龙骨横剖大样　树形柱支撑龙骨采用 ϕ89 mm×5 mm 热镀锌钢圆管,环形龙骨采用 ϕ76 mm×5 mm 热镀锌钢圆管。表皮不锈钢板使用 L63 mm×5 mm 热镀锌角钢连接。整个面板固定系统采用栓接形式连接
4	
	树形柱构造节点　树形柱外包装修材料采用无缝钢板,无缝钢板采用 3 mm 厚 316L 不锈钢板,整个多曲面无缝钢板采用种钉结构固定,拼接处采用激光焊接连接

3.8.2　技术挑战与解决方案

树形柱不锈钢包柱技术含量较高,因建筑外表面为不规则多曲面,立体感强。无论施工安全、安装、节点控制,其施工难度较大,因此在施工方案中必须重点考虑并加以解决,才能保证整根柱子的外观质量,实现预期的效果。我们将本工程的一些重点及其解决方案分析如下。

1) 系统要点

①不锈钢板为薄板,薄板材料相对于结构偏柔性,采用板筋式的构造增强薄板的刚度以及强度。

②柱子为一体设计时,面板相对于龙骨偏柔性,且龙骨施工时存在加工以及施工误差,面板与龙骨的连接应该能够多向调节,以消除误差。

③柱子分格尺寸约为 25 m,不锈钢原板宽度小于 2 m,需大量现场焊接,需控制焊接变形。

④现场焊接焊缝打磨和喷涂量大,需保证现场喷涂的色差和耐久性。

2) 测量定位

树形柱龙骨安装是不锈钢包柱安装中的一个重要环节,多变的曲面角度复杂多样,关系到不锈钢外表皮的上下前后定位,如何满足公差要求,满足模型数据,测量工作是重中之重。除在设计阶段全盘考虑结构的变形与位移外(通过节点设计,吸收、消化),还应在施工期间严格按照模型数据进行放点定位,调整连接件的尺寸以满足要求,如图 3.113 所示。

序号	X	Y	Z
1	161.433	119.050	34.150
2	157.816	119.050	20.650
3	156.610	119.050	16.150
4	154.721	119.050	9.100
5	161.433	96.950	34.150
6	157.816	96.950	20.650
7	156.610	96.950	16.150
8	154. 721	96.950	9.100
9	161.337	95.050	34.150

图 3.113　龙骨安装测量示意图

对策:为解决这一问题,必须对已经卸载的主体钢结构进行扫描式的返点测量,利用高精度全站仪测量包柱龙骨安装三维坐标,并在主体钢结构上做好标识,安装时根据标识好的控制点安装到正确的位置上,安装完成一片区后,应重新测设,复核安装位置,如有偏差,则调整到准确的位置为止。同样的施工方式复核测量龙骨[18]。

做到实体数据完整。再根据实体数据导入模型之中,找出相差数据,根据数据对龙骨数据进行修正。上下前后数据满足模型数据。

3）安装措施

根据图纸及现场分析，树形柱最高 41 m，钢骨架的加工和安装精度直接影响到不锈钢表皮的质量，在现场安装过程中，既要保证安全，又要便于多角度的龙骨和面材安装，常规脚手架搭设体量大，占地面积大，不利于安装操作，如图 3.114 所示。

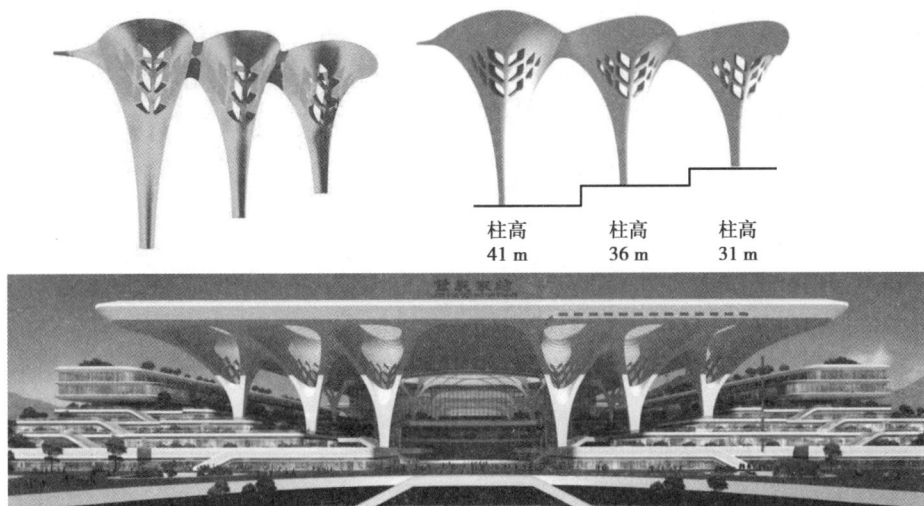

| 柱高 | 柱高 | 柱高 |
| 41 m | 36 m | 31 m |

图 3.114　树形柱柱高分布示意图

对策：根据建筑效果和结构特性，不锈钢面板采用单元板块安装及现场环境因素，施工安装不宜采用传统的脚手架，拟采用安全、灵活的登高设备作为树形柱不锈钢面板的安装，根据工期节点要求，合理使用 42 m 直臂登高车、38 m 直臂车、32 m 直臂车作为施工安装措施，如图 3.115 所示。

图 3.115　现场安装措施布置示意图

4）施工安全保证重难点

站房屋顶距离地面最高点约 42 m，垂直方向存在多面同步作业，施工安全隐患大。工人在安装龙骨、吊装不锈钢面板时，既要防止物品坠落，更要注重自身安全。现场高峰期施工时,穿插施工受多个因素的相互影响,施工安全是本项目施工管理的重中之重。具体注意以下几点。

①控制高空坠落、高空物体打击、电气伤害等主要危险源。

②设置针对性安防措施,设置双安全绳,保证人员安全;高空转接件焊接时设置接火斗,防止火花坠落等。

③地面交叉作业安全控制:吊装安装施工区域需要拉设安全警戒线,并安排专人看管,杜绝一切人员从施工位置底部通过。

3.8.3 施工工艺技术

1)施工流程

熟悉了解建筑结构与树形柱包柱设计图→由总控制点引出树形柱外部控制点→确定基准测量轴线→测量→记录原始数据→导入树形柱模型数据打点→龙骨/面板→定位重复上述程序→整理数据→总体复核→存档。

2)龙骨安装

(1)龙骨安装施工流程

龙骨安装施工流程图如图3.116所示。

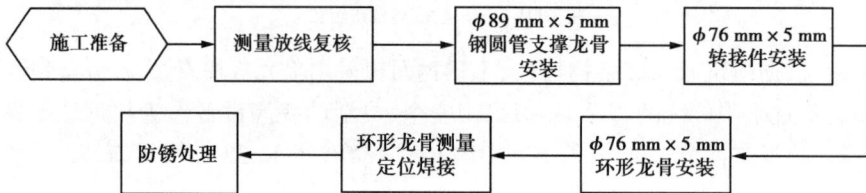

图3.116 龙骨安装施工流程图

(2)测量放线复核

①测量放线必须仪器工具齐全,且经过检测合格后方可使用。

②所有测量数据必须经过复核,若超过允许误差,应查找原因并及时纠正。若在误差范围内,则确认,进行下一步连线工作。严格按照测量方案进行施工。

③φ89 mm×5 mm 钢圆管支撑龙骨安装。

φ89 mm×5 mm 位于钢结构与环形向龙骨之间,与钢结构主体单面围焊,焊缝高度5 mm,龙骨定位根据模型定位数据测量,安装偏差须小于 2 mm,如图3.117所示。

④φ76 mm×5 mm 环形龙骨安装。

φ76 mm×5 mm 环形龙骨采用 Q235B 材质钢材,环形龙骨通过钢转接件与φ89 mm×5 mm 钢支撑龙骨用插销连接,如图3.118所示。

⑤环形龙骨测量定位。

通过测量打点定位后,焊接插芯定位,拧紧插销转接件 M8 螺栓组完成安装,如图3.119所示。

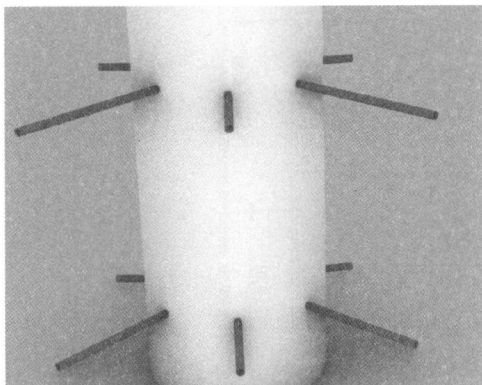

图 3.117　φ89 mm ×5 mm 龙骨模型示意图

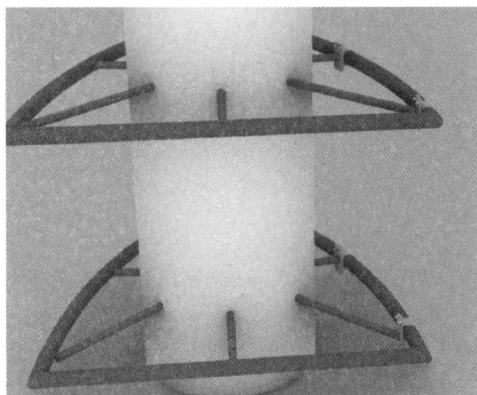

图 3.118　环形龙骨模型示意图

3）不锈钢板块制作

（1）不锈钢面板构造

不锈钢板块由表皮、型面钢架、连接构件组成。表皮由 3.0 mm 厚不锈钢金属板钣金制作，型面钢架由钢板激光切割拼焊组成，连接结构为种钉组件。主要结构形式如图 3.120 所示。

（2）不锈钢板块制作

制作流程如图 3.121 所示。

①板块下料分块。

根据模型导出各不锈钢板块的平面尺寸，结合拉蒙成型设备所需余量，对不锈钢板块下料切割，切割好的不锈钢板按照模型编号贴上标签，按大小、形状分类堆放，如图 3.122 所示。

序号	X	Y	Z
1	161.433	119.050	34.150
2	157.816	119.050	20.650
3	156.610	119.050	16.150
4	154.721	119.050	9.100
5	161.433	96.950	34.150
6	157.816	96.950	20.650
7	156.610	96.950	16.150
8	154. 721	96.950	9.100
9	161.337	95.050	34.150

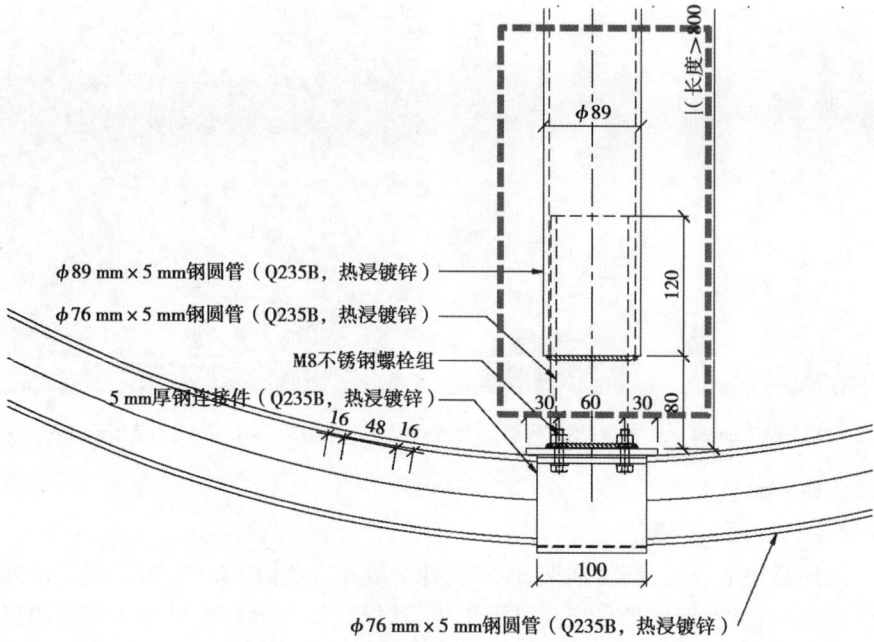

φ89 mm×5 mm钢圆管（Q235B，热浸镀锌）
φ76 mm×5 mm钢圆管（Q235B，热浸镀锌）
M8不锈钢螺栓组
5 mm厚钢连接件（Q235B，热浸镀锌）

φ76 mm×5 mm钢圆管（Q235B，热浸镀锌）

图 3.119 环形龙骨模型示意连接节点图

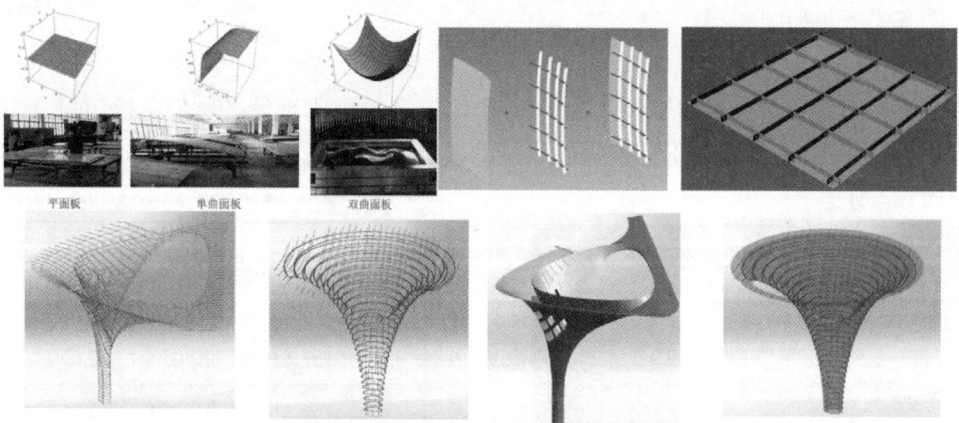

图 3.120 环形龙骨模型示意连接节点图

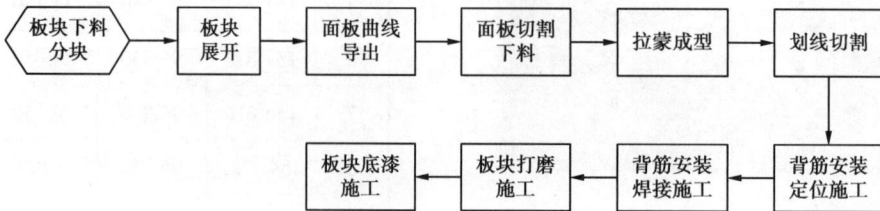

图 3.121 不锈钢板块施工流程图

156

②拉蒙成型。

不锈钢板块采用拉蒙工艺,使钢板产生塑性变形,通过 BIM 技术分析不锈钢板块的曲率,输入全自动数控拉蒙成型设备拉伸塑形,如图 3.123 所示。

图 3.122　不锈钢板块展开平面示意图

图 3.123　拉蒙成型示意图

③背筋安装定位施工。

基于 BIM 技术支撑,对复杂异形幕墙表皮进行精准定位。型面钢架选用规格为 8 mm×80 mm 的 Q235B 型面板条组装,型面板条按纵横向投影 500 mm×500 mm 制作,如图 3.124 所示。定位后使用激光焊机进行点焊定位,然后复测面板曲率,数据无误后焊接背筋[19]。

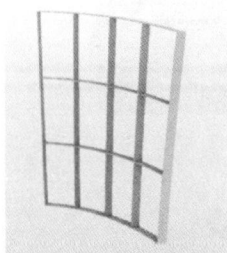

根据面板曲线导出背筋　　　　　　拉蒙成型面板　　　　　　　背筋安装完成

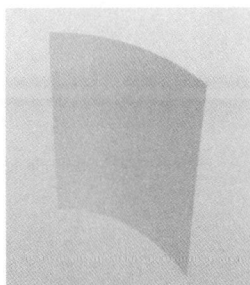

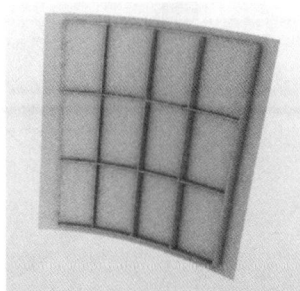

图 3.124　不锈钢面板背筋成型示意图

④背筋安装焊接施工。

背筋采用不连续焊接,防止不锈钢面板因受热不均,应力集中导致不锈钢面板变形,如图 3.125 所示。

图 3.125　不锈钢面板背筋焊接示意图

⑤板块打磨施工如图 3.126、图 3.127 所示。

图 3.126　不锈钢面板打磨示意图

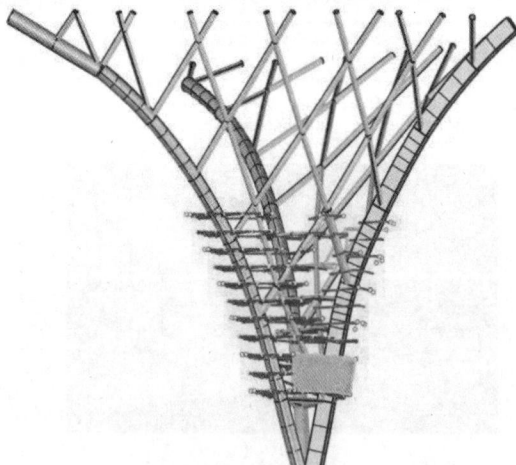

图 3.127　不锈钢板块第一块定位安装示意图

树形柱包柱不锈钢面板采用氟碳喷涂,使其防腐性能、耐久性能更持久,不锈钢面板本身具备防腐耐久性能,为达到装饰目的,经加工完成的不锈钢面板进行氟碳喷涂,由于不锈钢板表面光滑,所以需要通过打磨来增加面材粗糙度,提高氟碳底漆附着力。打磨使用气动砂轮以 1 500 r/s 速度,砂纸采用 400 目规格进行打磨[20]。

4)不锈钢板块现场安装

不锈钢板块安装流程如图 3.128 所示。

```
龙骨定位复核 → 板块提升 → 板块连接件安装 → 板块定位
```

图 3.128　不锈钢板块安装流程

(1)龙骨定位复核

不锈钢面板安装前,应对树形柱龙骨使用高精全站仪进行点对点复核,其三维坐标数据符合模型数据。测量数据无误后方可吊装不锈钢板块,如图 3.129 所示。

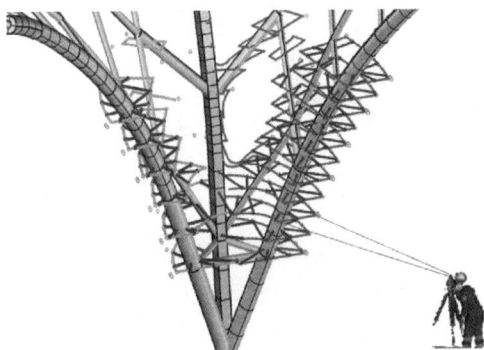

序号	X	Y	Z
1	161.433	119.050	34.150
2	157.816	119.050	20.650
3	156.610	119.050	16.150
4	154.721	119.050	9.100
5	161.433	96.950	34.150
6	157.816	96.950	20.650
7	156.610	96.950	16.150
8	154.721	96.950	9.100
9	161.337	95.050	34.150

图 3.129　包柱龙骨定位复核

(2)板块安装顺序

根据结构分析,树形柱不锈钢板块应从底部向上逐层安装,一是能较好控制水平分格,二是吊装措施便于操作。安装步骤如图 3.130、图 3.131 所示。

(3)板块提升

①安装措施。制作好的不锈钢板块采用 5 t 卷扬机进行垂直吊装,如图 3.132 所示。

②卷扬机设备。

不锈钢板块标准尺寸根据分格确定,最高点约 41 m,以顶部吊点为中心点,卷扬机覆盖半径为 10 m,超过 10 m 需移动卷扬机位置。采用 5 t 的卷扬机作为不锈钢板块施工的垂直提升设备。

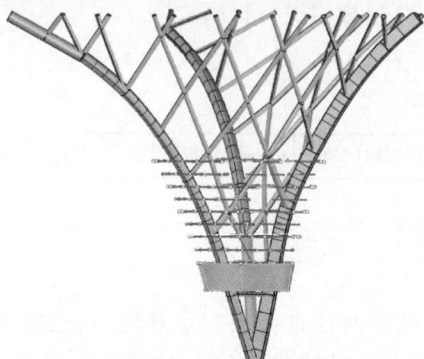

图 3.130 不锈钢板块第二块定位安装示意图

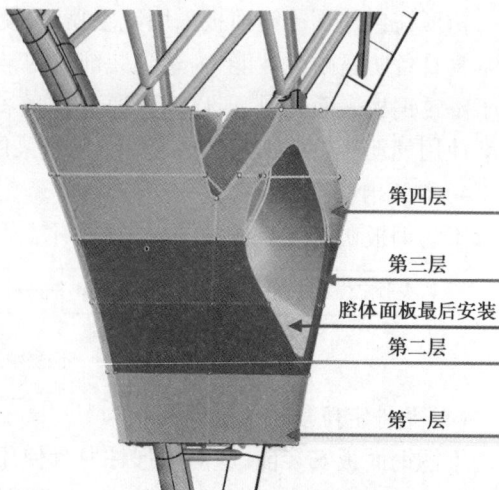

图 3.131 不锈钢板块逐层定位安装示意图

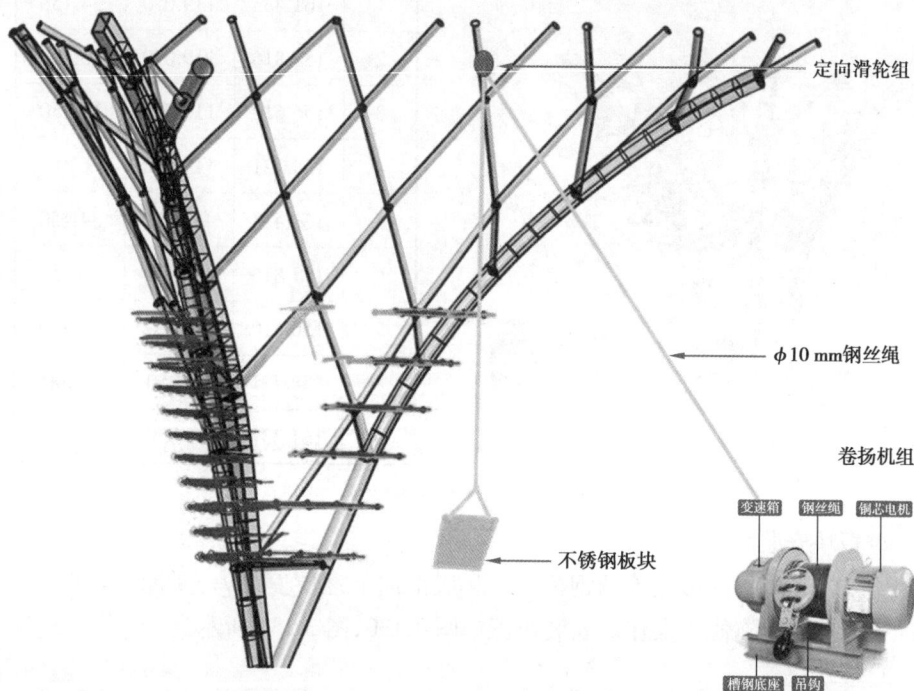

图 3.132 不锈钢板块吊装示意图

③设备进场流程。

设备(卷扬机)使用申请→联系厂家→签订购买合同→设备(卷扬机)进场检查(安全员和专业电工)→设备(卷扬机)就位安装→联合验收(监理、总承包、专业和劳务)→吊装作业交底(生产经理)→吊装作业安全监督(专职安全员、施工员)。

④起吊流程图。

起吊前准备工作→编制、确认吊装方案→机具及吊具用料准备→设备(卷扬机)就位,配重安装→验收合格→目标吊装物调整、捆扎→试吊→起吊。

⑤吊装准备工作。

a.根据吊装工作内容,填写卷扬机使用申请单,明确卷扬机到场时间及吊装时间。

b.安排好卷扬机台车通道及作业平台,保证卷扬机进场后可顺利支设。

c.卷扬机安装就位后应通知现场安全员,对吊装前作业环境、吊具、钢丝绳等进行检查,满足要求后方可进行吊装作业。

d.施工主管应对吊装工人(信号工)、司索工进行技术交底。

e.吊装材料、构件、设备等按照方案要求进行吊装前码放、安装吊耳等,便于吊装顺利进行。

f.在吊索具选择时,根据起吊设备的重量对照各种型号钢丝绳的允许应力,确认其型号及直径。

g.吊装工人(信号工)和司索工必须持证(培训)上岗,身体健康。

⑥吊运步骤。

a.吊装前的准备工作。

吊装前,必须做好全面仔细的检查核实工作。检查设备安装基准标记、方位线标记是否正确;检查材料码放、吊耳等是否符合吊装要求;吊装索具的系接必须牢固;卷扬机周围是否设置防护围挡等。

b.不锈钢板块吊装示意图如图 3.133 所示。

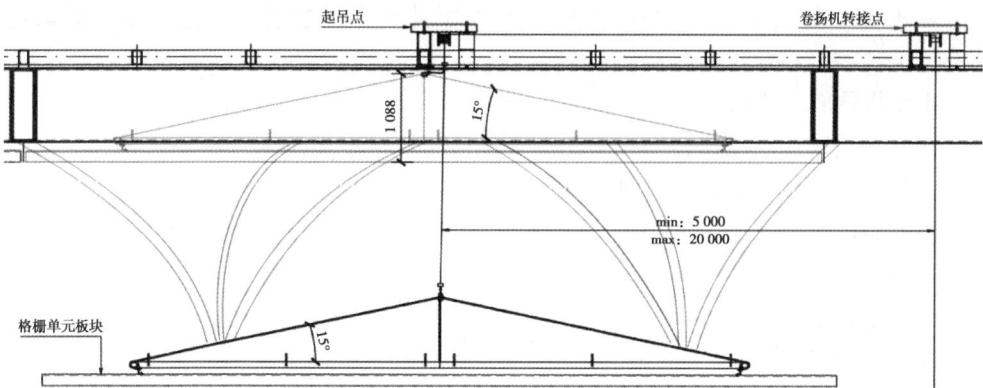

图 3.133　吊顶单元板块吊装示意图

c.卷扬机组装架示意图:

吊顶单元板块最大板块重量为 90 kg(计算按 270 kg 考虑)。采用 180 mm×100 mm×8 mm 的方钢作为卷扬机底座框架,沿架体长度方向,在方钢 180 mm×100 mm×8 mm 的外侧采用 8 个 M12×110 mm 的膨胀螺栓固定在钢筋混凝土的楼板上,根据最不利计算,每边采用 2 个 M12×110 mm 膨胀螺栓可计算通过,如图 3.134 所示。使用完后进行转移,然后采用磨光机修复超出的螺杆长度。

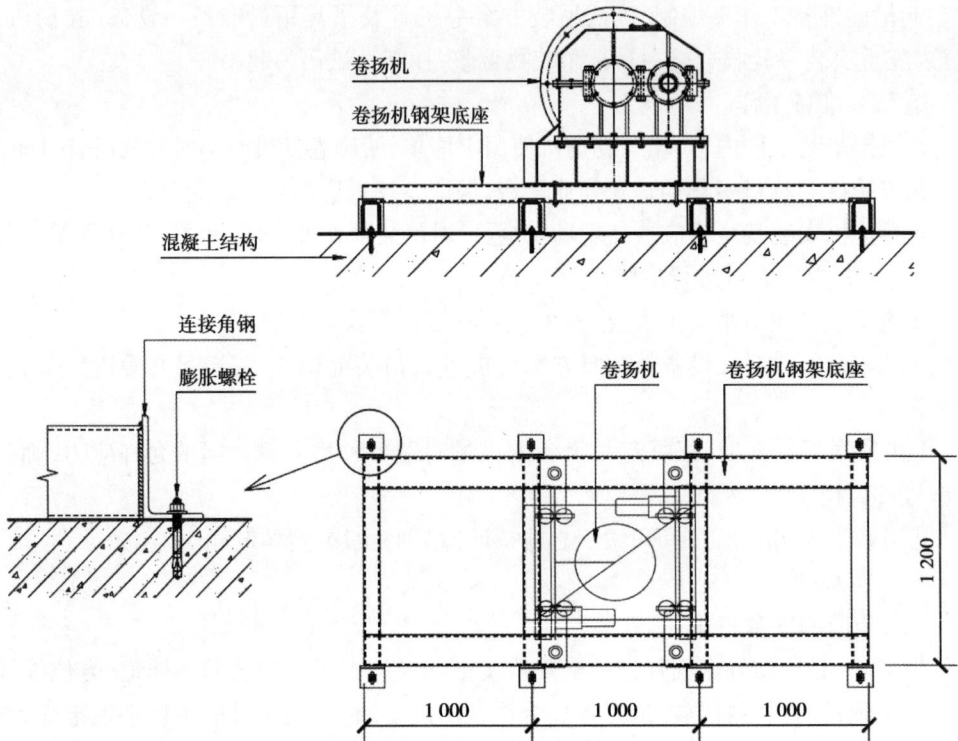

图3.134　卷扬机组装架示意图

施工场地面积较大,移动次数较频繁,采用叉车作为卷扬机架体的水平移动的设备。

d.吊装顶部示意图。

吊装顶部采用钢制作移动式滑轮支架,吊装时,将钢支架采用活动式钢加工件与屋面主体钢次龙骨料(180 mm×100 mm×8 mm)进行固定,支架放置在吊装点中心角部位置上,在大于 5 m 小于 20 m 位置安装水平转接滑轮,垂直于卷扬机位置,如图3.135所示。

顶部起吊点采用 10 mmU 形钢加工件与檐口单元板块主龙骨连接,下口采用 2-M12 螺栓锁死,U 形钢加工件顶部采用 180 mm×100 mm×8 mm 钢通做桥接,通过 1-M12 螺栓连接 U 形钢加工件,滑轮固定在钢通的中心点位置,如图3.136 所示。

● 试吊。

试吊前检查确认,吊装指挥应进行吊装操作交底,布置各监察岗位进行监察的要点及主要内容,起吊放下进行多次试验,使各部分具有协调性和安全性,复查各部位的变化情况等。

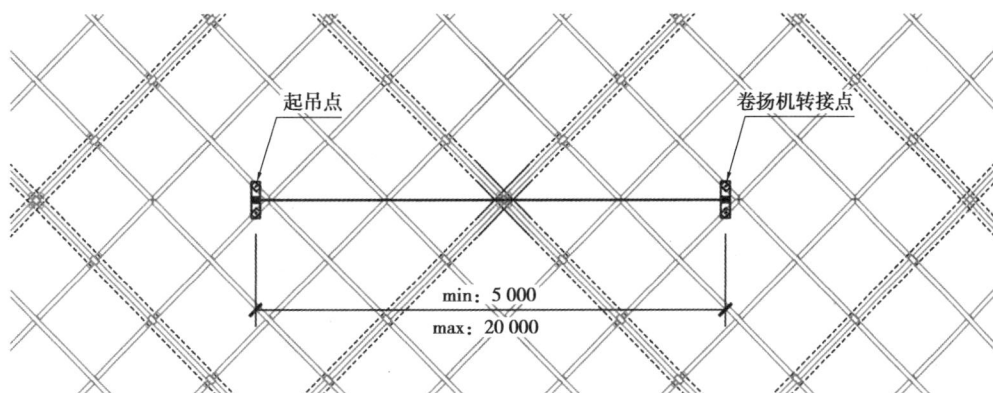

图 3.135 顶部起吊点与转接点示意图

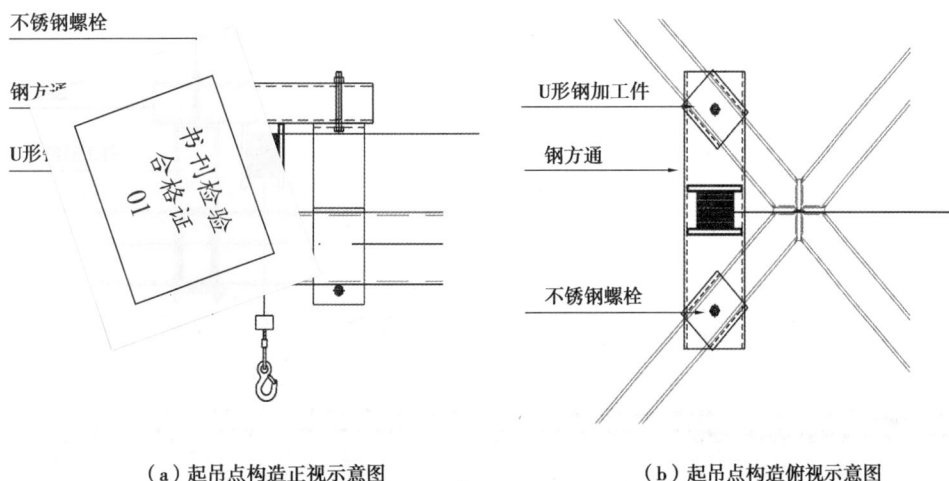

（a）起吊点构造正视示意图   （b）起吊点构造俯视示意图

图 3.136 吊装顶部示意图

- 吊运就位。

由总指挥正式下令各副指挥,检查各岗位到岗待命情况,并检查各指挥信号系统是否正常;各岗位汇报准备情况,并用信号及时通知指挥台。正式起吊,使不锈钢板块离开地面 500~800 mm 时停止,并作进一步检查,各岗位应汇报情况是否正常;正常则继续起吊。

（4）板块连接安装

不锈钢板块使用 $L63$ mm×5 mm 镀锌角钢通过螺栓组连接在 $\phi76$ mm×5 mm 钢圆管上(图 3.137),当不锈钢板块提升就位时,先临时固定,通过高精度全站仪进行三维坐标定位无误后,拧紧连接件螺栓全面固定,如图 3.138 所示。螺栓固定之后把相邻的板块点焊稳固。

5）不锈钢板块激光焊接施工

不锈钢板块安装完成之后,通过定位复测,外观检查,满足设计外观及感观效果,通过验收后进行相邻板块的焊接(图3.139)。焊接采用激光焊接。

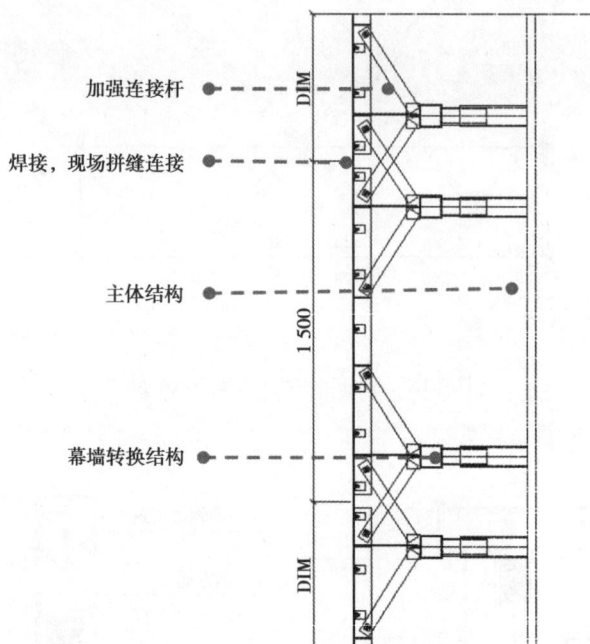

图 3.137　不锈钢板块连接节点图

图 3.138　不锈钢板块连接模型图

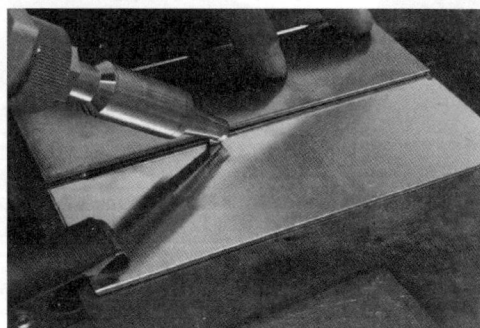

图 3.139　试件焊接

（1）激光焊机准备

根据工件特性,调整好焊机各参数,打开气瓶气阀,打开气体开关,打开水冷装置,打开送丝装置,打开设备,然后依次打开设备开关、激光开关、打开钥匙开关,开机后检查信号灯是否有警示提示,如有,则根据信号灯指示排查报警原因。

（2）焊接操作

焊枪对准相邻不锈钢板块缝隙处,打开激光板卡,依照材料设置相应加工参数,包括激光功率、激光速度、焦点大小等参数,依照工艺要求调整参数,然后开始焊接。

启动焊机,手持焊枪均匀向同一方向移动,焊接成型。根据焊缝的情况,对加工工艺进行调整,然后继续进行,直至焊接成品符合工艺要求。

（3）焊缝打磨处理

树形柱不锈钢包柱装饰是一个整体，多块不锈钢板块安装，通过激光焊接连接一个整体，对焊缝的处理要求平整，顺滑。采用手持气动工具对焊缝进行打磨处理，如图3.140所示。

图 3.140　激光焊缝实体打磨照片

6）不锈钢板氟碳漆施工

不锈钢板块安装完毕验收合格后，即可进行氟碳喷涂处理。焊缝及不锈钢面板进行打磨处理，然后涂刷防腐底漆两道，厚度 20 μm/道。由于在运输和安装中容易将表面刮伤或擦伤，建议在不锈钢板块安装完毕后在现场进行氟碳喷涂处理。

（1）主要机具

小型空气压缩机、喷漆枪、胶管、铲刀、手砂轮、砂布、钢丝刷、棉丝、油漆小桶、刷子等。

（2）作业条件

①油漆工施工作业应有特殊工种作业操作证。

②防腐涂装工程前树形柱不锈钢面板已检查验收，并符合设计要求。

③防腐涂装作业场地应有安全防护措施，有防火和通风措施，防止发生火灾和人员中毒事故。

④露天防腐施工作业应选择适当的天气，大风、暴雨、严寒等均不应作业。

（3）操作工艺

①工艺流程如图 3.141 所示。

| 基面处理 | → | 底漆中间漆补涂 | → | 面漆喷涂 | → | 检查验收 |

图 3.141　氟碳喷涂施工工艺流程

氟碳漆涂装分为三层：氟碳配套底漆（环氧富锌底漆）、氟碳中层漆（环氧云铁中间漆）、氟碳面漆。

②施工方法。

a.表面处理。

为达到良好的涂膜性能,正确的表面处理非常重要,不锈钢板表面处理施工的有关注意事项。树形柱不锈钢面板表面处理在工厂进行喷砂除锈方法完成,除锈等级为Sa2.5级。

b.环氧富锌底漆。

环氧富锌底漆主要有提高防锈效果和封闭的作用,增加中间附着力、使用环氧富锌底漆。底漆按比例将主剂、固化剂(7:1)、稀释剂(15%~25%)混合,充分搅拌均匀并熟化30 min后施工。

c.喷涂中间漆(环氧云铁中间漆)。

中间漆主要作用是提高防腐效果,增加涂层的封闭性。中涂漆按比例将主剂、固化剂(5:1)、稀释剂(10%~20%)混合,充分搅拌均匀并熟化30 min后施工。加入固化剂后应在5 h使用完。

d.涂面漆(氟碳面漆)。

先将面漆、固化剂(10:1)及稀释剂(10%~20%)按规定比例充分搅拌均匀并熟化30 min;在相对湿度不小于75%天气下施工,避免在雨、雪、雾天气中施工。涂装温度为5~40 ℃。加入固化剂后的面漆必须在12 h内使用完毕。

③施工顺序:先喷去基面灰尘,然后按从左到右、从上到下的顺序施工,要求均匀以防止薄厚不一致,从而避免发花、流挂等不良现象的发生。

④涂层检查、维护。

在漆膜表干和实干之后,还不是漆膜的最后形成,须在常温下放置7 d以后漆膜完全固化。

3.8.4 现场应用实例

1)案例概述

重庆东站室外超高超大双曲树形柱融入重庆市树"黄桷树"元素,立体观感强,原设计方案造型表皮面积大、需分割定型、精确加工,金属面板材料采用无缝设计,结构产生的胀缩变形难以控制,激光焊接及表面涂装工艺要求较高。经过深化设计后,采取扩大"树冠叶片"方案,有效解决了钢板分缝拼接问题,避免因胀缩形变产生的不利影响,显著增强可实施性和操作性。树形柱主要由主体结构、副支架和壁板结构组成,施工工艺复杂,安装精度要求高,为消除金属板胀缩产生的形变影响,在材料方面选用热膨胀系数最小的不锈钢板,其与内部钢结构热膨胀系数相近,相对位移量来自壁板内外温差,位移量相对可控。在结构方面采用长圆孔+柔性连接方式,可实现温度应力的释放,降低形变位移量[21]。

2)案例启示

本案例深化了设计与施工的紧密结合理念,明确指出了在建筑项目早期阶段考虑施工可行性的重要性。通过对设计方案的深入分析和优化,采取扩大"树冠叶片"方案等措施,有效解决了因材料胀缩变形可能引发的施工难题,凸显了深化设计在复杂建筑项目中的核心作用。此外,案例展示了高精度的测量定位技术和先进的激光焊接技术在确保施工质量和精度方面的重要性。通过选用与内部结构热膨胀系数相近的材料,以及采用创新的长圆孔加柔性连接设计,进一步降低了由温度变化引起的形变,这些做法共同提升了建筑结构的稳定性和耐久性。

3)推广价值

重庆东站树状柱工程的施工案例为复杂建筑项目的设计与实施提供了宝贵的参考。首先,该案例通过精确的设计和施工技术,推广了可持续性建筑实践,强调了环境适应性和材料效率的重要性。其次,技术创新,如高精度测量和激光焊接,为建筑行业提供了新的技术路径,促进了技术在建筑领域的广泛应用。此外,案例中设计与施工一体化的实践,强化了在建筑设计阶段综合考虑施工可实施性的重要性,为未来建筑项目的高效执行提供了策略。最后,通过创新材料的选用和特殊结构连接方式的应用,本案例不仅解决了实际施工问题,也推动了新材料技术在建筑领域的应用和发展,展示了材料创新在解决建筑设计挑战中的潜力。

第4章

精益建造实施管理

4.1　精益建造的原则

精益建造施工管理是一种旨在减少浪费(包括时间、成本和资源)并增加价值的管理理论和实践。它源于精益生产的概念,特别是在汽车行业的成功应用,后来被建筑行业采纳。

精益建造施工管理的主要原则包括:

①精益规划:在项目规划阶段,利用团队合作和通信来确保所有相关方都对项目有一个共同的理解,并且计划能够灵活适应变化。

②增加价值:专注于为客户和项目利益相关者创造价值,这意味着理解他们的需求并尽可能地满足这些需求。

③减少浪费:识别和消除浪费,包括时间、材料和人力资源的浪费。浪费的类型包括过度生产、等待、不必要的运输、过度加工、库存、不必要的运动、缺陷和未充分利用人员的技能。

④持续改进:鼓励持续的学习和改进过程。这意味着不断地寻找更高效、更经济的方法来完成工作,并且鼓励团队成员提出改进建议。

⑤拉动计划系统:与传统的推动计划系统不同,拉动计划系统允许工作根据实际进度和需求来安排,从而减少库存和等待时间。

⑥整体流程考虑:关注整个项目的流程,而不仅仅是单个活动或任务。这意味着考虑任务如何相互影响,以及如何最有效地安排这些任务以减少延误和浪费。

⑦尊重人员:重视所有项目参与者的贡献,并创建一个有支持性和尊重性的工作环境。这包括鼓励团队合作、分享知识和经验,以及认可个人和团队的贡献。

⑧精确的信息流通:确保信息准确无误且及时地在项目团队成员之间流通,以支持有效的决策和项目管理。

通过实施这些原则,精益建造旨在提高建筑项目的效率和质量,同时减少成本和完成时间。

4.2　精益计划

4.2.1　计划体系建设与运行

①制订《项目进度管理实施计划》,明确计划管控目标、编制规则、监控、偏差分析与纠偏、相关方进度管理评价机制。

②建立全过程、全专业集成进度计划与批准机制,全过程需包括设计、采购、建造、调试、移交等,以工序穿插建造计划为主,配套制定设计(深化设计)计划、商务合约规划、资源配置计划。

③建立项目进度计划监控与调整机制,包括周报/月报分析、延误预警、工期调整机制。

④建立项目进度计划数据库,包括典型工效、主要进度影响经验教训、采购及安装周期、调试周期等。

4.2.2　流水施工策划

如图 4.1 所示,本工程优先施工地铁区域(2-3、2-8、3-3、3-8),以轨道交通结构完成为关键线路,南北站房和中部站房留设现场道路(1-5、1-9～1-11、2-4、2-5、3-4、3-5、4-4～4-8、4-13 区)为轨道交通施工提供作业条件,首先完成 6 号线、27 号线轨道交通基槽土方开挖,然后 2 个土建队伍平行施工基础底板、侧墙等结构;待 6 号线、27 号线轨道交通结构施工完成后,土方回填后适时插入中部站房交叉区域(2-2、2-5、2-7、3-2、3-5、3-7 区)基础施工。

以轨道交通为中心,轨道交通区域施工基础底板时,中部站房从中间向两侧、南北站房从北向南依次分流水进行桩基、承台及底板施工,按工序适当插入管线层施工,各工序根据现场作业面穿插流水施工,作业面和工序结合确保无缝衔接。主体结构分 4 个标段按分区调仓施工,形成流水作业。本工程体量巨大,基础施工过程中,按需留置临时道路,待上层结构施工完成后,逐段封闭临时道路再进行结构施工。

南侧站房				中部站房						北侧站房				
1-9区	1-8区	1-7区	1-6区	2-6区	2-7区	2-8区	3-8区	3-7区	3-6区	4-8区	4-7区	4-6区	4-5区	4-13区
	1-11区	1-10区	1-5区	2-4区	2-5区			3-5区	3-4区	4-9区	4-10区	4-11区	4-12区	
1-4区	1-3区	1-2区	1-1区	2-1区	2-2区	2-3区	3-3区	3-2区	3-1区	4-4区	4-3区	4-2区	4-1区	4-14区
1标段				2标段			3标段			4标段				

238-249标高分区示意图　▨ 地铁区

图 4.1　标段分区示意图

1 标段结构施工顺序：

1-1 区→1-2 区→1-3 区→1-4 区 } 1-5 区→1-10 区→1-11 区→1-9 区
1-6 区→1-7 区→1-8 区

2 标段结构施工顺序：

2-1 区→2-2 区
2-6 区→2-7 区 } 2-5 区→2-4 区
2-3 区→2-2 区
2-8 区→2-7 区

3 标段结构施工顺序：

3-1 区→3-2 区
3-6 区→3-7 区 } 3-5 区→3-4 区
3-3 区→3-2 区
3-8 区→3-7 区

4 标段结构施工顺序：

4-1 区→4-2 区→4-3 区→4-4 区→4-9 区
4-12 区→4-11 区→4-10 区
4-8 区→4-7 区→4-6 区→4-5 区→4-13 区

4.3 控制工程及重难点工程

重庆东站站房项目中典型的技术优化管理案例汇总见表 4.1。

表 4.1　重庆东站体现"精益建造"工程案例汇总

序号	控制工程及重难点工程	分析及应对措施
1	接口管理及与周边的协调配合	控制工程及重难点工程分析： 本工程接口工程既涉及与地铁工程、市政工程、桥梁工程、站前工程、四电工程、消防工程、铁路铺架工程、信息客服等，又涉及重庆东站三个站房标内部各施工单位的接口，而且接口管理覆盖了施工、安装、调试、试运行等各个阶段的工作，同时本工程施工环境复杂，周边环境制约明显，内外接口多，协调配合量大

序号	控制工程及重难点工程	分析及应对措施
1	接口管理及与周边的协调配合	控制工程及重难点工程解决措施: (1)入场后积极开展现场调查,了解各专业设计情况,合理安排各专业施工时间,减少交叉施工干扰,协调好各专业工程施工配合事宜,调整施工进度安排,需要各参建单位调整计划时,参建单位应服从协调,积极为其他专业施工创造条件。 (2)在建设过程中着重协调各有关专业架子队间的施工配合,做好两端接口单位的配合。在施工前期,详细审查图纸,建立接口表,明确与所有相关系统的接口形式,制定施工调试方案;施工过程中,及时澄清和落实自身及相关接口方处理的情况。与其他专业没有交叉或干扰较小的工程项目,组织力量进行突击和会战,抢出因交叉施工而影响的工期。保证站房、市政、轨道交通、站前和四电工程的合理衔接,确保工程施工顺利完成 现阶段站前单位土方开挖实景图　　站房与地铁、市政工程接口关系
2	由于周边交通的严重局限性情况下的内外部交通疏导问题	控制工程及重难点工程分析: 本项目所在区域的交通网络还不完善,交通运输系统不发达,站房施工时仅有一条市政道路通往现场,材料运输受限,做好现场施工临时便道设置及组织好各工序的施工顺序及流程,在有限的交通环境条件下解决大的水平垂直运输任务是本工程的重难点

续表

序号	控制工程及重难点工程	分析及应对措施
2	由于周边交通的严重局限性情况下的内外部交通疏导问题	控制工程及重难点工程解决措施： (1)利用站前施工道路、村镇道路，形成内部快速循环，实现快进快出。 (2)施工中给场内外道路交通带来很大压力，合理部署大型车辆运输路线、有效疏导车流、保证道路畅通是确保工程顺利实施的关键。 (3)成立交通疏导协调小组，具体负责场内外道路的交通疏导与协调，特别是大型设备、材料进出场时的交通疏导与协调。 (4)在各施工场地出入口设置规范、醒目的交通标志，夜间开启引导灯光、示警标志。并在主要路口设置交通疏解员，以确保施工车辆及设备的畅通无阻，杜绝堵车等现象发生。 (5)主体施工期间，施工车辆较多，进出场频繁，为安全起见，项目经理部派专人协助指挥人流和车流，尽量减少施工对原有交通的干扰。不同的材料安排在不同的时间段进场。运输大宗工程材料时，预先与交通管理部门协商，确定运输线路和运输时间，超长超限构件和大型设备的运输要安排在夜间进行，以减轻对既有交通造成的压力
3	超长厚大混凝土结构施工	控制工程及重难点工程分析： 本工程中部站房区结构单元最大尺寸为216 m×176 m，属于超长混凝土，基础底板厚度为600 mm、900 mm、1 500 mm，承台厚度均为1.5~4.5 m，属典型厚大混凝土结构。超长及大体积混凝土如何施工，减少施工及使用过程中的收缩裂缝，是本工程结构施工管理的重点
		控制工程及重难点工程解决措施： (1)组织具有大体积混凝土施工经验的资深专家进行专题研究，制定大体积混凝土专项施工方案，确定胶凝材料种类、外加剂种类及掺量、混凝土配合比等主要参数，完善浇筑、养护、测温等质量管控措施。 (2)按照图纸后浇带的位置，合理划分施工流水段，做到均衡作业。加强混凝土原材料的控制，选择低水化热水泥，选用级配良好的粗骨料和含泥量小的细骨料；优化施工配合比，适当添加优质掺合料和外加剂。 (3)加强施工过程的质量控制，采取分层浇筑施工，落实混凝土的养护管控，采用蓄水养护等方式，防范温度裂缝和收缩裂缝产生。 (4)强化过程温度测控，采用电子测温仪及时掌握混凝土内部温升情况，制定预控防范措施，采取覆盖隔热或洒水降温等方式，确保混凝土的内外温差满足规范要求

续表

序号	控制工程及重难点工程	分析及应对措施	
3	超长厚大混凝土结构施工	 独立墩柱效果图	 筏板剖面效果图
		 大体积混凝土分层浇筑	 混凝土浇筑示意
4	预应力混凝土工程	控制工程及重难点工程分析： 本工程承轨层大跨度框架梁内设置有黏结预应力筋,框架梁采用混凝土箱梁形式(支座处实心),承轨层框架主梁宽度 3 200 mm,高度 2 500 mm,单梁配置预应力筋达 12 束共 228 根;高架候车层、高架车道层和落客平台层采用矩形预应力混凝土实心梁,梁截面尺寸最大为 1 500 mm×2 600 mm,单梁配置预应力筋 6 束共 96 根。本工程结构截面尺寸大,普通筋及预应力配筋量大,层次多,每个梁柱节点平均有 56 根柱主筋、114 根梁主筋、38 根抗扭钢筋、12 束 192 股预应力钢绞线,梁、柱均内穿十字钢骨纵横交叉,预应力筋穿插困难,节点处理复杂	

续表

序号	控制工程及重难点工程	分析及应对措施
4	预应力混凝土工程	控制工程及重难点工程解决措施： (1)施工前建立比例为1:1的预应力穿梁柱节点模型,进行预应力孔道碰撞分析,建立有效预应力穿插方案;非预应力筋与预应力孔道冲突时,应优先保证预应力孔道的位置; (2)在保证预应力波纹管间距与混凝土保护层厚度的前提下,尽量将预应力孔道布置在梁体下侧结构中; (3)预应力孔道穿行或绕行区域梁体箍筋应在预应力孔道布置并固定完成后绑扎; (4)大截面预应力梁预应力施工采用梁体两侧同时进行预应力孔道安装,互不干扰,提高施工效率; (5)预应力施工区域不应有其他工种出现,预应力工作面一次成型,且无材料堆压; (6)特殊截面应提前预留可供一人进入操作通道孔 承轨层箱梁预应力节点示意图　　高架层钢骨梁预应力节点示意图
5	高大空间模板施工	控制工程及重难点工程分析： 本工程高大空间多,跨度大、体量多,梁截面尺寸大,承轨层轨行区域和地铁区域楼板厚度大,承轨层至高架层板最大层高12 m,柱网:20/24/28 m×(21.5~25.75)m(站房区),17 m×(21.5~25.75)m(雨棚区)。承轨层采用桥建合一的框架结构,钢筋混凝土柱+预应力混凝土框架梁+现浇混凝土板柱网:20/24/28 m×(21.5~25.75)m(站房区),17 m×(21.5~25.75)m(雨棚区),层高超过8 m,轨道交通区域、承轨层轨行区域板厚大于400 mm,施工总荷载(设计值)15 kN/m² 及以上。属于超过一定规模的危险性较大的分部分项工程。需要经专家论证后才能施工。对支撑体系要求高,支撑体系强度、刚度、稳定性是结构施工质量、安全保证的关键

序号	控制工程及重难点工程	分析及应对措施
5	高大空间模板施工	控制工程及重难点工程解决措施： (1)编制高大模板专项施工方案,并经专家论证后方可实施。 (2)高大模板支撑体系选用盘扣式模板支撑体系,各种承重杆件、连接件,应有产品合格证、生产许可证、检测报告等,进场后应一一进行复核,并对进场材料的表面观感、重量等物理指标进行抽检。 (3)对现场所有技术员、施工员、质检员、施工班组长及工人进行技术交底和安全交底。 (4)地基基础平整夯实并硬化完毕,满足方案要求的地基承载力,并有防水、排水措施,经过验收。放出各立杆定位控制线,并经专业工程师验收合格。盘扣架立杆下铺设垫板。 (5)架体搭设时,先搭设试验段,技术员旁站确保按照方案搭设架体、安全员监督确保搭设过程安全。 (6)架体搭设完成后经各方检查合格并挂牌,还要按照要求做堆载试验。经各方同意后方可进行模板支设 承轨层实心梁高支模架体效果图　　高支模架体效果图
6	钢结构工程	控制工程及重难点工程分析： 重庆东站站房屋盖采用大跨空间管桁架结构体系,最大跨度72 m,投影尺寸321 m×295 m,主要包含下部支撑钢柱、钢屋盖、站台雨棚及夹层钢结构,最大结构高度约43 m。 屋盖桁架杆件截面相对较小,构件种类繁多,安装精度要求高,作业环境复杂,屋盖覆盖面积大,夹层较多,安装过程中易产生结构位移、挠度、局部焊接应力大等问题,安装难度高,钢结构的安全安装是本工程的重点

续表

序号	控制工程及重难点工程	分析及应对措施
6	钢结构工程	控制工程及重难点工程解决措施： (1)本项目钢结构屋盖考虑采用整体吊装的施工形式进行施工。根据土建结构特点及吊装半径等要求,将屋盖分为一个施工区域,分别为施工一区(S轴线至N轴线)。 (2)吊机上高架层楼面,其中履带吊采用钢平台及下部反顶加固的形式对行走道路进行加固。 (3)屋盖桁架采用汽车吊楼面拼装,拼装场地需平整,控制拼装胎架尺寸及标高,拼装时做好预起拱,同时确定拼装及焊接顺序,控制拼装精度 钢结构屋盖施工分区图　　　吊装示意图 拼装精度控制

续表

序号	控制工程及重难点工程	分析及应对措施
7	仿清水混凝土工程	**控制工程及重难点工程分析：** 本工程站房下方站台、站台侧墙、站台雨棚、出站换乘厅、出站层东、西侧换乘通廊、负一层城市通廊、公交车场、长途车场、团体车场及车道区、高铁物流区，负二层出租车场车行道区域、长途、公交换乘通廊柱面及露明结构梁装饰做法为仿清水混凝土，采取何种措施全过程精准控制，确保每段、每层仿出混凝土的肌理、花纹、色泽一致，达到清水混凝土观感效果，是本工程的难点 **控制工程及重难点工程解决措施：** 仿清水混凝土的质量控制主要从两方面入手：首先保证结构施工质量是实现清水效果的重要前提，在结构施工阶段控制好基层平整度、阴阳角方正等，如基层质量不佳还需进行修补、打磨处理；然后才是仿清水涂料的质量控制，通过提前策划分格、纹理、样板试验，做好各道工艺控制，仿出混凝土的机理、花纹，使之达到清水混凝土效果。 (1) 混凝土结构施工完成后，拆模时不得碰撞砼表面，不得乱扒乱撬，同时采用护角及薄膜做好混凝土结构的成品保护措施。 (2) 基层处理找平时，采用专用打磨机进行打磨处理，阴阳角打磨。 (3) 表面喷专用封闭底漆，主色、压花，喷专用氟碳漆，使用喷枪喷涂，使用大型空压机集中供气，喷涂均匀。 (4) 加强成品保护工作，强化人员意识，合理安排工序，局部覆盖保护 车场入户局部换乘层效果图 仿清水混凝土雨棚效果图　　仿清水混凝土成型示意图

续表

序号	控制工程及重难点工程	分析及应对措施
8	树形柱施工	**控制工程及重难点工程分析:** 重庆东站以"山水千里、黄桷参天"为设计理念,立面以遒劲有力的树型柱展示黄桷树坚韧挺拔的姿态,展现重庆东站雄伟大气的气势,树型柱的最大高度约40 m,表面采用不锈钢板装饰。树型柱施工影响因素多,曲率、受力、材料选择、壁板结构等多方面均对表面装饰有巨大影响,采取何种工艺,才能更好地实现建筑的外观效果,给旅客较好的观感,树型柱幕墙装饰是本工程的重点 **控制工程及重难点工程解决措施:** (1)应用三维激光扫描仪,在造型钢架安装完成并卸荷后,精确测量主体结构及造型钢架尺寸并建立BIM实体模型,幕墙各配件按照结构实际尺寸进行优化调整; (2)利用先进的犀牛模型软件建立三维模型,对每一块不锈钢壁板进行三维放样,不锈钢壁板钢架由钢板激光切割拼焊组成; (3)选择加工能力强的知名厂家负责加工生产,使用大型数控激光切割机,保证按照下料单进行精确切割加工,加工完成后逐一标号标记; (4)选择具有丰富安装经验的高级技工负责现场安装,并安排专业工程师和设计师跟班作业,共同控制好现场安装精度; (5)采用曲臂车进行树形柱装饰安装,确保作业平台平整、稳定,有利于幕墙安装精雕细刻; (6)安装过程测量人员全程配合,确保每一根龙骨、每一块面板安装位置准确后进行下一块安装; (7)选取代表性双曲部位通过实体样板验证加工安装精度和实体效果

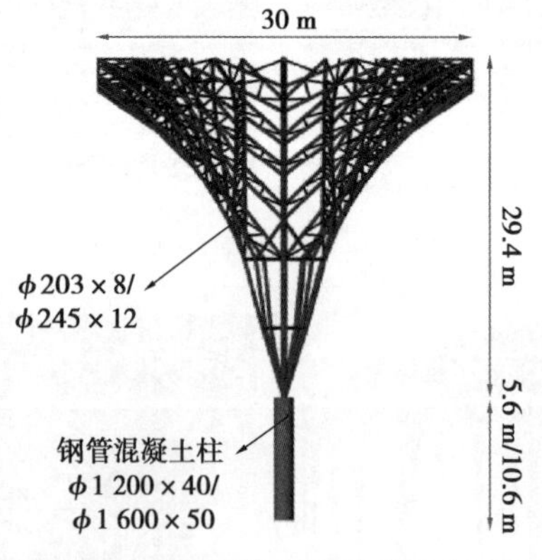

树形柱桁架轴测图

树形柱表面装饰示意图

续表

序号	控制工程及重难点工程	分析及应对措施
8	树形柱施工	树形柱尺寸示意图　　树形柱壁板结构示意图
9	综合管线预留预埋	控制工程及重难点工程分析： 站房涉及暖通和空调系统、消防系统、设备自动控制系统、通信及信息系统等，各系统的管线众多，纵横排布立体交叉，为确保装饰装修工程的美观，各系统管线、末端要求构造安全、排列有序、整齐；站台雨棚采用钢筋混凝土结构，各专业管线均需提前预埋。综合布线工程要统筹布置，结合装饰效果和系统安装，既要保证安装工程质量和施工进度，减少影响，又要保证建筑装饰美观。车站综合布线在开工前进行综合排布和设计。雨棚在预留预埋前应把站台标识及客服（广播、监控等）点位全部明确 控制工程及重难点工程解决措施： (1)组建具有丰富施工经验，涵盖场内、场外各方关系协调的总承包管理团队，提高项目管理效率。 (2)健全各项总包管理制度，严格合同管理，关键专业适当提高违约金，实施履约过程动态跟踪，出现问题及时主动调整。 (3)运用 BIM 技术结合土建、机电、四电专业，针对深化设计、机电管线综合排布、垂直运输、联合调试等专业交叉多的关键环节，成立相应的专项协调小组。 (4)积极应用智能建造系统、门禁系统、智能监控系统等信息化管理手段辅助总包管理，实现智慧工地

续表

序号	控制工程及重难点工程	分析及应对措施	
9	综合管线预留预埋	BIM 管线排布效果图	BIM 管线排布效果图
		可视化监控系统	可视化监控中心
10	装饰装修	控制工程及重难点工程分析： 站房是铁路的窗口,装饰装修是建筑和艺术的结合,精美优良装饰工程对营造一个温馨的乘车环境相当重要。按照"畅通融合、绿色温馨、经济艺术、智能便捷"原则细化方案、材料及工艺,按统筹考虑、提前预见、构造可靠、充分准备、样板先行、材料精选、精工细作、过程严控的原则进行	
		控制工程及重难点工程解决措施： (1)样板引路,策划先行:项目实施前进行全面详细的施工策划、方案优化等,将策划有机、科学的与其他专业施工穿插衔接起来,并反复对比、推敲可实施性的程度,从而进一步深入和细化施工策划及方案。为了保障策划的可靠性和可实施性,现场采取样板引路,提早发现问题,为后续的工程建设提供有力的技术支持和改进方向。 (2)选用熟练技术工人:劳务人员选择参与过类似大型高铁站房精装修项目的施工班组,确保专业工种中级以上技工占比不低于70%。 (3)精确放线,强制定位:通过精确测量放线,为材料放样和现场安装提供基础数据;通过强制定位,在统一布局下为机电等专业架子队确定准确的安装位置,确保机电点位的整体、协调。 (4)工业化施工,精细化管理:通过对主要材料的优化设计,提高装配式装修水平,减少现场加工,提高部品、部件的加工精度,从而实现高品质的建筑成品。同时通过精细化、标准化的管理,从大面到细节的严格控制达到工程质量精益求精	

续表

序号	控制工程及重难点工程	分析及应对措施	
10	装饰装修	 铝板吊顶整齐划一	 站台层装饰简洁、通透
		 候车厅装修整体排板示意	 细节精雕细刻

4.4　设计与技术管理

4.4.1　技术管理目标

精益建造技术优化目标:通过设计优化减少多余工序,满足必要工程品质需求;通过工艺优化,减少质量缺陷,提高一次成优率;通过措施优化,提高施工安全与便捷性、效率,从而达到节约成本的目的。

4.4.2　技术优化管理

重庆东站站房项目中典型的技术优化管理案例汇总见表4.2。

表 4.2　技术优化管理案例汇总

编号	案例名称	案例简述	实施目的	图片示意
1	钢筋优化	承轨层钢筋密集,主筋多为 C36、C40 钢筋,将三级钢等强度代换为四级钢,减少钢筋含量	降低施工难度,加快施工进度,大大节约施工成本	
2	预应力优化	承轨层梁柱交叉节点最多为共 714 根预应力钢绞线,形式复杂且体量巨大,将单跨张拉改为两跨张拉,且优化预应力根数	节约施工成本,降低施工难度,提高了梁柱节点混凝土浇筑质量	
3	机电综合管线排布优化	利用 BIM 技术,将建筑、结构、机电模型集成后,开展管线碰撞检查、吊顶标高控制等,形成综合报告,进行设计优化,出具综合管线排布图纸	查找图纸错漏碰缺,减少多余工序,降低质量风险	
4	机电专业洞口预留预埋	利用 BIM 技术,出具机电预留预埋布置图,反馈至建筑、结构相关图纸中,提高机电安装预留洞口位置准确性	减少机电预留预埋二次返工,降低质量风险	

续表

编号	案例名称	案例简述	实施目的	图片示意
5	设备机房深化设计	融合装饰、电气、消防、电梯等要求,对于公共区域进行深化设计,以确保美观	减少碰撞,提高施工效率	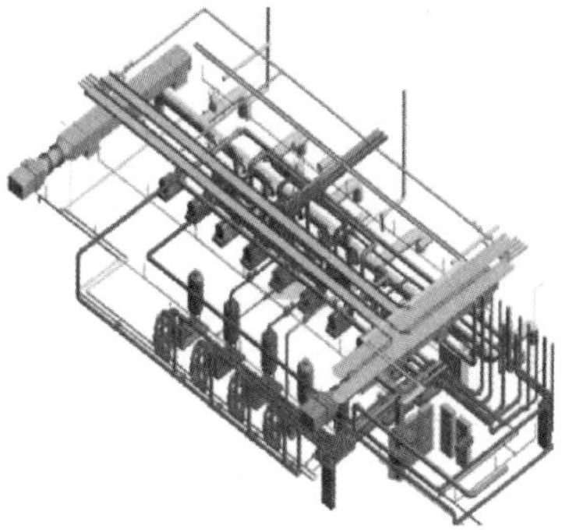
6	公共区机电安装深化设计	融合装饰、电气、消防、电梯等要求,对于公共区域进行深化设计,以确保美观	降低质量风险,减少错漏返工成本浪费	—

4.4.3　工艺优化管理

工艺优化以保证成品质量为前提,从升级传统施工工艺入手,强调标准化、流程化的工艺改进,消除多余施工步骤或返工造成的浪费。建筑装饰专业工程如砌筑、抹灰、腻子、防水、保温、涂料、门窗、栏杆、幕墙等施工工艺的优化,强调工艺标准化流程,提高工效,减少多余资源消耗。重庆东站站房项目中典型的工艺优化管理案例汇总见表4.3。

表 4.3　工艺优化管理案例汇总

编号	案例名称	案例简述	实施目的	图片示意
1	楼地面高精整平收面工艺	混凝土作业面应用找平-抹平-压光,激光地面整平机器人、地面抹平机器人、地面压光机器人三款智能建造机器人联合作战	提高施工质量、减少作业人员、加快施工速度	

续表

编号	案例名称	案例简述	实施目的	图片示意
2	顶棚面平整度标准控制工艺	采用红外线扫平仪依据结构线复核墙、板、柱等结构模板标高，标高控制在 5 mm 内，消除顶棚面二次平整度找补，降低成本	降低质量风险，减少返工及修补浪费	
3	楼板厚度控制工艺	采用冷拔丝钢筋马凳，根据平板马凳施工优化图确定马凳位置，确保混凝土楼面平整，厚度标准，上部钢筋保护层准确	降低质量风险，减少返工及修补浪费	
4	站台墙定型化模板工艺	站台墙根据图纸采用工厂加工定型化木模，减少尺寸误差，避免站台侵限，提高外观质量	降低质量风险，减少返工及修补浪费	
5	后浇带模板采用免拆快易收口网工艺	将快易收口网作为消耗性模板来固定，当混凝土在收口网后面浇筑时，网眼上的斜角片就嵌在混凝土里，无需拆除剔凿	解决后浇带处封堵工序复杂，混凝土浇筑时易胀模，拆除后需二次剔槽等缺点	

编号	案例名称	案例简述	实施目的	图片示意
6	木模板优化工艺	大截面尺寸柱采用覆塑平模板加方圆扣背楞工艺,无需对拉螺杆,外观成型质量好	拆除速度快,成型质量好,材料周转率高	
7	后浇带优化	站房单层面积大,后浇带设置多,利用跳仓法施工减少后期施工难度	降低施工难度、节约施工成本	
8	砌体工程标准化管理	利用 BIM 技术,对砌体墙进行三维深化排砖布置。砌筑前,用砌体深化设计三维图对工人进行交底并将排版图张贴到待砌单元墙边上的结构上,指导工人砌筑	降低损耗,减少质量风险,提高一次成优率	
9	止水节	卫生间、阳台应采用预埋止水节方式,避免后期再进行二次吊洞。止水节预埋需注意定位准确,且加固到位,上口用胶带封堵,做好成品保护	减少多余工序,减少质量缺陷,提高一次成优率	

续表

编号	案例名称	案例简述	实施目的	图片示意
10	装配式胎模施工	采用预制板,土方开挖后直接进行拼装,减少砌筑工序,节约施工时间,受自然天气影响较小	节约成本、缩短工期、经济环保	

4.4.4 措施优化管理

措施优化以保证安全可行为前提,从永临结合、优化措施方案、开发实用工具等方面减少临时施工措施投入,消除多余辅助措施资源浪费。重庆东站站房项目中典型的措施优化管理案例汇总见表4.4。

表4.4 措施优化管理案例汇总

编号	案例名称	案例简述	实施目的	图片示意
1	道路永临结合	施工平面布置时,将施工现场所需临时道路与永久道路相结合,达到永久道路代替临时道路	减少临时措施资源投入	
2	消防永临结合	将永久消防给水系统作为临时消防设施,使用永久消防立管和消防栓,符合施工消防要求,减少措施投入,优化施工工序	减少临时设施资源投入	

续表

编号	案例名称	案例简述	实施目的	图片示意
3	基坑内永临场地	场地狭窄,基坑四周无法布置钢筋加工厂及施工变道等,根据地下室情况,选择部分垫层加厚的方式在基坑内布置道路和加工棚,永临结合	提高场地运用率、降低成本、方便搬运	
4	地下室水泵永临结合	地下室清理干净,集水井施工完成,可以提前与安装专业融合,利用永久水泵代替临时水泵抽排地下室积水,减少机械投入	减少临时措施资源投入	
5	大体积混凝土自动测温降温系统	自动对控制系统发出冷却水启停指令,对大体积混凝土进行水冷却,控制其温度在指定的范围内,确保工程质量	有效控制施工裂缝,降低施工质量风险	
6	高支模自动监测系统	高支模架体采用无线自动化监测系统,监测位置的局限性大大减小,现场监测位置的灵活选取可以有效地规避不良天气及施工因素的影响,有效地降低了施工安全风险	减少监测难度、降低施工安全风险	

续表

编号	案例名称	案例简述	实施目的	图片示意
7	智慧钢筋加工厂	运用智能钢筋工厂化集中加工,有效减小了加工误差,提高成品质量和生产效率	提高了加工精度及加工速度、降低了材料损耗率	
8	模板支撑体系拆除论证	通过模板支撑体系拆除论证,提前拆除架体,减少了盘扣架、槽钢等周转材料投入量,节省了施工成本	节约了周转材料一次性投入、节约了施工成本	
9	施工方案模拟	利用 BIM 技术对项目危重大施工方案,如高支模、深基坑、群塔作业、大型设备吊装、高空设备拆解等,进行施工工艺模拟	保证施工作业安全	
10	后浇带处理措施	外墙后浇带:后浇带保护层采用混凝土余料预制混凝土板	充分利用资源,减少措施投入	

编号	案例名称	案例简述	实施目的	图片示意
11	塔吊防碰撞系统	群塔作业每台塔吊都安装防碰撞系统,遇到障碍物系统自动提升,减少了安全隐患	提高设备使用安全性,减少安全措施投入	
12	材料堆场、运输通道优化	对梁板承载能力和正常使用的需求,在结构设计图纸中对此类施工荷载予以考虑及验算,对结构进行局部加固设计(如局部增加配筋、增大局部构件尺寸等)以满足施工荷载要求	提高措施可行性,减少资源投入	
13	定型化临边洞口防护栏杆	防护栏全部由钢结构组成,钢材采用国家标准材料,严格按图制作,尺寸正确,焊接点牢固,达到安全防护之目的	可实现定型化、标准化、整齐划一、拆装方便,周转使用	

续表

编号	案例名称	案例简述	实施目的	图片示意
14	施工洞口临时封堵弹簧拉板	采用木胶合板作为盖板,盖板每边尺寸比预留洞口尺寸大5 cm,预留洞口下方长钢筋与盖板面短钢筋通过弹簧连接,通过弹簧的拉力固定盖板	结构简单,易于加工,成本低,操作方便,可周转使用	
15	定型化梯笼楼梯	楼层通道全部采用定型化梯笼,现场组装,可自由调节高度,且可拆除周转使用	可实现定型化、标准化、整齐划一、拆装方便,周转使用	
16	手持式气动凿毛机	持气动凿毛设备具有轻便、快捷、省力等特点,保证了凿毛的粗糙度,提高了混凝土柱头、墙头连接质量	提高工效、减少返工	
17	排水管吊模	根据管道直径的大小选择相应尺寸的模具固定在管道上后,进行混凝土浇筑	方便、快捷、成型观感质量好	

编号	案例名称	案例简述	实施目的	图片示意
18	支吊架吊杆快捷安装工具	支吊架固定部位打孔,依靠独有的机构设计搭配专用特殊材质的射钉弹,可以迅速将射钉固定至混凝土内,安全快捷高效	有效提高施工效率,减少人工成本;耗材损耗率低,免登高作业,安全性能高	
19	瓷砖开孔器	瓷砖开孔使用专用开孔器,开孔统一、切割圆润,避免瓷砖破损影响观感效果	提高工效,减少返工	

4.5　精益质量

精益质量,坚持首件验收,明确工序施工要求和质量标准;注重过程质量把控,发现问题及时改正;识别和防控质量风险项,减少质量通病的发生,提高项目质量水平。

4.5.1　首件验收

根据工程特点、施工难点、工序重点,制定本工程样板实施策划,样板种类应包括结构样板、工序穿插样板、交付样板,并明确各工序施工要求及质量标准。首件项目工程统计表见表 4.5。

表 4.5　首件工程统计表

序号	首件项目	实施工点	实施部位
1	地基验槽	重庆东站	轨道交通 6 号、27 号线
2	底板防水工程	重庆东站	轨道交通 6 号、27 号线
3	地基验槽	重庆东站	南侧站场
4	钻孔灌注桩工程	重庆东站	北侧站场
5	基础钢筋工程	重庆东站	南侧站场

续表

序号	首件项目	实施工点	实施部位
6	基础钢筋工程	重庆东站	轨道交通 6 号、27 号线
7	外墙钢筋、框架柱钢筋工程	重庆东站	轨道交通 6 号、27 号线
8	主体结构梁板钢筋、预应力工程	重庆东站	南侧 1、2、3 层梁板
9	桩承台基础	重庆东站	北侧站场
10	轨道交通顶板、侧墙防水工程	重庆东站	轨道交通 6 号、27 号线
11	承轨梁钢筋工程、预应力工程	重庆东站	站房及相关
12	砌体工程	重庆东站	站房及相关
13	抹灰工程	重庆东站	站房及相关
14	钢结构工程	重庆东站	站房及相关
15	幕墙工程	重庆东站	站房及相关
16	站台雨棚装修	重庆东站	站场
17	金属屋面	重庆东站	站房及相关

4.5.2 质量通病预防措施

表 4.6—表 4.14 分别为桩基工程、钢筋混凝土工程、砌筑工程、防水工程、幕墙工程、室内装饰装修工程、给排水工程、电气工程、通风工程的质量通病预防措施表。

表 4.6 桩基工程质量通病预防措施表

序号	通病现象	原因分析	预防措施
1	孔深未达到设计要求	孔深测量基点、测绳不准、岩样误判	细查岩样防止误判
			根据钻进速度变化和钻进工作状况判定
			设固定基点、采用制式测绳
2	孔底沉渣过厚	清孔不彻底	选用合适的清孔工艺
			清孔、下钢筋、浇灌混凝土连续作业
3	坍孔	岩层变化、措施不力	松散砂土或流砂中减慢钻进速度
			加大泥浆比重
			保证施工连续进行

续表

序号	通病现象	原因分析	预防措施
4	孔径不足	钻头直径偏小、土质特殊	选用合适的钻头直径
			流塑性地基土变形造孔时,宜采用上下反复扫孔方法,以扩大孔径
5	筋笼位置、尺寸、形状不符合设计要求	加工、运输、安装工艺有误	钢筋笼较大时,应设加强箍,间距2~2.5 m
			钢筋笼过长时应大吨位整体吊装
			设置足够的垫块控制保护层厚
6	混凝土灌注中非通长的钢筋笼上浮	钢筋笼底标高以下混凝土灌注速度过快、导管提升不及时、流砂涌入	浇灌混凝土导管不能埋得太深,使混凝土表面硬壳薄些,钢筋笼容易插入
			将2~4根竖筋加长至桩底
			保持合适的泥浆密度,防止流砂涌入托起钢筋
7	桩身混凝土蜂窝、孔洞、缩颈、夹泥、断桩	混凝土配合比或灌注工艺有误	严格控制混凝土的坍落度和和易性
			连续灌注,每次灌注量不宜太小,成桩时间不能太长
			导管埋入混凝土不得小于1 m,导管不准漏水,导管第一节底管长度应≥4 m
			钢筋笼主筋接头焊平,导管法兰连接处罩以圆锥形铁皮罩,防止提管时挂住钢筋笼

表4.7 钢筋混凝土工程质量通病预防措施表

序号	通病现象	原因分析	预防措施
1	梁身不平直、梁底不平及下挠、梁侧模胀模、局部模板嵌入柱梁间、拆除困难	梁模板质量不符,施工方法不合适	支模时遵守边模包底模的原则,梁模与柱模连接处,下料尺寸一般略微缩短
			梁侧模必须有压脚板、斜撑
			梁底模板按规定起拱
			混凝土浇筑前,模板应充分用水浇透

续表

序号	通病现象	原因分析	预防措施
2	柱胀模、断面尺寸鼓出、漏浆、混凝土不密实,或蜂窝麻面、偏斜、柱身扭曲	柱模的固定和检查不到位	根据规定的柱箍间距要求钉牢固
			成排柱模支模时,应先立两端柱模,校直与复核位置无误后,顶部拉通长线,再立中间柱模
			四周斜撑要牢固
3	板中部下挠,板底混凝土面不平	板模支撑变形	楼板模板厚度要一致,搁栅用料要有足够的强度和刚度,搁栅面要平整 支顶要符合规定要求,板模按规定起拱
4	竖向钢筋偏位	钢筋限位措施不到位,施工过程保护不够	在立框架柱模板支撑系统前,宜在现浇混凝土楼面上预埋 $\phi12$ mm 的钢筋头或 $\phi48$ mm 的短钢管作为支点,间距不大于 1 m,并使斜支撑能与支点有牢固的连接,起到撑顶、反拉和调节垂直度的作用。 扎筋时给框架柱增加一个限位箍筋,用电焊将它与梁的箍筋点焊固定,再将柱主筋逐一绑扎牢固,并沿柱高临时绑扎间距不大于 @ 500 mm 的箍筋,确保节点处柱筋在浇筑时不会发生偏位
			加强混凝土的现场浇筑管理工作,认真进行技术交底,严禁将整车或整料斗的混凝土直接灌注到柱、墙内,不得随意冲撞构件的钢筋骨架。应先将混凝土卸在盘板上,再均匀下料,分层浇筑,分层振捣
5	混凝土蜂窝	振捣不实或漏振,模板缝隙过大导致水泥浆流失,钢筋较密或石子相应过大	按规定使用和移动振捣器
			中途停歇后再浇捣时,新旧接缝范围要小心振捣
			模板安装前清理模板表面及模板拼缝处的粘浆
			梁筋过密时选择相应的石子粒径
6	混凝土麻面	模板表面不光滑;模板湿润不够;漏涂隔离剂	模板应平整光滑,安装前要把粘浆清除干净,并满涂隔离剂,浇捣前对模板要浇水湿润
7	混凝土露筋	主筋保护层垫块不足,导致钢筋紧贴模板;振捣不实	保护层垫块要按照设计规定的保护层厚度制作
			垫块放置间距适当,钢筋直径较小时垫块间距宜密些,使钢筋自重挠度减少
			振捣器必须待混凝土中气泡完全排除后才能移动

续表

序号	通病现象	原因分析	预防措施
8	混凝土孔洞	在钢筋较密的部位,混凝土被卡住或漏振	对钢筋较密的部位(如梁柱接头)应分次下料,缩小分层振捣的高度;按照规程使用振捣器
9	混凝土缝隙夹渣	施工缝没有按规定进行清理和浇浆	浇筑前对柱头、施工缝、楼梯板脚等部位重新检查,清理杂物、泥沙、木屑等
10	混凝土墙柱底部缺陷(烂脚)	模板下口缝隙不严密,导致漏浆;或浇筑前没有先浇灌足够厚度的水泥砂浆	模板缝隙宽度超过 2.5 mm 应填塞严密,特别防止侧板吊脚;浇注混凝土前先浇 50~100 mm 厚的水泥砂浆
11	混凝土楼面平整度差	振捣后没有用拖板、刮尺抹平;楼梯部位没有符合尺寸的模具定位;混凝土未达终凝就在上面行人和操作	浇捣楼面应提倡使用拖板或刮尺抹平,楼梯台阶要使用平直、厚度符合要求的模具定位
			混凝土达到 1.2 MPa 后才允许在混凝土面上操作
12	基础轴线位移,螺孔、埋件位移	模板支撑不牢,埋件固定措施不当,浇筑时受到碰撞引起	当混凝土振捣至螺孔底时,要复线检查,及时纠止
			浇注混凝土时应在螺孔周边均匀下料,对重要的预埋螺栓尚应采用钢架固定

续表

序号	通病现象	原因分析	预防措施
13	混凝土表面不规则裂缝	一般是保养不及时，湿润不足，水分蒸发过快或厚大构件温差收缩，没有执行有关方案	混凝土终凝后立即进行保养
			高温或干燥天气要加麻袋等覆盖
			厚大构件参照大体积混凝土施工的有关规定

表 4.8　砌筑工程质量通病预防措施表

序号	通病现象	原因分析	预防措施
1	墙柱交界处纵向裂缝	①墙柱间隙过大；②砌块与柱间灰缝不饱满；③砌块收缩（含水率大、未到龄期）；④砂浆干缩；⑤未按规定设置拉结钢筋；⑥抹灰层干缩	①砌块靠紧柱壁，减少灰缝厚度；②改善砂浆和易性、砌筑灰缝密实；③控制砌块含水率、龄期；④控制抹灰层厚度、配合比、操作；⑤砌墙时按规定锚入拉结筋；⑥沿墙柱交界处挂钢网或纤维布防裂
2	墙梁交界处水平裂缝	①最上皮砌块未顶紧梁；②砌体沉缩过大；③墙梁交界处灰缝不饱满；④墙梁交界处灰缝过厚	①采用实心辅助砌块斜砌、砌块顶满铺砂浆顶紧梁底；②控制日砌高度及顶层填砌时间；③沿墙梁交界处挂钢网或纤维布防裂
3	墙中部砌块周围裂缝、台阶形裂缝、纵横向裂缝	①砌体收缩不匀（砌块、灰缝、抹灰层干缩变形不一）；②采用不同材料砌筑；③砌体沉降不均匀	①改善砂浆和易性、砌筑灰缝密实；②控制砌块含水率、龄期；③控制抹灰层厚度、配合比、操作；④控制日砌高度及顶层填砌时间；⑤控制墙体长度，或加构造柱；⑥加钢网或纤维布防裂；⑦用相同材料砌筑、填塞
4	抹灰层与基层剥离	①抹灰层与基层干湿变形、温度变形不一致；②基层与抹灰层黏结力低或未粘牢	①控制抹灰层厚度、配合比、操作；②加钢网或纤维布防裂；③清理砌体表面浮灰和污物，基层打底处理；④控制基层含水率，适量洒水或干燥数日再抹灰；⑤抹灰层与基层材质相适应

续表

序号	通病现象	原因分析		预防措施
5	表面不规则小裂缝	①抹灰过厚过早未分层操作; ②砂浆配比不当用灰量过大		砂浆干缩
6	墙与地面水平裂缝	第一皮砌块下未铺砂浆或砂浆不饱满		满铺砂浆,砌块坐浆饱满
7	埋设暗管、暗线处裂缝	①抹灰层干缩; ②抹灰过厚过早未分层操作; ③砂浆配比不当用灰量过大; ④砂浆填塞不紧固		填塞砂浆固化后再抹灰,并沿线管位置加防裂网
8	门窗洞边角处裂缝	①砌块收缩(含水率大、未到龄期); ②砂浆干缩; ③采用不同材料砌筑; ④砂浆填塞不紧固		①改善砂浆和易性、砌筑灰缝密实; ②加钢网或纤维布防裂; ③窗台板或过梁坐浆饱满、垫平; ④加筋、加边框

表 4.9　防水工程质量通病预防措施表

序号	通病现象	原因分析	预防措施
1	防水层气孔、气泡	材料搅拌方式及搅拌时间没有掌握好,或基层没有处理好	在施工时选用功率大、转速不太高的电动搅拌机来拌和材料。搅拌容器用圆桶便于强力搅拌均匀,搅拌时间一般为3~5 min,并注意,涂膜基层一定要清洁干净,不得有浮砂和灰尘,基层上的孔隙用基层涂料填补密实后才能施工第一道聚氨酯涂膜防水层。如果已经出现了气孔、气泡现象,对于气孔应以橡胶板刷用力将混合材料压入气孔填实,对于气泡应将其穿破、除去浮膜后再用橡胶板将混合材料压入填实,最后再做一道增补涂抹
2	防水层空鼓	由于基层过潮湿、找平层未干、含水率过大,使涂膜空鼓,形成鼓泡	先将起鼓部分全部割去,露出基层,排出潮气,待基层干燥后,先涂底层涂料,再依照防水层的施工方法,逐层涂抹,若加抹增强涂布则效果更佳。注意:不要一次抹成,至少要分二层抹成,否则容易产生鼓泡或气孔
3	防水层翘边	基层未处理好,不清洁或不干燥,收头时密封处理不好	施工时操作要仔细,细部施工时要注意做好排水,防止带水施工,下雨天不得施工,基层要保持干燥;对产生翘边的涂膜防水层,应先将剥离翘边的部分割去,将基层打毛,清除干净,再根据基层材质选择与其黏结力强的底层涂料涂刮基层,然后按照增强和增补做法仔细涂抹,最后按照顺序分层做好涂膜防水层

续表

序号	通病现象	原因分析	预防措施
4	防水层破损	涂膜防水层施工后、固化前，未注意保护，被其他工序施工破坏、划伤	防治措施:对于轻度损伤,可做增强涂布,增补涂布,对于破损严重者,应将破损部分割去(稍大一些),露出基层并清理干净,再按照施工要求、顺序,分层补做防水层,并应加上增强、增补涂布

表 4.10 幕墙工程质量通病预防措施表

序号	通病现象	原因分析	预防措施
1	板材有色差、破损	在半成品、材料包装运输前,未能做全面详细的检验密封胶条在进场前提供质量保证书,保证质量。 在对型材进行穿密封胶时,需注意方式方法。 在打硅胶的时候,要打实,不可少打和打得多少不一,需规整	进场前,应提供给监理工程师质量保证书以及适当地开货检验,如遇到色差问题,及时退回处理
			厂家大批次运货前提供材料出厂检验单作为依据
2	构件、面板安装不平整	未能用专用测量仪测量尺寸,安装工非专业等	人员上,进场前必须取得相应的操作证书才能上岗,并在监理处留底备案
			在安装时,必须严格按照国家规定的方法方式进行,有偏差时应及时修正,不能累积偏差
3	密封胶脱胶和污染面板	打胶姿势不标准,胶的质量有问题,打胶的方式方法不专业	打胶前,需对打胶人员进行专业培训,拿到上岗证,在打胶时,不多打,不少打,打胶顺序按照自上而下,自左而右的顺序
4	玻璃幕墙渗水现象	如污染了面板,需及时拿专门清洁剂清洁干净,不能在烈日下暴晒密封胶,而在适合的温度下打胶。 硅胶在进场前,需提供相应的厂家质量保证书,确保硅胶的质量品质	在构件加工时,检查尺寸质量,在出厂前做到合格率达到95%以上
		在玻璃幕墙十字节点处,需注意拼缝处是否严密,可用转角胶条取代一般的胶条,防水性更好	—

表 4.11 室内装饰装修工程质量通病预防措施表

序号	通病现象	原因分析	预防措施
1	墙砖空鼓、脱落	釉面砖浸水不足,造成砂浆早期脱水或浸泡后未晾干就粘贴,产生浮动自坠	基层清理干净,表面修补平整,墙面提前洒水浸透
			釉面砖使用前,必须清理干净,用水浸透直至表面不冒气泡,且不少于 2 h,然后取出晾干后备用
2	乳胶漆墙面透底	漆膜薄	刷涂料时注意不漏刷,保持涂料乳胶漆的稠度,不可加水过多
3	乳胶漆墙面泛碱、起皮	墙面基层没有完全干燥	墙面完全干燥,如工期急,可采用封底漆的做法
4	地面层空鼓、有裂缝	底层未清理干净,未能洒水湿润透;刷素水泥浆不到位或未能随刷随抹灰	基层清理干净,刷素水泥浆后及时进行下道工序
5	门窗安装组合不平不正	门窗采用单件组合时拼装质量不好;安装时施工人员不认真,按照工艺进行操作,不利用水平尺等安装检查工具校正	门窗采用单件组合时应保证拼装质量,拼头处应平整,不应劈棱窜角、出台。安装时必须对使用的相关工具进行检查、校正

表 4.12 给排水工程质量通病预防措施表

序号	常见通病	预防措施
1	排水横管塌腰、倒坡或坡度小于规范	安装前根据设计坡度要求计算出垂直位移,在墙面上定出几个控制点,支吊架按此高度安装,对控制点进行测量
2	地漏高于地面或低于地坪 10 mm	安装前必须充分了解土建地坪地面的施工情况,安装时根据使用的产品规格控制好高度
3	套管不按要求设置(低于楼板面,超出墙面过多,不平正等)	穿墙壁和楼板设置金属或塑料套管,楼板内的套管,高出装饰地面 20 mm;卫生间及厨房内的套管,高出装饰地面 50 mm,底部应与楼板底面相平;墙壁内的套管两端应与饰面相平。穿过楼板的套管与管道之间缝隙应用阻燃密实材料和防水油膏填实,端面应光滑。穿墙套管与管道之间缝隙宜用阻燃密实材料填实,且端面应光滑。管道的接口不得设在套管内
4	焊接管不按要求铲坡口、留间隙、钝边	管道焊接前应先修口、清根,管端面的坡口角度、钝边、间隙应符合 GB 50268—2008 中 4.2.7 有关规定;不得在对口间隙夹焊帮条或用加热法缩小间隙施焊

续表

序号	常见通病	预防措施
5	管道、支架不除锈或不先刷防锈漆	管道内壁的浮锈、氧化铁皮、焊渣、油污等,应彻底清除干净;焊缝突起高度不得大于防腐层设计厚度的1/3
6	给排水管道、卫生器具安装平直度	卫生器具的支、托架必须防腐良好,安装平整、牢固,与器具接触紧密、平稳
7	油漆漏刷、起泡、起皮、颜色不一致,污染严重	涂底漆前管子表面应清除油垢、灰渣、铁锈,氧化铁皮采用人工除锈时,其质量标准应达 St3 级;涂底漆时基面应干燥,基面除锈后与涂底漆的间隔时间不得超过 8 h。应涂刷均匀、饱满,不得有凝块、起泡现象,底漆厚度宜为 0.1~0.2 mm,管两端150~250 mm 内不得涂刷;沥青涂料应涂刷在洁净、干燥的底漆上,常温下刷沥青时,应在涂底漆后 24 h 之内实施,沥青涂料涂刷温度不得低于 180 ℃

表 4.13　电气工程质量通病预防措施表

序号	常见通病	预防措施
1	照明接线扭结绕线匝数不够、接头不包绝缘带(只用黑胶带)	绝缘胶带颜色与导线颜色一致
2	螺丝压接线、线头反绕	沿紧螺丝的方向绕线,以避免松动
3	钢管煨弯半径不符合要求或煨扁凹裂	电缆穿管时,管道弯曲半径按规范中电缆最小弯曲半径要求
4	导线不按规范标识分火线、零线、地线	一般保护地线(PE 线)为黄绿相间色,零线为淡蓝色,A 相:黄色;B 相:绿色;C 相:红色
5	左零、右火、上地相线接错,或开关未控制火线	插座接线相序按规范中要求执行,开关必须断开相线
6	配管不进箱盒或进箱盒过长	露出长度一般在 5 mm 以内
7	管口毛刺不清理光滑,管口不安装护套	管口用锉刀,管内用圆形钢丝刷,两头绑一根铁丝拉动除毛刺除锈,管口设锁紧螺母或护口
8	箱盒安装歪斜、不贴墙面,用电、气焊开孔洞	使用预留的敲落孔或用开孔器开孔
9	配管排列不整齐、平整度差,吊顶内不设固定卡	先确定吊顶内灯具和电气器具位置,并安装支架经检查合格,才能配管

续表

序号	常见通病	预防措施
10	开关、灯具安装不牢固,不贴墙面或歪斜	预埋接线盒时,确保其标高一致、水平,进出墙体的深度符合紧固螺丝长度
11	电缆不按规范设置卡子,或卡子不牢固	桥架内电缆大于 45° 倾斜敷设的电缆每隔 2 m 设固定点
12	避雷带不按规范选用材质、焊接、转角半径(R)搭接长度不够	扁钢与扁钢搭接为扁钢宽度的 2 倍,不少于三面施焊;圆钢与圆钢、圆钢与扁钢搭接为圆钢直径的 6 倍,双面施焊

表 4.14　通风工程质量通病预防措施表

序号	常见通病	预防措施
1	法兰铆钉间距偏大,翻边量不够,铆接不严	风管法兰铆钉孔的间距,当系统洁净度的等级为 1~5 级时,不应大于 65 mm;为 6~9 级时,不应大于 100 mm;风管的咬口缝、折边和铆接等处有损伤时,应做防腐处理
2	风管法兰连接漏风及填料不充实	法兰垫料应为不产尘、不易老化和具有一定强度的弹性的材料,厚度为 5~8 mm,不得采用乳胶海绵;法兰垫片应尽量减少拼接,并不允许直缝对接连接,严禁在垫料表面涂涂料
3	通风管的吊架、托架位置、规格、间距及固定性不符合规范要求	风管支、吊架宜按国标图集与规范选用强度和刚度相适应的形式和规格。对于直径或边长大于 2 500 mm 的超宽、超重等特殊风管的支、吊架应按设计规定;支、吊架不宜设置在风口、阀门、检查门及自控机构处,离风口或插接管的距离不宜小于 200 mm;当水平悬吊的主、干风管长度超过 20 m 时,应设置防止摆动的固定点,每个系统不应小于 1 个
4	柔性短管过长、材质不符合要求、安装松紧不当	应选用防腐、防潮、不透气、不易霉变的柔性材料。用于空调系统的应采取防止结露的措施;用于净化空调系统的还应是内壁光滑、不易产生尘埃的材料;柔性短管的长度,一般宜为 150~300 mm,其连接处应严密、牢固可靠;柔性短管不宜作为找正、找平的异径连接管
5	风机盘管安装不符合要求	机组安装前宜进行单机三速试运转及水压检漏试验。试验压力为系统工作压力的 1.5 倍,试验观察时间为 2 分钟,不渗漏为合格;机组应设独立支、吊架,安装的位置、高度及坡度应正确、固定牢固;机组与风管、回风箱或风口的连接,应严密、可靠

4.6 安全管理

为推进安全防护设施标准化,提高可周转性、重复利用率,本工程全面应用《中铁十一局集团建筑安装工程有限公司工地标准化建设图集》。重庆东站站房项目中安全管理创新做法及案例汇总见表4.15。

表 4.15 安全管理创新做法及案例汇总

专业	子类	序号	案例要点说明	实施目的	图片示意
安全管理	管理行为	1	全员安全生产责任制:(1)建立"三个责任清单":项目根据公司"三个责任清单";(2)为加强项目安全生产管理工作,明确和落实项目各层级安全生产责任,保障项目安全责任制的有效落实和安全管理体系的高效运行,制定项目本级的安全生产"四个责任体系"实施细则。(3)为全面落实安全生产责任制,调动各方面积极性,不断夯实安全管理工作基础,推动项目部安全工作全面发展,制定项目本级的安全生产责任考核制度	确保责任落实到终端、落实到岗位,调动各方积极性	
		2	(1)分包商资质、业绩、能力核查:项目通过四库一平台、住建厅网站等信息平台核查分包商资质、安全生产许可证的真实性及有效性,通过要求提供合作项目的合同扫描件核查其业绩及承接项目体量;(2)安全生产协议:项目根据要求和分包商负责人、班组长等签订了安全生产协议书	确保分包商能够满足施工要求,提高新进场人员安全意识	

专业	子类	序号	案例要点说明	实施目的	图片示意
安全管理	管理行为	2	(1)分包商资质、业绩、能力核查:项目通过四库一平台、住建厅网站等信息平台核查分包商资质、安全生产许可证的真实性及有效性,通过要求提供合作项目的合同扫描件核查其业绩及承接项目体量;(2)安全生产协议:项目根据要求和分包商负责人、班组长等签订了安全生产协议书		
		3	危大工程专项施工方案管理:(1)危大工程方案审批、交底:针对本项目工程特点,针对危大工程,项目组织专家进行论证工作,论证、审核、审批通过后,严格按照三级交底要求,对项目管理人员、班组管理人员、作业人员进行技术、安全交底。(2)严格按照专家论证方案实施,落实危大工程验收程序,项目自检合格后,再报监理验收合格后方可进入下一道工序施工	确保施工可操作性和安全性,进一步消除安全隐患	

续表

专业	子类	序号	案例要点说明	实施目的	图片示意
安全管理	管理行为	3	危大工程专项施工方案管理:(1)危大工程方案审批、交底:针对本项目工程特点,针对危大工程,项目组织专家进行论证工作,论证、审核、审批通过后,严格按照三级交底要求,对项目管理人员、班组管理人员、作业人员进行技术、安全交底。(2)严格按照专家论证方案实施,落实危大工程验收程序,项目自检合格后,再报监理验收合格后方可进入下一道工序施工	确保施工可操作性和安全性,进一步消除安全隐患	
		4	项目经理督办安全风险管控: 项目经理明确每一项风险源的项目分管领导、现场负责人和跟踪见证人,组织召开风险交底专题会,交底给相关人员,责任人负责组织或实施预控措施;跟踪见证人负责监督责任人落实预控措施及见证风险防治结果,并将防治结果定期向项目经理汇报	有效解决过程风险辨识不及时,风险管控责任落实困难,责任考核力度不足等问题	

续表

专业	子类	序号	案例要点说明	实施目的	图片示意
安全管理	管理行为	5	项目经理带队隐患排查治理： 项目经理每月带领项目部室负责人以上人员检查 2 次,对项目进行拉网式安全隐患排查,及时发现和消除安全隐患,解决生产和管理上存在的不足,核查安全风险源的防控责任落实	对安全风险源的防控情况进行核查,进一步落实现场隐患治理措施	
		6	工序施工内部安全许可验收： 根据集团公司《工程项目安全许可管理暂行规定》,对营区、施工作业面、特种设备与机械、危爆物品等危险性较大的分部分项工程及施工现场易发生重大事故的部位、环节实行安全许可制度。取得安全许可证后方可使用或施工,未取得安全许可证不得使用或施工	实行安全风险内部许可,工序施工前对安全生产条件进行核查	

续表

专业	子类	序号	案例要点说明	实施目的	图片示意
安全管理	管理行为	7	班组工前安全教育：每个班组必须每天在作业前开展安全教育，形成制度化，做好教育记录及签字确认，并录制至少 1 min 视频。项目安质部每天收集各班组安全教育视频，保存 7 d；每周收集班组工前安全教育记录卡、存档备查	提高班组全员"我要安全"的意识及"我懂安全"的技能，落实"我管安全"的责任，完成"我保安全"的任务，逐步实现班组"三无"（个人无违章、岗位无隐患、班组无事故）	
		8	施工现场安全隐患治理监督：监督方式分为安全巡查和安全督导，根据实际需要具体选择其中一种。安全巡查时，采取"四不两直"的工作方式，即"不发通知、不打招呼、不听汇报、不用陪同，直奔基层，直插现场"，主要以突击检查、随机检查、回头看检查等方式进行。安全督导时，采取提前发通知的形式，进驻施工现场，参与项目开展的安全隐患排查，督促指导项目安全隐患治理工作	参与施工现场安全隐患治理，及时消除隐患	

续表

专业	子类	序号	案例要点说明	实施目的	图片示意
安全管理	管理行为	9	起重设备委外检查:使用过程中,项目部根据工作负荷大小将所有起重设备分为 2 类,对于高负荷运行的设备,在租赁单位每月进行周检、月检、日常维护保养的基础上,由项目部委托的第三方专业人员与项目安全、设备管理人员组成检查小组,对现场设备维修保养效果进行验证检查;对于低负荷运行的设备,项目部在每月正常维修保养的情况下,隔月进行保养效果检查	委托第三方单位介入项目起重设备隐患排查,强化风险防范	
管理	管理行为	10	"行为安全之星、平安班组"创建:项目部的相关管理人员,在作业现场察看、询问、查验一线作业人员的作业行为及班组的管理行为,对具有五种行为的一线作业人员发放"行为安全表彰卡";获得"行为安全之星"最多的班组,评选为"平安班组",按季度进行表彰,颁发奖牌	通过向一线作业人员发放"行为安全表彰卡"、评选"行为安全之星、平安班组"等活动,变说教为引导,变处罚为奖励,变"被动安全"为"主动安全",切实提高一线作业人员的安全意识、规范一线作业人员的安全行为	

续表

专业	子类	序号	案例要点说明	实施目的	图片示意
管理	管理行为	11	安企共建:项目部与地方安监、应急等管理部门建立长效沟通机制,主动邀请地方有关部门参与项目安全管理活动(方案评审、安全检查、应急演练等),提高项目安全管理水平	发生紧急情况,及时沟通,在应急处置、调查处理等方面获得共建方的指导、帮扶	
		12	生产安全风险分级管控: 项目部根据公司生产安全风险分级标准,对项目风险进行分级分类管理,逐条制定防范措施,明确落实责任人,进一步强化风险防范(特别是重大风险)的管控	强化安全风险分级分类管控	
		13	卡通安全提示牌: 安安和康康是公司推出的施工现场安全生产宣传形象大使。它们在安全理念、临边防护、机械防护、消防等18个场景中出现	以卡通图片的方式强化安全提示作用	

续表

专业	子类	序号	案例要点说明	实施目的	图片示意
安全管理	现场防护	14	专用卡钩固定钢管：剪力墙结构临边可采用钢管作为横杆进行防护，其端部采用专用卡钩固定钢管，通过拧紧螺栓将卡钩卡在剪力墙端部，不采用膨胀螺栓固定，避免在墙上打孔，安装操作方便，可实现周转，降低成本	安装调节方便，降低安装人员的工作强度，减少投入	
		15	钢制翻板式洞口防护：楼层传料口、放线洞口、小的电缆井口等可采用钢板和活页加工制作成可翻起式洞口防护，用膨胀螺栓固定在楼板上，牢固结实，可回收周转使用	实现洞口防护工具化，可周转使用，美观、经济、适用	
	施工用电	16	集成化箱式配电房：装拆、移动灵活，宽度和高度均不超过3 m，方便运输。配电房内应配置烟感报警系统、应急照明系统、排风系统、温度调节系统、动态无功补偿系统等。具备温度测量与控制、配电多级保护、烟感巡查报警、动态无功补偿、防雨、防晒、防辐射等功能	标准规范，可以周转使用，降低成本	

续表

专业	子类	序号	案例要点说明	实施目的	图片示意
安全管理	施工用电	17	LED灯的使用：塔吊、加工棚、通道口、楼面应采用小功率节能LED灯代替大功率镝灯,采用时间继电器控制,实现自动开启和关闭,节约电能	比传统的大功率照明灯具大大节约了电能	
	消防施工	18	集成式消防水泵房：将蓄水箱、水泵、部分管道、电气控制系统固定在箱式房内,具有性能可靠,安装快捷、方便运输	可多次周转使用,节约成本,避免多次拆装造成的损坏	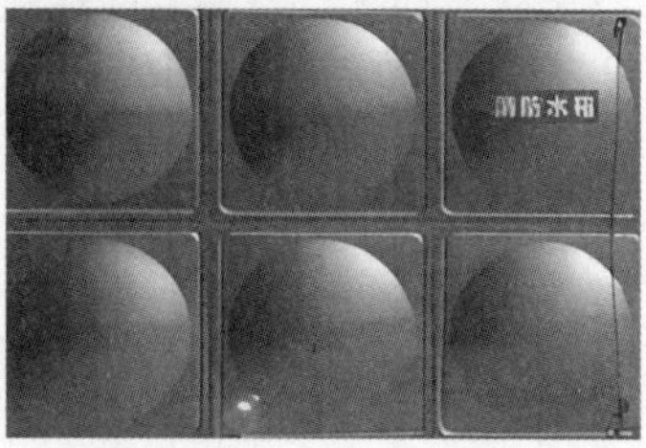

4.7　环境管理

推动"节能、节地、节水、节材和环境保护",做到环境保护设施的标准化,提高重复利用率、降低能耗。重庆东站站房项目中绿色施工创新管理案例汇总见表4.16。

表4.16　绿色施工创新管理案例汇总

专业	子类	子项序号	案例要点说明	实施目的	图片示意
绿色施工	环境保护	1	土方、垃圾封闭式外运	防尘治理：满足施工"7"个百分百全覆盖降尘	

续表

专业	子类	子项序号	案例要点说明	实施目的	图片示意
绿色施工	环境保护	2	现场设置环境在线监测监控系统,实时动态监控工地现场扬尘、噪声等环境信息,动态监测分析及显示施工现场环境信息	防尘治理:满足施工"7"个百分百"全覆盖降尘	
		3	移动式喷雾机应用技术:塔吊上安装自动喷淋系统,大面积喷雾降尘		
		4	土方开挖作业时可采用局部遮挡、掩盖、水淋等防护措施;如洒水、地面硬化、围挡、密网覆盖、封闭等,防止扬尘产生		
		5	建筑物外脚手架采用全封闭式外架,外围立面采用密目式安全网封闭,降低楼层内风的流速,阻挡扬尘影响周围环境		

续表

专业	子类	子项序号	案例要点说明	实施目的	图片示意
绿色施工	材料节约	6	装配式可周转活动房、样板区、一级配电房、试验室、安全体验馆采用可移动集装箱	临建用房周转使用,节约临建费用	
		7	可周转钢板路面应用技术;可周转装备式路面	装备式路面可周转利用,节约临建材料投入	
	水资源节约	8	现场机具、设备、车辆冲洗用水设立循环用水装置	利用水资源,减少浪费	

续表

专业	子类	子项序号	案例要点说明	实施目的	图片示意
绿色施工	水资源节约	9	施工现场办公区、生活区的生活用水采用节水系统和节水器具,提高节水器具配置比率	减少水资源浪费	
		10	施工现场利用原有水渠建立雨水或其他可利用水资源的收集利用系统,使水资源得到循环利用	利用水资源,减少浪费	
	能源节约	11	生活区浴室采用空气能洗浴系统,采用空气热能	减少用电	
		12	室外主干道两侧安装太阳能路灯,真正做到减少用电量	减少用电	

续表

专业	子类	子项序号	案例要点说明	实施目的	图片示意
绿色施工	能源节约	13	办公、生活和施工现场使用节能照明灯具使用率均达到100%	减少用电	
	土地节约	14	施工道路按照永久道路和临时道路相结合的原则布置,场内交通道路设计合理,减少土地占用	减少土地占用	
		15	开挖的土方用于回填、临建绿化使用	减少土地占用	

参考文献

［1］屈建军. 群塔作业及周边干涉防碰撞措施安全技术研究［J］. 建设机械技术与管理，2023，36（5）：48-50.

［2］方铭海. 多台塔吊交叉作业安全措施研究［J］. 价值工程，2023，42（32）：48-50.

［3］李欢，戚双星，周为，等. 公共基础建设中塔群安全作业措施研究［J］. 工程技术研究，2023,8（4）：152-154.

［4］马瑞强，郭金龙，胡永亮，等. 大型群体工程塔吊规划及设计技术研究［J］. 工程建设与设计，2023（14）：121-123.

［5］柳建强. 预应力施工技术在高层建筑中的应用研究［J］. 中国建筑装饰装修，2024（1）：165-167.

［6］陈林涛. 先张法预应力混凝土空心板梁施工工艺要点分析：以福建省省道 S207 线工程为例［J］. 四川水泥，2023（11）：174-176.

［7］冯新春. 预应力施工技术在公路桥梁工程施工中的应用［J］. 四川建材，2024，50（1）：179-180.

［8］荆泽铉. 预应力混凝土桥梁施工技术要点［J］. 交通科技与管理，2024，5（2）：84-86.

［9］张春雪，黄建忠，汤白坤，等. 大跨度悬臂钢连廊整体提升施工技术运用［J］. 建设机械技术与管理，2022，35（S1）：102-104.

［10］刘鑫，陈明杰，刘成伟，等. 基于多指标分析的大跨度超高超重钢连廊整体提升施工控制技术［J］. 建筑结构，2023，53（S2）：1918-1924.

［11］沙峰峰，朱伟明，焦国民，等. 81 米亚洲第一单体超大跨度钢结构廊桥整体提升施工关键技术［J］. 工程质量，2022，40（10）：17-21.

［12］李庆华，俞浙东，彭明东，等. 超高层建筑大跨度钢结构连廊整体提升施工技术探究［J］. 城市建设理论研究，2023（20）：117-119.

［13］王宏兵，顾锦花. 大型金属屋面工程悬挑檐口施工技术［J］. 建设监理，2020（2）：76-78.

［14］刘刚，翁邦正，陈博，等. 大跨度桁架钢结构金属屋面施工技术［J］. 建筑机械化，2020，41（7）：48-51.

［15］蔡碧蓉，丁伟灿，胥献忠，等.基于索结构屋盖的金属屋面施工技术研究［J］.中国建筑装饰装修，2022(20)：59-61.

［16］梁昊庆，周卫，俞荣仁.抗风揭试验在滨海大跨度金属屋面施工深化设计中的应用［J］.建筑结构，2022，52(S2)：2846-2851.

［17］蒋建忠.直立锁边铝镁锰合金金属屋面技术在房屋建筑工程施工中的应用［J］.中国科技期刊数据库 工业 A，2023(5)：45-49.

［18］陈志江，柳跃强，陈辉，等."树状形态"仿生柱树杈焊接节点制作技术［J］.施工技术，2016，45(3)：5-8.

［19］万宗稳，梁汝鸣，刘洋，等.埃及新首都项目树状柱施工分析［J］.建筑结构，2021，51(S2)：1786-1790.

［20］孙晓阳，陈勇，陈海洲，等.大型树状结构双枝不等重斜向原位柔性提升施工关键技术［J］.施工技术，2017，46(15)：25-30.

［21］张映洲，张雪峰，欧阳元文.南京牛首山佛顶宫大穹顶树状柱结构设计［J］.建筑结构，2020，50(3)：34-39.